本书是兴义民族师范学院学科建设项目"中国史学科带头人——中国边疆历史与文化研究"（FZGHC2021-009）的研究成果之一。

# 脱贫攻坚的实践经验研究：

# 基于贵州省的调研

曾丽容　著

中国商务出版社
CHINA COMMERCE AND TRADE PRESS

**图书在版编目（CIP）数据**

脱贫攻坚的实践经验研究：基于贵州省的调研 / 曾
丽容著 . — 北京：中国商务出版社，2022.7
ISBN 978-7-5103-4315-5

Ⅰ . ①脱… Ⅱ . ①曾… Ⅲ . ①扶贫－工作经验－研究
－贵州 Ⅳ . ① F127.73

中国版本图书馆 CIP 数据核字（2022）第 098582 号

脱贫攻坚的实践经验研究：基于贵州省的调研
TUOPIN GONGJIAN DE SHIJIAN JINGYAN YANJIU:JIYU GUIZHOUSHENG DE DIAOYAN

曾丽容　著

---

出　　　版：中国商务出版社
地　　　址：北京市东城区安外东后巷 28 号　　邮　　编：100710
责任部门：商务事业部（010-64269744　bjys@cctpress.com）
责任编辑：李自满
直销客服：010-64266119
总 发 行：中国商务出版社发行部（010-64208388　64515150）
网购零售：中国商务出版社淘宝店（010-64286917）
网　　址：http://www.cctpress.com
网　　店：https://shop162373850.taobao.com
排　　版：中正书业
印　　刷：三河市龙大印装有限公司
开　　本：787mm×1092mm　1/16
印　　张：13.75　　　　　　　　　　字　　数：231 千字
版　　次：2022 年 7 月第 1 版　　　印　　次：2022 年 7 月第 1 次印刷
书　　号：ISBN 978-7-5103-4315-5
定　　价：60.00 元

---

# 前　言

　　战胜贫困是梦想，是追求，也是时代责任。中国脱贫攻坚的实践活动，获得了举世瞩目的卓越成效，其成功经验为世界人类反贫困实践提供了一个代表性的样本。中国早期的扶贫理论与实践，受西方反贫困学说的影响较大。不同时期，不同国家和地区扶贫经验的理论学说被不断引入中国并受到应有的重视。但是，中西方贫困问题研究理论中的差异也十分明显。西方学者针对制度问题进行研究，其理论学说影响较大，而中国学者反贫困理论成果则强调党中央的核心领导作用和制度优势，认为这是中国扶贫取得举世瞩目成绩的根本保障和原动力。在中国来，政策支持是一切事业成败的关键，这一观点已成共识。诸多学者都强调，正是因为制度的优越性才有了我国反贫困事业的伟大成就。

　　在中国伟大扶贫事业中，贵州省作为扶贫重点省份之一，无论从理论还是从实践上都做出了巨大的贡献。梳理中国特色反贫困理论与实践创新过程中的贵州元素，可以清晰地看到中国扶贫理论的全局性、整体性，深刻理解中国扶贫伟大成就的根本原因。针对贵州的情况展开研究是对中国反贫困理论体系的一种细化，是在"放大镜"下加以细致观察和分析。这不仅是"回头看"，重新梳理贵州在扶贫道路上曾经的足迹，也是"上下看""左右看"。聚焦贵州扶贫理论与实践在整个中国扶贫理论和反贫困事业中的位置，比较贵州与其他省份和地区的差异点，取长补短，对贵州扶贫实践的进一步总结，对从经验中进一步提升理论必将起到促进作用。

　　作为中国反贫困理论体系中的一个地方样本，贵州省扶贫理论与实践具有鲜明的地域特色。本书从多个角度展开分析，兼顾系统性和特殊性，围绕中央精准扶贫的核心思想，详述脱贫攻坚事业在贵州落实的"地方样本"、极具特色的贵州党建扶贫理论。此外，本书注重阐述贵州地方扶贫产业和就业、扶贫搬迁和生态保护、教育和医疗等重点扶贫实践过程，并在具体的点、具体的事件甚至具体的环节和措施上，不断总结归纳各地扶贫实践的教训，梳理成功的思维和行为路径，进而将之提升到一定的理论高度。笔者努力把繁杂的现象和过程概括成言简意赅、朗朗上口的简短词汇，表现出扶贫攻坚的贵州地方特色和时代特色。笔者运用大量具体的事实和数据，真实反映贵州省扶贫事业取得的成就，表现全省上下齐心协力、积极向上的精神面貌。

曾丽容

2022 年 5 月

# 目　　录

# 第一章　反贫困的理论依据

贫困问题的现代学术研究最早源于西方，从早期马克思关于贫困的制度因素理论和马尔萨斯的人口贫困理论开始，至今已有多种理论学说：基于生产要素的贫困恶性循环理论和人力资本理论；经济发展战略中的平衡与不平衡增长理论和发展极理论；瑞典缪尔达尔的社会制度改革理论；刘易斯的二元经济模型和霍利斯·钱纳里的结构转换模型等，众多纷繁复杂的理论有力推动了世界反贫困事业。

## 一、西方反贫困理论的特色

### （一）研究视角与研究手段

#### 1. 从以经济为中心的单一维度到以人为中心的多维度

贫困首先表现为物质财富的匮乏和生活质量的低劣，所以如何增收这个经济问题自然是首要问题，不仅是经济学家们考虑的重点，也是贫困问题研究的重要话题。从英国朗特里关于家庭收入的理论，舒尔茨的家庭经济不平衡理论，到世界银行提出的"获得社会一般水准的生活条件"等，关注焦点都是家庭经济状况。

就其主流而言,探讨贫困问题根源和治贫之道的理论大多出自经济学领域。从凯恩斯主义的经济观到后凯恩斯主义的非主流经济学、福利经济学、发展经济学等，都寄希望用宏观经济手段改变贫困，所以在具体论述中，既有从"循环"到"陷阱"再到"临界"这一类的宏观论述，也有"涓滴""益贫""包容"等关注经济发展中某个细节的著述。例如，有学者指出，贫困和不发展是因经济的低质量"循环"，是贫穷国家经济陷于某类循环之中找不到出路而身处"陷阱"。总体而言，有的理论前后相续，相互关联；有的理论则注重研究视角的新颖独特性。

随着对贫困问题认知的逐步加深，到 20 世纪 90 年代，阿马蒂亚·森开始对地区人口的过早死亡、营养不良、疾病流行和文盲众多等问题进行了深刻反思。[①] 此后，反贫困理论从关注经济发展转移到重视人的处境，视角从单一维度演变为多种维度。

**2. 从定量的"骨感"到定性的"质感"**

人类对世界的认知最初只是模糊的、个体的经验，是一种主观的认知和判断。但是随着现代科学技术的兴起，人们开始用可以计算的"量"来测度世界，以科学为准绳，以数字为依据的论证方法成为时代的风尚。

现代社会科学研究越来越多地融入了量化研究的方法，各种各样的专业计量方法被运用到贫困问题的研究中。例如，使用 AF 方法，综合考虑收入、教育、健康和生活水平等 5 个方面因素，识别和计算多维贫困指数（MPI）与权重。用 FGT 方法，计算农户的家庭收入，测量贫困发生率，检测贫困的动态变化。此外，加总和分解等也是经常运用的方法，或者是建立和运用各种专业的数理统计模型展开贫困问题研究，例如，基于矢量数据分析的多变量二值响应模型（BRM），计量经济学中的 Logit 模型，等等。

然而，秉承"经济眼"的人们在推广执行各种经过精密计算和认真设计的项目之后，却发现在外来资金撤出之后，很多地方社会仍是"老调重弹"，经济重新回到停滞甚至倒退的状况，成为解决全民脱贫问题的硬骨头。面对这样的问题，结合扶贫实践中的观察和总结，阿玛蒂亚·森[②]从人的角度提出了新看法，贫困问题研究中开始有了更多的人文关怀。由此，能力贫困、权利贫困和贫困文化等从多维度和多视角的新理论、新方法很快受到追捧，人们开始把视线从可用数量计算的冷冰冰的"钱"的问题上，转移到特色各异的热乎乎的"人"的问题上来。

---

① [印]阿马蒂亚·森.理性与自由[M].北京：中国人民大学出版社，2006；阿马蒂亚·森.以自由看待发展[M].北京：中国人民大学出版社，2013.

② [印]阿马蒂亚·森.正义的理念[M].北京：中国人民大学出版社，2013；[印]阿马蒂亚·森，[英]伯纳德·威廉斯.超越功利主义[M].上海：复旦大学出版社，2011；[印]阿马蒂亚·森.身份与暴力：命运的幻象[M].北京：中国人民大学出版社，2014.

（二）西方反贫困理论的主体框架

早期西方学者针对贫困问题的研究注重"物"，把经济匮乏和生活困窘等物质表象作为贫困问题的根本指标。重点分析贫困发生的自然地理环境、区位因素等。但是，随着研究的深入，贫困问题中"人"的因素开始逐渐凸显，认识到当地族群的文化偏执和素质低下等问题也是导致贫困的重要原因。针对这些问题，现有的国际反贫困理论主要集中在三个方面：贫困的内涵和测度、反贫困的手段方法、反贫困成效的测量与评估。

**1. 贫困的来源、内涵和测量**

马克思认为贫困是资本主义制度的产物，而马尔萨斯却认为，快速增长的人口数量与食物供给的不平衡才是贫困的根本原因。很多西方学者追随马尔萨斯的观点，指出食物供给不足的原因，首先是自然环境受限，其次是资金和技术的投入不够。后来，学者们的眼光开始从"物"逐渐转向了"人"，舒尔茨的"人力资本"理论也就应运而生。

针对贫困内涵问题的探讨，阿马蒂亚·森的理论反映了一个全新的认识高度。他认为家庭经济匮乏只是贫困的表象，其内因则是人的能力低下，是人口素质和文化观念等因素导致其抗风险能力降低。他建议把原来投入生产流程的资金部分转移投向劳动者本身，提高其知识水平、健康状况，即培养能进行高效生产的人。继此之后，丹尼森和卢卡斯等学者还进行了更为具体的研究，进一步发掘贫困问题的内涵。

在对贫困的测量中，最常用的方法有两类：划线和定指标。在划定贫困线这个"划线"问题中，有的强调绝对与相对的不同算法，有的偏重直接与间接的区别。围绕"最低生活水准"，有的重点看吃的够不够，如热量支出法、市场菜篮子法；有的看花在食品上的钱份额足不足，如恩格尔系数法、线性支出系统模型、比例法或者消费支出的最高和最低双线并举的马丁法等。各种经济学函数或者模型被运用到贫困程度的计算上，以期获得一个较为公正客观的贫困标准线。

所谓"定指标"，就是为测定贫困人口数量和贫困深度而设置的指标。学者们从收入、支出、基本营养和需求等多个角度入手制定了多种指数。例如，用于测量贫困人数和贫困人口比例的 Watts 指数、以洛伦兹曲线和基尼系数为基础的森指数以及在森指数基础上发展而来的衡量事件相关关系的 SST 指数、衡量穷人分配状况的 FGT 贫困指数、测度收入分配不公平的 Atkinson 指数等，用来测量贫困人数和贫困比例，或者计算贫困差距比和收入差距比，并以此来确定贫困人口的量和分布状况以及贫困的程度等。

**2. 治理贫困问题的手段方法**

现在，以人为中心、以问题为导向的各类反贫困理论不断出现，其核心内容和基本逻辑方向仍然是促进经济发展，改善区域人口的贫困现状。

第一，经济手段是核心。针对反贫困实践过程和成败得失，西方学者注重从经济学方面进行理论提升。无论是 20 世纪 40 年代奥地利经济学家罗丹的"大推进"理论，50 年代末美国经济学家赫希曼的"不平衡增长"理论，还是法国经济学家佩鲁的"发展极"理论，强调的重点都是经济。虽然学者们强调经济增长的具体促进机制各不相同，但是最终目标仍然是实现减贫这个目标。罗丹认为，首先推动市场需求量、降成本增利润，而利润和储蓄又为再投资创造了条件，这样就在贫困恶性循环的链条上打开了一个缺口，最终实现经济全面增长的目标。赫希曼强调资源的有限性，提倡首先发展主导产业，并通过这些产业带动上下游相关产业，进而实现经济的全面增长。此外，还有佩鲁的理论，对赫希曼理论加以了进一步深化。[①]

第二，模型样板花样多。在反贫困的实践操作过程中，各种具体经济模型得以不断建立，既有反贫困实践中具体行动的模板，又有衡量反贫困项目成功与否的模型。这类"模型"中比较著名的有：二元经济模型（英国，刘易斯）、结构转换模型（美国，钱纳里）、货币与经济波动的系列模型（瑞典，缪尔达尔）。刘易斯和钱纳里针对的核心点是不发达国家经济的两个部门：传统农业和现代工业，其模型的核心是增长压倒一切，模型的目标是如何实现现代工业的增长，通过工业发展来减少贫困人口。缪尔达尔认为发展中国家的贫困不是单一因素的结果，在经济动态发展过程中各种因素都在发生相互作用。他以循环积累因果联系理论为核心，构建了一套系统的反贫困战略。该战略涉及经济、政治、文化和社会制度等多个方面，理论模型的最终指向是倡导贫困国家和地区的法治化和彻底的行政改革。

---

① 曹子坚. 农村反贫困战略研究 [M]. 兰州：甘肃人民出版社，2011：15–16.

第三，机制设计很重要。所谓机制，既包括导致贫困问题发生的制度性因素，也包括解决问题的具体路径。作为解决贫困问题的具体途径之一，机制设计理论弥补了传统市场机制理论的不足。机制设计理论最早是被美国的几位经济学家赫尔维茨、马斯金和迈尔森等人作为一种微观经济理论正式提出的，它将社会选择理论和规制理论与博弈论相结合，现在这种理论已经被运用到包括贫困问题研究的多个领域。

在反贫困理论领域中，机制设计理论产生作用的基本原理是：为达到缓解贫困这一目标，依据博弈原则，让参与双方根据自身意愿自由选择。扶贫组织和被扶贫的农户被视为博弈双方，虽然在选择的过程中存在信息不全面的缺陷，各自设定的社会目标也不同，但是按照社会选择论，扶贫组织与贫困家庭双方共同参与的行为抉择最终将推动整体既定扶贫目标的实现。也就是说，根据机制设计原理，扶贫项目的推进首先是被扶助对象的立场态度由被动转为主动，贫困人员和家庭积极回应扶贫措施，主动参与到扶贫项目实施的各个阶段并争取从中最大限度地获益。

机制设计理论的重要性，不仅是因为其在反贫困理论体系中具有广泛的影响力，而且该理论的提出过程反映了西方反贫困理论的普遍特征：扶贫理论作为经济学研究的一个分支，以经济学理论为基础，重在实证研究。作为一种经济学理论，机制设计理论源自20世纪二三十年代，围绕社会主义经济制度能否解决资源的有效配置进而维持经济有效运转这一问题而展开的一场著名大论战。在这场论战中，争论双方的理论前提都是亚当·斯密关于市场机制的经典论述。一方认为边际成本定价可解决信息量多少的问题，从而保证资源的有效配置；另一方强调企业拥有私人信息，政府的功能是激励企业按照边际成本来定价。新理论的提出并非意在否定亚当·斯密关于市场机制的观点，而是丰富和发展了整个经济学理论体系。作为微观经济学的一个分支，与其他以市场机制理论为基础的反贫困理论相比较，机制设计理论是以市场机制本身存在缺陷作为分析的基础。该机制试图探寻一种能代替或改进市场机制，从而保证资源有效配置的路径方法，进而最终达到摆脱贫困的既定目标。

西方经济学研究，无论从宏观上还是从微观上，在分析社会现象的过程中都十分注重从事物相关各方，特别是相互制约的两个或者多个矛盾甚至对立的因素入手进行分析，找出问题的关键点和核心变量，从量化角度进行分析和预测结果，最后进行实践验证。在反贫困过程中，机制设计理论首先区分了有效的交易机制、管制机制和投票过程，并以此为基础，通过激励个人，利用私人信息，进而提高效率，实现最优配置。

## 二、中国特色反贫困理论与顶层设计

中国学者对贫困问题的研究符合中国具体国情，富有中国地方特色，而且有独立的精神。中国反贫困理论以习近平总书记历次重要讲话为根据，以党中央的政治决策为核心和导向，结合经济社会发展的实际情况和时代特征，总结地方扶贫实践的丰富经验，形成了独具地域特色的中国反贫困理论。该理论体系在顶层设计方面，立足于经济社会发展现状，具有较强的政治色彩；在实践过程中，结合当今中国发展的现实需求，以全民小康为奋斗目标，讲求实效。同时，充分利用国际流行的理论以及具体衡量、测算和分析方法，借此来推动中国反贫困理论的科学性和实践有效性。

（一）中国特色反贫困理论体系的来源与架构

针对贫困问题的研究，中国学者的论述有诸多国外学术理论的痕迹，但是从整个理论体系来看，中国的反贫困理论有更多的中国风格和地域色彩，并最终形成了独特的理论架构。在具体问题的研究中重视方式和路径探究，反贫困理论总体架构方面还有提高的空间。

### 1. 归纳总结反贫困的突出成果

对贫困问题的认知从绝对到相对、从狭义到广义，贫困被划分为生存贫困、温饱贫困和发展贫困等不同层次，相关鸿篇巨著相继问世。有的着重彰显中国扶贫事业历年的成绩，例如，陆汉文等人《中国精准扶贫发展报告》；有的总结不同时期的扶贫经验，例如，朱信凯等人《中国反贫困：人类历史的伟大壮举》；有的探讨中国扶贫理论体系的阶段性发展，例如，潘慧等人《中国战胜农村贫困——从理论到实践》；有的发掘理论与实践相互作用的先后脉络，例如，闫坤等人《中国特色的反贫困理论与实践研究》，在对现阶段反贫困实践的阶段性成果总结上既全面又深入。

### 2. 分析探讨贫困治理要素

首先，针对财政、金融等相关政策的研究是治理贫困问题过程中探讨的焦点。

例如，财政与减贫事业的关系上，中国学者强调财政投资对扶贫的作用，而外国学者偏向强调财政分权对各国扶贫的促进作用。其次，针对贫困与经济增长和收入分配的关系，中国学者中有肯定和否定两类观点，有的强调经济增长与贫困发生和贫困程度的相关关系；有的则提出是分配不均和由此而导致的收入差距等社会因素抵消了经济增长对贫困的缓解作用。

**3. 注重提炼扶贫实践"模式"**

在扶贫事业推进过程中，学者们注重实践经验的对比分析，而且常用各类"模式"来总结地方的实践经验。但是总结的各类"模式"普遍存在一些问题，即涵盖的面比较狭窄，时效性也比较有限，"模式"缺乏应有的理论高度。例如，扶贫产业模式、旅游开发模式、动因模式、政策制度模式、主体模式等。具体提法更是多种多样，例如，移民搬迁扶贫模式、医疗教育扶贫模式、资产收益扶贫模式、压力型扶贫模式，甚至某一扶贫项目中涉及的一个具体因素也可以冠以"模式"之称。例如，光伏扶贫模式等。

**（二）中国特色反贫困理论体系的总体特色**

**1. 全局观和政治要求在中国反贫困理论体系中占有极为重要的地位**

从新中国成立至今，党中央一直把消除贫困作为工作的重点和目标之一，从大局和整体部署方面决定了中国反贫困的顶层布局和总体政治要求。[1] 现在，中国特色反贫困理论的顶层设计"在价值取向中坚持人民性，在制度体系中建立了专门领导机构体系"[2]，以"六个精准"为核心，明确了中国扶贫开发工作的政治站位和基本要求，为精准扶贫指明了工作方向。

作为一种指导性思想，"中央及有关部门先后出台了100多项政策文件，即中国扶贫事业顶层设计的'四梁八柱'"[3]，从实际出发，强调党的统一领导和中国社会制度的优越性。而各地政府在落实贯彻中央决定过程中，把"坚

---

① 黄承伟，叶韬，赖力.扶贫模式创新——精准扶贫：理论研究与贵州实践 [J].贵州社会科学，2016（10）：4-11.

② 马文武，李中秋.中国特色减贫实践：1978—2018——基于贫困治理体系和治理能力分析框架视角 [J].毛泽东邓小平理论研究，2018：20-26、104.

③ 陆汉文，黄承伟.中国精准扶贫开发报告（2017）——精准扶贫的顶层设计与具体实践 [M].北京：社会科学文献出版社，2017：7.

持党的主导、统筹城乡与区域发展、扩大社会参与和坚持自力更生等"<sup>①</sup> 作为其现实举措的根本依据。

作为一种政治要求，在探寻经济发展和社会安全两线并举的过程中，着力加强政府的主导力，即确立"两线一力"扶贫新模式。根据"六个精准"的具体要求和"五个一批"的方法步骤，学者们阐释中国反贫困理论体系的正确性，分析经济发展与社会安全对反贫困的作用机理，论证以发展为导向的扶贫战略的适应性，极力丰富这个系统的细节内容。

**2. 反贫困实践经验是中国反贫困理论的主要来源**

针对贫困问题，中国学者的研究十分务实。有的学者从 1949 年新中国成立时期开始落笔，谈论"半个世纪以来，中国反贫困实践中取得的巨大成就和积累的宝贵经验"<sup>②</sup>，有的学者注重改革开放 40 年来的反贫困实践经验研究和理论总结，理论观点鲜明，不仅分析"中国在处理全球发展事务中的'软实力'"<sup>③</sup>，而且注重中国反贫困实践的历史脉络梳理，"挖掘背后的政治、体制和路线优势，展现破解贫困的中国道路优势"<sup>④</sup>。

通过地方具体实践，不断总结经验教训，学者们考查各地反贫困实践的特征、发现存在的不足、分析贫困的微观机理、把握各地区贫困变化的情况和反贫困事业可能面临的问题和挑战，进而上升到理论高度，提出完善反贫困的地方措施。例如，中国反贫困实践过程中，作为中央扶贫资金及低保资金重要依据的贫困标准线一直处于变化状态，与整个中国经济发展的态势相吻合。以 2007 年为分水岭，中国学者对国内农村贫困问题的认知和贫困深度的测量逐步走上量化、标准化的道路。贫困线的划分开始改变以前的惯例，不再把基本生存标准（也称为极端贫困标准）作为贫困的标准线（即绝对贫困标准线），从 2008 年开始正式采用低收入标准线（即温饱标准线）。正如一些学者的总结，"通过政府

---

① 邢成举，葛志军.集中连片扶贫开发：宏观状况、理论基础与现实选择——基于中国农村贫困坚持及相关成果的分析与思考[J].贵州社会科学，2013（05）：123-128.

② 杨秋宝.反贫困的抉择：中国 50 年的实践、基本经验和历史意义[J].陕西师范大学学报（哲学社会科学版），1999（04）：39-44、171.

③ 王小林.改革开放 40 年：全球贫困治理视角下的中国实践[J].社会科学战线，2018（05）：17-26.

④ 贾玉娇.反贫困的中国道路：1978—2018[J].浙江社会科学，2018（06）：17-26、155.

主导的财政减贫来实现资源配置公平和效率的双重目标"①。当今中国扶贫事业在改善贫困人口生存状态的同时，更为注重"中国特色扶贫开发理论体系，加快构建人类命运共同体和推动全球可持续发展"②。总之，中国学者一直在努力"跳出西方传统理论和认知来看待中国的减贫经验"③，总结"中国经验"，践行"中国方案"，彰显中国反贫困理论的当代价值。

此外，中国学者在进行扶贫实践的理论提升时十分关注各类相关因素的研究。例如，在制定反贫困策略的过程中，重视文化因素的作用。作为一个地域广大，自然资源禀赋差异较大，人口众多且族属各异的大国，贫困治理要立足现实条件，也要考虑历史和文化等诸多因素，强调"在贫困治理中尊重原有的文化生态系统，走文化取向的贫困治理道路"④。又如，针对一类特殊地域、人群或者现象进行较为深入的研究。对老人、妇女、儿童、残疾人，特别是少数民族地区的特殊贫困群体的具体研究中，注重在实地调研的基础上加以多维度分析。

### 3. 西方反贫困的理论和方法丰富和发展了中国反贫困理论的具体细节

中国学者的研究一直与西方反贫困的理论和方法论密切相关。西方反贫困理论重视反贫困政策和项目的减贫效应、贫困标准、测量和监测。从方法论的角度来看，无论是宏观论述还是微观阐释，不同时期的各种反贫困理论一直都十分注重定量分析。所以，在中国学者反贫困理论中，有的梳理"西方贫困线理论渊源和构造方法的演进脉络"⑤，注重"国外反贫困实践对我国的启示"⑥。有的就某一外国学者的系列理论展开论述，例如，杨成波《简论阿马蒂亚·森

---

① 闫坤，于树一.中国模式反贫困的理论框架与核心要素 [J]. 华中师范大学学报（人文社会科学版），2013，52（06）：1–11.

② 陈劲，尹西明，赵闯.反贫困创新的理论基础、路径模型与中国经验 [J]. 天津社会科学，2018（04）：106–113.

③ 周文，冯文韬.贫困问题的理论研究与减贫实践的中国贡献 [J]. 财经问题研究，2019（02）：12–18.

④ 周冬梅.中国贫困治理：结构与文化的两大实践路径 [J]. 贵州师范学院学报，2018，34（02）：27–31.

⑤ 王荣党，李保春.西方贫困线理论渊源和构造方法的研究脉络 [J]. 财政研究，2017（07）：23–34.

⑥ 闫坤，孟艳.国外反贫困实践对我国的启示 [J]. 中国财政，2017（01）：25–27.

能力贫困理论及对完善中国低保制度的启示》。或者进行各种具体模式或扶贫方法在中国的借鉴研究，例如，针对贫困户还款能力低却又急需贷款的现状，运用"GB 模式"①或者"尤努斯的小额信贷模式"②，努力探讨中国消灭贫困的可行性路径。现在，有的学者注重从量的角度分析贫困的动态性、多维性和相对性，例如，帅竞《IFAD 中国项目精准脱贫绩效评价：基于农民人均收入视角》；有的着力于经济增长的利贫性和包容性分析，注重对未来的前瞻性，例如，王生云《中国经济高速增长的利贫性与利群性研究》、武鹏《包容性增长的理论演进》等。

**4. 注重对反贫困成效的测量与评估**

西方组织参与的各类扶贫活动，常以项目的方式进行，而且特别注重项目推进过程的实时监测和项目结果的评估。设定问题，拟定准备采取的方法，继而进行及时的评价等常规路径，按照事前分布分析—成本效益分析—因果关系框架—标杆管理—过程评价—执行评价—影响评估的顺序，对测量和评估的过程和结果进行整体的规划、监测和评估。

在这个方面，学者们在理论观点上没有标新立异，而是十分务实，以解决具体问题为导向，目标明确，也不急于尝试所谓放之四海而皆准的"普遍准则"。在具体执行过程中，经过事先细致的规划，有计划地实施每个步骤，并且在项目结束后进行及时评估。例如，世界银行在《规划、监测与评估：扶贫与消除不平等项目的方法与工具》中，在对扶贫项目的整体设计，过程监测和项目绩效的评估等方面，都有具体的方法和相关工具，简单明了，易于操作和推行。

（三）中国特色反贫困理论的特征

**1. 反贫困理论的总体特征**

20 世纪的贫困问题治理思路和治理方向是在中央政府的统筹规划下进行的。各省各地是党中央的方针政策的实践基地和验证场所，地方经验也为中央

---

① 杜晓山 . 解决贫困农户贷款短缺和还贷率低的尝试——GB 模式在中国的初步实践 [J].
中国农村经济，1996（02）：71-75.

② 郑泽敏，李鹏锋 . 消灭贫困的另一条路径——尤努斯的小额信贷实践及其对中国的借鉴意义 [J]. 粤港澳市场与价格，2007（03）：46-48.

的决策不断输送新鲜血液和提供地方样本。当今中国学者紧随中央政策方向，用顶层设计指导实践路径，重视地方实践的成效研究。与此同时，外来理论也逐渐更多地被作为测量工具和工作方法运用在扶贫实践过程中，最终目标就是如何"见成效"，改变贫困人口现实和将来的生存状态，确保扶贫事业伟大实践取得成功。

中国学者参照国际标准和地方实际，探寻推进扶贫事业发展、促进地方经济社会进步的良策。希望能够拓展思路，谋求行之有效的新模式或者具体方略，更好保障和推动反贫困战略措施的实施。伴随现代反贫困事业的发展进步，可以看出中国反贫困研究针对国内实际，有明确的问题意识，关注经济效益。特别是从中央政策导向和投入资金的功效等宏观角度进行研究，以人为中心的多维度探究成为亮点。

### 2. 反贫困理论的阶段性特征

中国贫困治理的理论在不同历史阶段具有不同的特征。有学者进行过相关的总结，"1949 年到 1978 年，制度创新帮助农户获得更多的财产使用途径；1978 年到 1985 年，改善条件促进农户增收；1985 年后，启动宏观经济政策和计划性开发扶贫政策"[1]。中国政府致力于减少农村贫困现象，而且 21 世纪以来农村扶贫重点有了新特点。研究内容主要涉及财政金融政策、产业发展、教育医疗等社会发展和生存保障的途径。

根据反贫困实践的阶段性特征，中国扶贫理论涉及的地域广、程度深、影响大。学者们已有的研究主题涵盖了扶贫政策、财政金融、产业发展、文化教育等方方面面。特别是针对具体的案例，结合实践目标、政策安排、组织体系、运转机制等，量化评价各地区反贫困的进展与成效，总结基本经验、适用条件与存在的问题，对比分析各地反贫困模式的共同特征。

总之，贫困问题是一个国际性话题，在缓解贫困和为人类最终消灭贫困的过程中，世界各国的学者都积极投身于其中。中国扶贫理论的建构思路和方法与西方学者的研究路径各有所长。在总体构思上，中国学者特别注重自上而下的"战略"路线，从土地制度、户籍制度、财税制度和社会保障制度来研究贫

---

① 国家统计局农村社会经济调查总队.中国农村贫困监测报告 2000[M].北京：中国统计出版社，2000：49.

困问题。在具体操作方式上，注重实效性、运用性研究，倾向于通过某一实践经验建立模型。此外，精神力量、传统文化等也是中国扶贫理论中经常提到的动力因素。与西方比较而言，中国反贫困理论有自己独立的精神所在。

# 第二章　贵州反贫困实践的"行"与"思"

贵州是一个农业省，自然地理环境特殊，多山且无平原，省内人口中少数民族众多，因而人文环境也有比较鲜明的地域特色。在反贫困实践过程中，如何充分发挥本地区的传统和优势，广泛应用高科技，拓展思维，发掘自身潜力，在人力资源、特色产业、资产收益、扶贫搬迁、生态保护、教育医疗等各个方面，贵州省委、省政府进行了统一规划和部署。各级各地结合地方客观条件，制定和实施相关配套政策，克服自然环境和人为因素的制约，做出了一系列突出的贡献。

## 一、推动特色产业在贵州的实践

贵州省内人地矛盾突出，就业门路少。综合考虑省内自然地理环境和全国经济发展状况，兼顾本省劳动力资源特点，发展特色产业是贵州省经济发展的大势所趋。具体而言，一方面是有能力外出的农民大量外出，村庄出现"空心化"和衰退的迹象，另一方面不可忽视的是，仍有大量贫困人口无力外出，也无力脱贫，因此如何合理培育和利用农村劳动力，改变农村人口贫困状态现在已经是一个亟待解决的重大问题。2016年开始，贵州省委、省政府努力帮助"贫困人口发展种养、加工、旅游和流通产业，或者通过输出劳务实现就业"[①]。可见，发展特色产业与农村人口的转移就业对扶贫事业和整个乡村振兴事业既具有迫切性又具有现实性。以下将从产业、就业和教育医疗等多个方面探讨贵州反贫困实践的得与失。

---

① 贵州省统计局.贵州统计年鉴（2019）[M].北京：中国统计出版社，2019：15.

（一）贵州省特色产业发展现状

贵州省作为气候温润的多山地区，省内生物物种资源丰富，具备成为南方生态畜牧业大省的天然资质，具有大力发展特色产业的自然基础。在绿色环保理念指导下，贵州省委和各部委相关部门制定了一系列发展特色产业的规划。例如，2017年推出的绿色农产品"泉涌"工程（2017—2020年），倡导充分利用贵州省内生物的多样性和自然气候等环境优势，发展原产地农产品的生产加工产业，通过规模化、标准化、网络化方式和品牌建设等多种路径，最终实现贵州农产品走出大山，走向市场，获得经济收益。

作为贵州省的扶贫工作重点，特色优势产业主要有十个大的类型：生态畜牧、茶叶生产加工、蔬菜种植、中药材种植及加工、精品果业生产与销售、马铃薯种植与加工、核桃品种培育与种植、油料种植、特色食粮种植与销售、水产类产品开发。在大力发展特色产业的过程中，农民增收有保障，农村生活更美好，农业劳动力有去向，农村人生活有希望，努力从根本上消灭农村贫困现象。

特色产业在具体的推动过程中各有特色，其中茶叶的生产就比较具有典型性，政策法规先行，产业发展跟进，最终通过市场运作，进而达到脱贫增收的成效。例如，2015年通过茶叶标准和生产技术规程推动茶产业的快速发展。现在的贵州茶产业，在国内市场具有举足轻重的地位，已成为国内高品质茶的原料生产和加工中心。

利用自身特殊优势，发展特色产业，已是贵州省战胜贫困、稳定脱贫成效的重要突破口，是一项长期的工作。具体涉及的产品种类大多与农牧业相关。例如，贵州的天然无公害蔬菜、食用菌栽培和中药材繁育、生产与加工，在国内享有盛誉。因此，贵州各地通过扶持相关类型的产品生产和技术开发，建立区域特色的支柱产业进而形成一套增收机制。在采用多种方法大力发展特色产业的过程中，无论是争取外援还是激发内生动力，目标都是通过多种渠道，采取多种方式解决农村贫困问题，使农村留得住人，进而推动整个乡村经济社会的发展。

（二）通过特色产业助力扶贫事业的典型案例

贵州培育和发展特色产业成绩突出，在发展特色优势产业的过程中倾注了大量的心血，大胆实践，勇于创新，汇聚了众多思想的火花，科技与智慧交相辉映，政府与企业、农户紧密配合，结合地方特色，走出了一条特色产业的规模化快速发展之路。近些年来，通过与龙头企业合作等形式促进地方特色产业的发展，重视资源的合理规划运用，促进省内包括贫困户在内农民的普遍增收，经济社会效益明显。对一些典型的劳动力转移举措和特色产业发展，以下将通过一些较为典型的具体实例来加以阐述。

### 1. 茶产业

为了转变地方经济增长方式，有效促进农户增收，贵州省在茶产业的发展过程中，从品牌和销售入手，加强政府的引导作用，强调科技的强大力量，注重规模化产供销平台的建设。

第一，茶叶种植。虽然贵州茶叶种植历史悠久，但是使用现代产业化模式推进茶叶生产则相当晚。作为扶贫事业重要举措之一，在生态发展思路引领之下，在扶贫政策的帮助之下，随着扶贫资金的不断注入，茶叶的种植基本在全省各地铺开，贵州省茶叶生产上了一个新台阶。2006年以来，贵州茶种植业得以迅速发展。茶叶新品种被不断引进，而且种植面积逐年上升。例如，仅仅在湄潭一个县，茶园面积3.21万亩，茶叶产量从2006年的0.5万吨，到2013年增长了5倍，产量为3万吨以上。到2020年底，贵州茶园面积位居全国第一。

茶叶种植思维不断推陈出新。根据湄潭县茶业发展经验，贵州各地茶园种茶的方式发生了改变。在茶园内，为了监测茶树的种植和茶叶生长状况，利用网络技术，在基地茶园安装摄像头和传感器，把茶园的实况影像传递到中央控制系统，建立"智慧茶园"。这样既可以实现茶叶溯源、茶叶生长状况实时监测、茶树生长期内各类病虫害的预防和治理，还可以实现在线参观茶园、茶客互动以及茶产品的定制推广。部分地区在茶园周边种植经济林木、观赏花卉。此外，发展林下养殖，丰富茶园及其周边的生物种类，注重茶园生态的多样化，也为茶园和毗邻地区的旅游开发打下了基础。

茶叶生产质量监控层层把关。贵州省采用"联盟+企业+基地+合作社+农户"等模式，统一技术和管理流程，保障分散的茶园也能提供质量统一的茶叶原材料。这样既可以把分散的农户和社会资源集中起来，保障和提升产品质量，又能控制安全隐患，从管理和技术等多层面保证产品的质量。有的地区通过公司集体流转土地，进行规模化经营；有的地区不改变茶园分散种茶的方式，只是把分散的茶叶最终汇集向企业，形成以企业为核心的茶产业基地。

第二，茶叶加工。其中茶叶加工的科学技术是看点。贵州茶生产的加工过程，在转化应用科学技术专利成果的过程中形成了自己的新成果，这是一个亮点。例如，湄潭县先后建立了茶叶生产和检测中心、工程技术研究有限公司等机构和平台，利用现代科学技术，解决了 40 多项关键性技术难题，"确定企业产品标准 20 个，申请国内专利 424 件，获得授权专利 300 余件"[1]。不断更新升级茶叶加工技术，例如，针对夏秋茶味道偏苦涩这个问题，利用恒温蒸汽进行"杀青"，且该加工技术获得了发明专利。此外，还通过网络建立茶叶的信息和技术、产品和监测的咨询服务平台等，提高了贵州茶叶加工的整体水平。

茶叶加工实现规模化，重点改变茶业生产过程中的组织结构。建立公司＋企业＋大学＋科研机构合作交流机制，针对茶叶的种植、贮藏、加工、利用的各个环节的关键性技术问题，组建茶产业技术创新战略联盟，创新茶业发展链条，并在茶技术攻关大踏步前进的基础上，不断壮大茶业生产规模。例如，湄潭县加强茶叶生产技术和资金的投入，加快茶叶科技开发，通过"星火""攻关"和科技合作等国家级、省级、市县级的各类项目计划投资和可以利用的基金等，多渠道资助茶叶生产和茶叶发展，获得资助的相关项目多达 150 多项[2]，建立标准生产线，生产规模和技术创新的能力得到了迅速提升。此外，遵义市陆圣康源科技开发公司的茶多酚、饮料专用原料茶、脱咖啡因茶和速溶茶等多种类型的特色茶产品，贵州南方嘉木食品公司的茶叶籽调和油和湄潭天泰茶业公司出口的珠茶等，都是通过大规模生产线进行加工生产。

茶叶生产高科技，流程标准化是手段。近年来，贵州茶企十分重视高科技及高技术设备装置的引入。例如，普安县的宏鑫茶业开发有限公司，2013 年不惜重金从印度引进碎茶生产设备，提升了普安红茶的生产规模。此外，该企业还先后与省内外多家科研院所联盟合作，为其提供技术指导，其生产的茶叶品质有了更好的保证。在高科技的助力下，整个茶叶加工过程干净卫生，产品得以走向国际市场。

提高茶叶商业价值，产品种类的多样化是要点。克服传统茶叶品种单一的

---

① 孙兴，陈宁，刘冬梅．山区农业县培育特色优势产业的思考——贵州省湄潭县茶产业典型案例分析 [J]．农村经济与科技，2015，26（06）：39-41.

② 同上。

弊端，利用科学技术增加茶产品种类。茶叶深度加工，茶产品多样化，进而形成完善的茶产品链。针对不同顾客群体消费类型的客观分析，落实到具体的产品类型、品牌、设计和包装等各个环节上，贵州茶叶在不断提升茶产品的商业价值上迈出了重要的一步。

第三，茶叶销售。为了重树贵州茶叶品牌形象，贵州省不断探索黔茶升值路径。为建构茶叶销售的新模式，现在贵州很多茶企与大学和科研院所建立了产学研合作关系，不断提升企业的技术实力和创新能力。与此同时，消除人们对贵州茶原有的"低端"的误解，实现黔茶的商业价值。为了打开僵局，打开黔茶销售途径，创新销售方式，拓宽销售渠道，建立现代产供销一体模式，多方打开茶叶销售路径十分重要。例如，湄潭县开创了一条特色鲜明的茶产销模式，拓宽茶叶的销售市场。

首先，建立产销联盟。湄潭现有茶企规模小而且分散，通过联盟战略打造"智慧黔茶产销模式"，提出集团力量的新构想，联合 150 多家茶叶生产企业，把分散的力量汇聚起来，使原本弱势的小个体团结起来形成集团实力。

其次，提升茶叶品质。对参加联盟的所有企业进行技术提升，统一生产标准、统一生产工艺、统一生产装备，逐步更新换代老旧生产系统，代之以先进的生产设备和技术手段。把以前分散的传统加工小作坊变成了标准统一的联合加工企业，满足标准化生产和清洁加工的要求，保障产品安全，提升产品品质。

再次，实施联盟营销战略。通过联盟实行统一的管理模式，各加工点生产的茶叶，因为有统一的加工工序和加工标准，所以各种层次的产品货源供给充足。联盟从时间上和区域范围上保证货源，克服了以往各个小企业的销售瓶颈，有利于联盟大规模集约式营销战略的推行。

最后，开通茶叶销售中心枢纽，即汇集茶叶最后的精制加工、物流周转和电子商务中心的一个综合性平台——总部园区。在总部把集中在一起的茶叶，根据叶形、色泽、长短等进行初步分类，再分别进行加工，形成系列的茶叶产品。通过贵州茶叶销售中心枢纽这个平台帮助"茶产业起飞"，结束了传统的单打独斗模式，摆脱了传统茶企小散弱的劣势，构建新品牌，打造新形象，借助电子商务和专业人马，让黔茶走向大市场。茶企专心生产，保证茶的质量和数量；销售团队负责创立销售新模式，打通国内外市场。货源、资金有保障，销售网络洒布满城市和乡村的大小市场。整个贵州近年来的茶叶和相关茶产品的销售收入正在逐年上升，各地普遍增收的同时，个别地方茶产业所创造的业绩更为显著。例如，作为贵州反贫困实践中的一个成功案例，湄潭县的茶叶产值从 2006 年 1 亿元上升为 2013 年 21 亿元；综合产值在 2006 年为 1.6 亿元，而在 2013 年达到 41.2 亿元。

总体而言，发挥自然地理资源优势，贵州茶业踏上了新台阶。贵州原本就是一个产茶大省，在扶贫政策的帮助下，整个贵州因为地处高原，茶叶不仅品质高、产量大，而且种植面积居全国第一。在贵州地方特色茶叶的生产过程中，一些地区不仅成效突出而且经验比较具有典型性。现在，湄潭的翠芽、都匀的毛尖、石阡的苔茶、贵定的云雾贡茶等，在国内市场都享有很高的知名度。为做好"黔茶"品牌，贵州建立了"贵州茶云"这个茶产业官方大数据平台，利用现代科技手段，监控茶叶生产的每一个环节。与以往凭借经验进行种植和生产加工相比，现在的黔茶从品质、品牌和销量等方面都踏上了一个新的台阶。

总结贵州茶产业实践的成果经验，现代科技是贵州茶业成功的秘籍之一。"贵州茶云"是官方平台，于 2016 年 10 月正式上线运行，成为"云上贵州"中的"一朵云"。该平台由"一库四平台"构成，即一个数据库："茶资源数据库"和四个平台：基因分析平台、生态物联平台、茶品质认知平台、茶叶文化传播平台。在云平台上可以通过比较探索茶树选种选育路径，搜集并整理整个贵州茶树和茶叶资源，分析、监测和定量分析不同季节不同阶段茶叶的生长环境和茶叶品质，进行茶文化的传播和推广等。现在，"贵州茶云"有三个子云——产业云、商贸云、公众云，数据库中存储了全省的茶树品种和基因，茶叶种植和质量监控的数据。对省内有代表性的古茶树资源进行基因分析和测序，为将来茶树选育提供数据支持和方法指导。例如，首先在黎平、纳雍和江口等地进行茶园的现代化农业生产试点改革，通过无线传感器对茶园和茶叶的生长过程进行监测，推广生态化种植模式，确保茶叶的品质。通过大数据，茶农、茶企和茶叶合作社的信息实现了在线实时查询。黔茶产业链数字化基本实现，打通了茶山、茶企与茶客之间的信息通道。从生产加工到市场销售，现在的贵州茶叶已经形成了一个完整的产业链条。在这个链条中，正是"贵州茶云"利用现代高科技为贵州茶业的发展和茶农的脱贫致富，插上了时代的翅膀。

### 2. 烟产业

烟叶在贵州历来都是一种重要的经济作物，更是部分地区农民收入的主要来源。作为中国优质烤烟的主产区之一，贵州烟叶产量占全国总产量 15% 左右的份额，每年烤烟的产量在 600 万担左右，因此，发展烟业对于贵州省内部分地区摆脱贫困具有重要意义。

第一，烟叶种植。作为中国的第二大产烟区，贵州加快打造生态烟叶品牌，突出山地生态环境优势，塑造烟叶精品品牌形象。与此同时，加强规划管理，保障烟叶种植过程、规模和分布的合理性。特别是在烟叶栽培种植过程中，加强各个环节的管理控制。技术员加强对烟农进行技术指导，采取预防措施降低烟叶种植风险。不仅关注施肥等日常工作，而且充分利用生物技术手段特别是针对疾病、昆虫等危害，发现规律和寻找对策，加强基层设施建设。此外，针对全国烟叶消费总量减少的客观情况，加强科学合理的规划布局。在总体种植面积减少的同时，努力保证烟农增收、烟企增效。

贵州省抓住烟叶种植的关键因素，烟叶生产提质生效有步骤有方法。抓住育种育苗这个种植烟叶的关键第一步。利用生物技术，拓展烟叶种子资源，"构建评价指标体系，培育区域特色显著的核心亲本；融合传统与现代育种技术，实现育种精准定向"[①]。此外，发挥传统种植技术优势，使烟叶种植兼顾产量与质量，例如，贵阳市花溪区在芦荻村建立了专门的烟叶种子育苗工场。利用现代打孔器，固定移栽数量和行间距，确保烟苗的成活率，缩短烟叶的生长周期。

贵州烟叶生产的过程中，一直不断尝试运用现代生物等科学技术来解决技术难题，保障烟叶种植的科学高效。调查烟草病毒种类和分布，测定烟草中的游离氨基酸，鉴定烟草花叶病毒，探索消灭白粉花叶病菌，治疗烟草青枯病，捕杀烟草上的蚜虫，诱杀烟草粉螟等。此外，针对烟草生长期的旱涝问题也是用心颇深。为了应对干旱、水涝等危害，加强相关水利基础设施建设，甚至运用现代科学技术，对自然天气环境加以人工影响因素，增加或减少部分地区和部分时段的降雨，促使自然气候环境保障烟叶生长所需，产出成果"满足现代

---

① 刘仁祥，夏志林等.贵州烤烟育种工作进展与对策探讨[J].山地农业生物学报，2016，35（04）：1-6.

烟草农业生产精细化服务需求"①。

在烟叶种植过程中，烟叶生长过程更需要合理规划管理。在这个过程中，贵州烟叶的种植充分利用现代科技，促进种植技术上了一个新台阶。"通过 RS 遥感技术和 GPS 定位技术，收集气象、气候、土壤以及地形地貌等信息，在 GIS 地理信息系统平台上分析、规划、指导烤烟分区、种植区划，优化布局，提升烟叶生产优势和潜力。"②此外，不断推进各种专项的烟叶种植技术研究，例如，"流长苗族乡烟草农业基地，利用遥感技术，针对贵州喀斯特山区的地形特征，结合烟草的叶面积指数和烟草生长适宜性，为喀斯特山区烟叶产量估算提供技术支撑"③。

最后，适应生产规模的要求，合理规划烟叶种植户。在贵州，烟草有的是普通农户分散种植，有的是专业大户或者家庭农场等较大规模种植，还有专业农业合作社组织下的种植。在种植的过程中，既从个体的层面，也从宏观的角度精心规划种植的种类和面积。为了更好地指导烟草种植，优化种植规模和种植投入产出比例，即提高烟农的劳动生产效率，有关学者进行过专门研究，分析烟叶种植中资源配置和效率产出等多项指标数据，指出"合作社最优，家庭农场最低，种植规模过大或者过小都会影响烟叶种植资源的效率配置。需要采用先进的方法来优化种植规模与种植单位投入"④。

此外，烟叶种植过程中，抓住培育专业技能人这个关键环节，更好地保障农村人力资源优势的发挥。作为一个烟草种植大省，"贵州调整烟叶产业结构，开展可行性研究，加快乡土实用技术人才的培养"⑤。不仅发掘技能型人才，

---

① 刘国强，李皓，罗旭.贵州现代烟草农业人工影响天气服务 [J].科技创新与应用，2018（16）：73-74.

② 陈厚铭，李世祥.地理信息技术在贵州烟草商业中的应用研究 [J].农业网络信息，2015（02）：8-11.

③ 符勇，周忠发，贾龙浩，胡勇.基于 SAR 技术的贵州喀斯特山区烟草估产模型 [J].湖北农业科学，2014，53（09）：2156-2159.

④ 谭建，林琳，陈青梅.基于 DEA 与改进的 TOPSIS 的现代农业组织效率与规模研究——以贵州烟草农业为例 [J].湖南农业科学，2014（19）：66-69.

⑤ 杨诚，陈竞靖.贵州烟叶产业农村技能型人才开发的可行性研究 [J].商，2012（15）：173.

而且利用一部分扶贫专项资金，对烟农进行专业技术培训，培养乡村技师和技术能人。这也是贵州反贫困过程中，保障农村可持续发展的优势，在人力资源培育方面的一个具体举措。

第二，烟叶加工。收获的烟叶要最终实现其商业价值，加工是极为重要的一环。在烟叶加工的过程中，程序的设置、方法的改进、技术的更新都很重要。贵州烟草产业发展重点是增加高端品牌卷烟，拓展"贵烟"品牌效应。

早在民国时期，贵州地方就有富裕的人家派人远渡重洋，从美国高薪聘请专家来传授烤烟技术和进行烤烟现场指导。烟业发展至今，贵州自己有一套传统的烟叶加工方法。但是面对现代社会的变化，传统的技艺已经不能完全满足地方烟叶加工的升级换代需求。为做大做强贵州烟业，助力扶贫事业，烟叶的加工过程更加精细化，加工技术紧跟时代脚步，跨入了一个飞速发展时期。

首先要选好烟叶原料。根据国际烟叶生产标准控制植株长势、成熟程度、化学成分，保证烟叶的质量，并"探索出口烟叶生产的技术方案"[1]。其次是转变烟叶的加工方式。为了"既保护好青山绿水，又用好绿色资源红利，将有限的资源有效循环利用"[2]，分段使用烟叶的不同部位，对整个烟叶植株加以充分利用。此外，运用生物技术加强对烘烤过程的控制，改变烟叶烘烤方式是关键，保证优质烟叶的出口。

实行烟叶种植的标准化和转换生产组织模式，在烟叶种植过程中推进程序和技术的标准化。在丘陵山区烟叶种植的全程机械化可以节省人力投入，增加产量，同时可以保障烟叶种植的标准化，加强生产技术的更新换代。烟叶种植中，科技力量的投入、管理水平的提高和公共服务的推进等也很重要。作为农业生产中一个较为特别的种类，贵州省在烟叶的生产中推行现代化的组织模式。所谓"种植在户、服务在社、掌控在司"[3]，即通过现代农业的规模化生产经营模式，解决了小生产与大市场的矛盾，缓解了农户数量多与耕地面积有限的矛盾。推

---

① 刁朝强，胡勇等．日本烟草所需贵州优质烟叶生产技术开发与应用 [J]．安徽农业科学，2015，43（32）：164–169.

② 潘承丽．生态添彩　助农增收——贵州烟草实现循环发展 [J]．当代贵州，2018（41）：62–63.

③ 李家俊，刘明国．中国特色现代烟草农业生产组织模式：以贵州为例 [J]．贵州农业科学，2011，39（11）：197–201.

进农业生产的专业化，通过专业服务社，提高生产效率，保障农业生产全过程劳动力的及时合理投入，以及农业生产成果的稳定性，探索整个贵州农村特色产业发展的可行性路径。

第三，烟叶销售。为更好地适应市场经济发展步伐，贵州烟草企业融合现代经营理念，在业务经营过程中加快商业多元化、信息化、现代化建设步伐。为了多元化发展贵州烟业，拓展烟业公司经营范围，贵州省首先把香烟生产和销售过程中的相关产业列入经营范围。产品设计和包装这些原来外包的部分，现在被纳入了公司业务范围。这一变革促进节省资金、增加效益的同时，丰富了烟业公司的业务种类，拓展了烟叶种植前期和后期的业务范围。发展生态养殖，利用生物链保障烟叶生长环境，减少农药用量，同时为植物提供肥料。还充分合理利用烟业公司的资金优势和暂时闲置的房地产开展相关业务，这也成为增加收入的重要环节。例如，贵州福投资管理有限公司是贵州省内著名的中烟公司[①]旗下的一个全资子公司，经营范围不仅包括销售香烟，还包括了香烟的设计和包装，经营管理烟业公司所属房产及其收益。公司还利用自有资金，拓展生态养殖，矿泉水生产等，推动了烟叶企业（公司）的多元化经营进程。

为了加快烟业的现代化步伐，贵州省充分运用信息化技术手段，搭建贵烟现代化沟通和销售平台。例如，建构"贵州烟草云"。建设这个平台最为重要的目标是集中贵州省烟业企业资源，沟通行业和市场信息，扭转省内烟草行业各自为政的态势，降低成本，增大协同开发共同发展的力度。同时，通过现代信息技术推动行业整合，建立全新的贵烟销售体系。在这个过程中，把地方体系建设与国内烟草商业企业标准密切结合起来。结合贵州实际情况，建立了贵州省内烟草企业的标准体系。在现有基础上，加强资源整合，做好每一个细节。例如，毕节市整合"两烟物流资源"，在人力、仓储、运输和信息系统这四个方面加以落实。此外，充分利用网络技术，依靠网络提供的充分快捷信息，克服局限性，搭建的网络销售平台不仅在交通发达的城镇，而且在广大的农村，适应信息化时代的要求，推行电子商务，建设现代化网络销售系统。

贵州省还利用现代信息技术从全局、从全程对省内的烟草行业进行规范管理。贵州烟业不仅将现代科学技术运用于烟草的种植和加工过程，而且试图在

---

① 全称是：贵州中烟工业有限责任公司。

销售过程中发挥其独特功能。根据国家烟草专卖局经济信息中心提供的地理信息数据，建立相应的省内烟草行业较为完善的信息系统。细化生产经营和销售管理等方面业务活动密切相关的细节管理过程，加强烟业管理、提高烟企效率、提升管理水平，使"3S"技术（RS 遥感技术、GPS 定位技术、GIS 地理信息系统平台）在烟叶种植区划、资源规划、基础设施的建设、卷烟物流配送，乃至卷烟零售户管理等一系列烟业管理过程中发挥重要作用。建立贵烟的生产和销售全程保障机制，"建设智慧物流，全程控制全省烟草物流"[①]，建立烟草行业的"最低保障标准和受灾补偿标准，构建复合型农业风险保障机制"[②]。希望以烟业为起点，最终建立一个涵盖整个贵州农业生产和经营的复合型农业风险保障机制。

适应总体形势与政策，现在烟叶生产发展遇到了新的问题。认识到香烟对人类健康的危害，全世界对香烟的需求锐减，中国国内在众多公共区域也明确开始禁烟，香烟的需求总量逐年下降，烟叶的收购量必然也随之下滑，带来烟叶种植总量的普减。为了达到烟叶减数量、提质量的目标，贵州各地方政府用心良苦。按计划调整烟叶种植面积，优化产业结构，合理规划烟叶种植，拓宽增收渠道。此外，推出奖励机制激励烟农的种植积极性，留下了一些原本打算外出务工的人转而安心留在村里种植烟叶，加快了群众脱贫致富的步伐。

在全国和全省必须严格控制烟叶的生产规模、限制产量减少库存，削减种植计划的大环境下，为了保障贫困地区烟叶生产收益，发展专业合作社等多形式用好资源、拓展多元化经营、改善烟农（特别是贫困户）的生产生活条件，把扶贫资金用好用实，贵州省实行分配制和倾斜制，对不同地区按比例分配烟叶种植指标，而在地区内部指标的细分过程中倾向贫困户。例如，六盘水市水城区在制订烤烟的生产和收购计划时，首先要考虑的问题就是如何实现县域内724 户2834 人建档立卡贫困烟农的收益问题，确保贫困户通过烤烟种植实现增收目标。

---

① 陈厚铭，李世祥. 地理信息技术在贵州烟草商业中的应用研究 [J]. 农业网络信息，2015（02）：8–11.

② 刘明国. 中国特色现代农业风险保障机制——基于机会成本视角下的贵州烟草农业风险保障机制构建 [J]. 贵州社会科学，2014（10）：124–128.

在精准扶贫政策指引下，贵州烟叶生产独辟蹊径，助力扶贫攻坚。在产业扶贫实践过程中，作为贵州的地方传统产业之一，烟业发展是一把双刃剑。一方面，烟草种植计划减调势在必行；另一方面，对烟农而言，烟叶种植面积减少可能大增加农户致贫或返贫的可能性。那么如何在种植面积减调的情况下，保障烟农的利益，减少贫困发生的可能性，需要烟叶的种植和销售等相关行业实行相应措施，其中计划调控是一个有力的手段。通过引导烟业产业收益向贫困户倾斜，辅助相关的"有效甄别"手段措施，保证贫困烟农增收。

总之，与以往通过量的增加的发展路径不同，现在贵州烟业发展的根本出路是质的提升。作为现代农业的一个类型，烟草种植有其特殊性，也具有农业的基本属性。"烟业的现代化，既指生产装备和技术、管理方法的现代化，也指生产要素投入与产出、资源利用和劳动生产等效率的提升。"[①]结合当今全省乃至全国的扶贫攻坚实际情况，正确引导烟叶从种植、加工到销售的利益产出和分配方向，着力于改善烟农生产生活条件，让烟业生产为贵州省扶贫事业做出贡献。

### 3. 特色产品

首先，确定发展特色产品的总体思路。从《打造"黔系列"民族文化产业品牌工作方案》到《关于建设多彩贵州民族特色文化强省的实施意见》，贵州省政府制定了一系列特色产品开发的工作方案，为地方特色品牌打造工作指明了具体的工作方向。与此同时，加大力度设计和宣传品牌形象标识（LOGO），保护商标注册和著作权登记，而且在网络媒体上进行普遍宣传。

其次，通过资源整合促进特色产品的产业化发展。从组织领导、资金支持、税收金融、表彰奖励等方面，由分管民族工作的副省长主抓，建立联席会议制度，针对不同的产品产业发展特点探索不同的发展模式，走特色道路，创新开发、投资、制作和销售模式，推进以工匠精神推进"黔"系列（酒、茶、药、菜、珍、绣、织、艺、银等）特色产业。整合地方历史文化资源，针对"贵州的两个宝：一是生态环境好，二是民族文化多"[②]。打造地方民族文化产品的品牌，提升富于地方特色的传统饮食、医药、手工工艺，帮助"黔"字打头的系列产品走出去，

---

① 田永红．贵州发展现代烟草农业的重大突破 [J]．理论与当代，2012（05）：18-20.

② 张恒．让"黔"字头品牌风行天下 [J]．当代贵州，2017（13）：44-45.

需要有战略的眼光和切实的手段。高素质人才的培养、传统工艺的传承与更新、专业生产和营销队伍的建设、国内国际同类产品信息的搜集整理与分析和有效对策的制定与实施等都是"黔"字号产品走出去的,占领市场、获得成功的重要因素。利用各类博览会,例如,国际民族民间工艺品博览会、国际酒类博览会、茶产业博览会等,进行品牌展示、信息沟通、产品交易、经验交流,充分利用网络平台和大数据技术搭建"黔"字号产品的销售网络、拓展销售空间、增加商业利润的同时,推广贵州地方民族特色文化和打响贵州的知名度。

再次,发挥贵州产品特色助力扶贫事业。在这个过程中,食品加工业的成绩最引人注目。小食品也可以打造大产业,贵州努力打造 11 个"黔系列"的品牌,在政府扶贫事业优惠政策的支持下,贵州"山货"走出大山、迈出国门。食品业具有基础投入少、吸纳就业人数多、利税可观等优势,为贫困户脱贫致富贡献巨大。其中有几类比较典型的实例。

其一,贵州辣椒。贵州境内山地、丘陵、河谷、坝子交错,生态环境优越,气候温和、雨水、日照、温差适中,这些都造就了贵州辣椒品种、营养和风味的特色。现在,贵州辣椒在生产、加工和集散等各方面的规模均居全国第一。辣椒生产和加工的科技水平在全国处于先进地位,产品种类多,其中黔辣、黔椒、遵辣、遵椒四个系列特色品种,完成了辣椒基因组测序。通过科研团队,系统收集并保存育种材料、改良地方品种,实现配套育种。新品种及配套栽培与绿色防治、采后处理加工、产业化经营等关键技术得以突破并被广泛采用。现在,贵州省的辣椒在种植、采摘、加工生产等方面制定了标准化体系并有一系列的执行标准,辣椒产业实现了从数量扩张型到提质增效型的产业化转型。

贵州辣椒产品极具品牌价值,产量及销量在全国排名靠前。其中,"老干妈"等龙头企业,是贵州老品牌,在国内几乎家喻户晓,其产品出口到世界上 80 多个国家和地区。近些年来,"老干妈"年销售总收入一直保持在 40 亿元上下,辣椒制品日产量在 300 万瓶,公司已推出 24 个系列产品。在 2018 年贵州省公布的省级"千企改造"工程中,老干妈风味食品有限公司在贵州各市县建立辣椒、生姜基地,约有 18 万户农民得以脱贫,这些原材料基地可以为社会提供 5000 多个新增岗位,被列入龙头企业和高成长性企业名单。

其二,薏仁米。贵州省黔西南州兴仁市是中国的薏仁米之乡,因为当地特殊的土质、光照和温度条件,其境内种植的薏仁米不仅品质优良而且产量、营养价值和药用价值都很高，是地理标志保护类产品。薏仁米在本地已有千年以上的种植历史，种质类型丰富，2018 年收集到种源标本 126 种，是高产、优质新品种薏仁米丰富而且天然的种源。该地生产的薏仁米历年来在市场上供不应求，甚至远销海外，是兴仁市的扶贫主导产业。薏仁的根、茎、叶、壳、糠、果实等，都有广泛的用途。薏仁米不仅可以食用而且可以入药，属于传统中药中常用的一味药。同时，薏仁植株的不同部位分别可以做成小吃、面条、粉条、酒、精油、药、枕芯甚至化妆品等一系列产品。

兴仁市与中国农业大学、贵州省农业科学院、贵州大学和黔西南州农科所等多家科研机构合作，加大针对薏仁米的科研开发力度，研发 80 多个产品，分 5 大系列（谷物、膨化、冲剂、糖果、精油），至今已获得 10 项产品发明专利。此外，兴仁市还是整个南亚地区薏仁米交易的一个重要集散地，具有薏仁米以及相关产品的资源、信息和交易量的天然优势。为了保障薏仁米的集约化、规模化、长期化发展，保障薏仁米产品的市场优势地位，2016 年成立贵州兴仁薏仁米产业有限公司，运用贵州大数据平台积极推广产品，在原有的传统渠道之外，进一步拓展销售市场和增大产品创新、产业发展合作的空间。

随着薏仁米产业的蓬勃发展，以扶贫政策为引导，充分利用各类优惠政策，兴仁市大量发展薏仁米产业，对帮助贫困户脱贫做出了巨大贡献。"兴仁市有建档立卡贫困户 23633 户 89714 人，2014 年脱贫 3907 户 16447 人，2015 年脱贫 5898 户 23501 人，2016 年脱贫 3579 户 15026 人。2017 年，兴仁县出台'薏仁米产业扶贫作战方案'，在全县 15 个乡镇（街道）种植薏仁米 35 万亩，总产量 73500 吨，总产值 46000 万元，42000 农户受益（其中贫困户 9000 多户，户均增收 7350 元）。"[①] 在这个过程中，通过政府的帮助，很多贫困户到薏仁米种植大户或者加工企业中就业，有力推进了整改兴仁市产业发展的步伐，"一县一业"发挥了突出的扶贫作用。

其三，刺梨等山区果产品。黔南州发展特色林业，最为出名的是贵定县和龙里县，刺梨种植面积 75 万亩，都获得了"中国刺梨名县"称号。贵定和龙里现有两个刺梨加工产业园区，恒力源、奇昂、山王果、天泷等刺梨加工企业就

---

① 李发耀，石明，秦礼康. 薏仁米产业蓝皮书：中国薏仁米产业发展报告 NO.2（2018）[M].
北京：社会科学文献出版社，2018：278.

在该产业园区内。通过刺梨产业，黔南州探索适应地方的扶贫路径并且取得了显著成效。根据《黔南州刺梨产业提升三年行动计划（2017—2019 年）》，州政府把刺梨产业作为扶贫的重点举措，把产业发展规划具体落实到农业、林业、水务、工信等多个部门，列入绩效考核的目标体系，并要求针对各部门的具体措施和发展情况每年向州领导小组进行专项汇报。经过多方努力，黔南州刺梨产业发展迅速，并且出现了一批刺梨特色龙头企业，例如，恒力源等 5 家刺梨加工企业成为首批国家森林生态标志产品试点单位。

除以上列举实例之外，贵州省发展特色食品加工业来推进基层群众脱贫致富的措施，因地而异，各有不同。毕节的芸豆、遵义的香榧等，都凸显了各自的区域特点。通过建设基地，优化种植结构和产品，发展立体生产体系等多种举措，拓展生态茶园、精品水果和林木基地，发展林下经济，种植中草药、种花、种菜、养家禽、养蜜蜂，或者培育特色菌类等。利用各地自然资源禀赋的差异，规划产业区域布局，推动和发展特色产业。例如，森林康养、旅游观光、村寨游等，吸引了国内外游客来旅游或者采购地方特色产品，推进地方经济发展，帮助农户增收脱贫。

## 二、改变生计方式的实践创新

贵州省内有的地方原有的自然生态环境已经很脆弱，人地矛盾十分突出，不宜再进行开发，有的地方甚至已经不具备人类生产生活的基本条件。这些"养不起一方人"的水土一般来说地处偏远、交通不便、公共服务设施缺乏，也是贫困高发地区和扶贫的重点区域。根据搬迁时间先后，易地扶贫搬迁政策的推行大体上可以分为几个阶段。"从 2001 年开始试点，易地扶贫搬迁逐步扩大实施范围，最后才在全国范围内广泛实施。"[①] 在这个过程中，贵州省政府"由引导转变为主导，地方各级政府的搬迁政策也逐步完善，现在已初步形成一套较为完整的政策体系"[②]。这套政策体系涵盖了财政金融、项目工程、民生保

---

① 赵双, 李万莉. 我国易地扶贫搬迁的困境与对策：一个文献综述 [J]. 社会保障研究, 2018（02）：106–112.

② 王宏新, 付甜, 张文杰. 中国易地扶贫搬迁政策的演进特征——基于政策文本量化分析 [J]. 国家行政学院学报, 2017（03）：48–53、129.

障和土地等多个方面。

## （一）贵州生态保护的自我定位

### 1. 贯彻国家总体布局要求

2016 年，从全局性战略高度出发，中央将贵州省列为国家生态文明试验区。为更好落实中央决策，2017 年贵州省政府拟定《国家生态文明试验区（贵州）实施方案》，准备把整个贵州建成一个"多彩公园"。围绕这个总目标，具体落实为建设五个生态示范区。

第一，绿色屏障的示范区。从地理位置上看，贵州省内地质结构复杂，地表生态环境丰富多样。很多地方与周边省份乃至整个中国南方地区具有普遍的联系，所以绿色屏障建设具有极为重要的价值。具体而言，贵州省绿色屏障示范区是指"两江流域"，即长江、珠江的上游地区。之所以称为"绿色屏障"，是因为其生态环境的好坏，不仅影响贵州本省，还会影响其他兄弟省区。从贵州本省来看，既要保护环境，也要谋求发展，所以落实生态优先、绿色发展的理念，确定具体行动方式就具有重要的意义。但是从自然地理环境条件来说，贵州省内熔岩地质面积广，加上历史时期的不合理开发等自然因素和人为因素的影响，地表植被等生态环境受到较为严重的破坏，生态恢复的压力很大。即便如此，在国家生态环境保护政策的推动和省内各级各地政府的精细规划和认真执行下，构筑"两江生态屏障"，在生态环境保护方面贵州省发挥了示范性表率作用，也成为贵州"公园省份"名片中的美丽一画。

第二，绿色发展的示范区。作为发展相对落后的西部省份，贵州省坚持生态文明思想，走绿色发展之路。以绿色作为主基调确定自身的发展路径，努力在保障经济持续发展的同时保护和改善生态环境。为此，把每年 6 月 18 日定为"贵州生态日"，希望借此在西部省区，甚至在全国的绿色发展道路上做示范性表率。在贵州，多民族在聚居的山区创造了众多人与自然和谐相处、绿色发展的典范，传统生态知识和生态保护举措中充满了前人智慧，更是当下绿色发展可资利用的宝贵财富。可循环、可持续的绿色发展之路，是贵州反贫困实践过程中一个理智的选择，也是贵州"美丽公园"名片中厚重的一笔。

第三，扶贫事业的示范区。贵州贫困面积广、人口多、程度深、脱贫任务重。如何将本地区的自然生态优势转化为经济发展优势，生态环境保护与脱贫致富齐头并进是关键。贵州要在推动生态与脱贫深度融合的过程中为全国其他省区市做出示范性表率。随着退耕还林、移民搬迁等重大举措的具体实施,生态脆弱山区的自然压力减小,生态环境恢复效果明显。改变生计方式,整体提高当地人们的生活水平,是贵州省扶贫实践中令人瞩目的一件大事,也是树立贵州形象,打造贵州名片过程中重要的一个篇章。

第四,法治建设的示范区。从目前来说,贵州省在环境保护方面的立法与司法实践上,已走在全国前列。《生态文明建设促进条例》《贵州省生态环境损害领导干部问责暂行办法》《贵州省林业生态红线保护党政领导干部问责暂行办法》以及《贵州省全面推行河长制总体工作方案》等系列文件连续发布,环保法庭、省级环保执法机构也应运而生。随着时代的发展,贵州省在生态文明法治建设方面的实践经验进一步得以总结和提炼。从全国范围来看,贵州要在健全环保司法保护与惩戒机制方面做出示范性表率。

第五,国际交流合作的示范区。"生态文明贵阳国际论坛"作为贵州对外交流的平台,展示生态保护成果,发出"贵州声音"。在生态文明方面,贵州优于其他省区市,在促进生态文明国际交流合作上,贵州做出了示范性表率。提高整体形象,加强交流与合作,是贵州在反贫困实践中一直努力探索的一条道路。让更多人了解贵州、热爱贵州,将为贵州未来的经济社会发展带来更多的机会和更大的空间。

**2. 贵州省实现生态保护定位的实现路径与实践成效**

贵州省早在 2015 年就开始启动"绿色贵州建设三年行动计划",意在推动省内生态文明示范区的建设。以普遍推行现代山地高效农业为手段,守住发展和生态两条底线,确保社会经济与生态资源的协调与共同发展。重点搞好林业生态建设,完成"八大任务",保护好生态环境,合理利用生态资源。2015 年到 2017 年全省确保完成造林绿化任务 916 万亩,完成森林抚育和低产林改造项目 300 万亩,辐射带动 1200 万亩,全省林业产值 1200 亿元,古树大树保护率达 100%。森林覆盖率持续上升,森林得以有效保护。

（二）易地扶贫搬迁中突出生态环境保护

贵州是一个山地省份,没有平原支撑,"八山一水一分田"是对贵州省情的基本概括,易地扶贫搬迁成为贵州地方各级党委和政府扶贫攻坚的首要任务。

在易地扶贫搬迁工作推进过程中，贵州省把易地搬迁与生态环境保护紧密结合起来。在山多地少的贵州，地方生态环境的保护是一项艰苦的工程，也是一项重要的任务。作为中国的一个易地扶贫搬迁政策试验点，贵州省大力推进移民搬迁工作的过程大致可以分为几步：第一步，2001年开始十年时间试点阶段。政府引导，提供资金，群众自愿是关键，变迁口号是"搬得出，稳得住，能致富"。第二步，2011年开始四年时间全面推进。政府转变为主导角色，结合城镇化和工业化发展形势，初步建立具有中国特色的易地扶贫搬迁政策体系。第三步，2015年至2020年推进扶贫事业。这是一个"啃硬骨头、攻坚拔寨"的冲刺期，政府创新机制、精确瞄准，确保扶贫搬迁顺利进行。在具体的管理过程中，采取三级管理机制：中央、省（直辖市）、县，三级职责分工明确细致，程序方法讲究科学。

**1. 总体思路与体系建设**

（1）"六个坚持"和"五个三"的搬迁工作思路。

2015年12月，贵州省易地扶贫搬迁工作开始启动，要把山区贫困群众搬迁出来，而且规模空前。"十三五"期间易地扶贫搬迁规划总规模为188万人，占全国扶贫搬迁份额的15%，是全国易地扶贫搬迁规模最大、人数最多的省份。

在贵州地方各级政府的统一规划下，以"六个坚持"工作思路为指导，搬迁工作进展顺利。以县为单位，施行搬迁资金统贷统还、自然村寨整体搬迁，推行城镇集中安置政策，确保农户不因搬迁而负债，通过以产、以岗定搬的方式确保搬迁农户的基本生计。此外，在解决具体搬迁问题时做到"五个三"，即盘活"三块地（山林地、宅基地、承包地）"，解决"三个问题（就业、就学、就医）"，确保"三类保障（低保、医保、养老）"，建设"三个场所（公司、农场、公共服务站）"，完善"三个机制（就业、培训、兜底）"。思路决定出路，截至2019年上半年，贵州省易地扶贫的前期搬迁工作基本完成，188万贫困人口全部搬迁入住。

（2）五大体系建设保障移民稳定致富。

搬迁后农户的生计维系是扶贫工作的一大难题。为做好易地扶贫搬迁的后续工作，贵州省委、省政府提出了"五大体系"建设的构想。

第一，基本公共服务体系。贵州省在公共服务体系建设方面加大投资，特别是针对搬迁人口的公共教育、医疗卫生、社会保障、基础配套设施等与农户生产生活和后续发展密切相关的基本环境条件。建立完善安置小区服务体系，提供基本公共服务资源，是保证移民脱贫之后不再返贫的重要举措。

第二，就业服务体系。在贵州，以安置小区为单位，根据人口结构和环境条件，结合搬迁户意愿，政府组织安排就业创业服务和技能培训，帮助搬迁户思想转变、技能提升，以适应新环境下的基本生计方式的非农化转变。在政府组织主导和社会各方力量的帮扶下，搬迁户实现就业甚至自主创业，实现搬迁群众的可持续发展。

第三，安置区治理体系。贵州各个搬迁点在建设过程中，按照"三化"[①]的要求，从物质、制度、活动规范等多个方面保障易地扶贫搬迁安置点的基本工作的程序化和规范化，确保移民生活的基本空间和后续发展的基础条件。在这个体系内，不仅需要政府部门管理的科学化，还需要移民自我管理和自我发展的规范化，保障移民安置区良好、有序的发展空间。

第四，文化服务体系。贵州省内搬迁人口的族属身份众多，如何结合搬迁点居民的民族传统文化，采取多样化方式宣传党的政策，从精神方面不断丰富搬迁群众的文化活动是工作的重点之一。在进行文化服务体系的建设过程中，各地都在努力寻找传统文化与现代化发展的衔接点，探索融入现代生活的路径方法，塑造适应时代需要和凝聚人心的新文化，加快移民融入新生活的步伐。

第五，基层党建体系。在贵州扶贫实践中，党建扶贫在全国都具有特色。坚持和加强党的全面领导，健全组织体系，组织发展新党员，发挥搬迁党员的先锋模范作用和安置点基层党组织的战斗堡垒作用是贵州省党建扶贫的基本策略之一。基础党组织建设，特别是作为一个完整的系统，贵州省基层党建体系建设至今已取得了可喜的成果。

总体上讲，"五大体系"建设，是贵州易地扶贫搬迁后续困难的破解之道，从全国范围来看，贵州的这一做法先行一步。

### 2. 易地扶贫搬迁与生态保护同步推进

（1）搬迁成效显著，生态措施同步进行。

贵州省易地扶贫搬迁工程，根据省委、省政府的移民搬迁目标，取得了世人瞩目的成就。在易地扶贫搬迁的过程中，贵州省委有专门文件，对搬迁工作的目标任务和配套措施有严格的规定和清晰的说明。例如，针对2019年易地扶

---

① 即：机构设置科学化、安置小区管理网格化、居民自治规范化。

贫搬迁任务，省委、省政府出台专门文件，明确规定："全面完成 188 万人搬迁入住，同步建立和完善'五个体系'，强化易地扶贫搬迁后续措施，改善搬迁群众的生产生活条件，同等享有城镇公共服务，提高就业质量和收入水平，改变精神面貌，逐步融入城镇生活。"①总之，在省委和地方各级政府统一组织、精心安排下，搬迁出来的贫困户的生产生活条件得到了明显改善。

移民搬迁不仅是解决部分地区贫困人口生存问题的一条路子，对搬迁地的生态保护也是效果明显。而伴随着搬出地人口锐减，资源环境压力减轻，水土流失缓解，土地的石漠化得到了有效抑制，生态环境逐渐恢复和改善，这一点在贵州省移民搬迁所带来的环境改变中效果十分明显。易地扶贫搬迁是一个双赢的举措，不仅"将不具备基本生存条件地区的人口搬迁至条件较好的地方，帮助其发展，从根本上解决贫困问题"②，而且通过易地扶贫搬迁，农户搬离了原来恶劣的自然环境，现有的生产生活的基础条件和基础设施得到改善，从而有了更多的经济来源和更多选择的可能性。从农户的角度来看，人对自然环境的直接依赖性减弱；而从自然环境的角度来看，人对环境的破坏性降低，也有利于生态环境的恢复。

（2）扶贫政策着手于当下，放眼于未来。

针对移民安置后续发展的工作压力也非常大，面对后续工作中出现的具体困难，贵州省委、省政府相继出台《关于加强和完善易地扶贫搬迁后续工作的意见》及 7 个配套文件，对"五大体系"建设从制度层面加以保障，同时对细节问题也考虑甚多。

扶贫搬迁是一个利在千秋的壮举。针对易地扶贫搬迁这个伟大工程，贵州省不仅要圆满完成搬迁的既定目标任务，还要为未来自然环境与人的共同发展奠定坚实的基础。主要有两个方面：一是记录保存易地扶贫搬迁历程；二是自然生态保护与人的未来发展同步进行。通过这些记录，不仅可以及时保存资料，成为经验总结的基础材料，在与其他省份和地区共同学习、取长补短的过程中

---

① 贵州：加强和完善易地扶贫搬迁后续工作 [J]. 城市规划通讯，2019（05）：14.

② 宁静，殷浩栋，汪三贵，王琼．易地扶贫搬迁减少了贫困脆弱性吗？——基于 8 省 16 县易地扶贫搬迁准实验研究的 PSM-DID 分析 [J]. 中国人口·资源与环境，2018，28（11）：20-28.

提供有用素材，还可以为后人完整深入了解当今移民壮举、总结经验教训储备资料。为什么搬、怎么搬？搬迁后人与地如何共同发展等问题的解决模式，必将对探索未来人与自然和谐相处之道做出巨大的贡献。

（3）搬迁政策有扶贫攻坚与生态保护双重目标。

为达到扶贫攻坚与生态保护双重目标，首先，贵州省确定了"主战场"保证扶贫攻坚任务的完成。在这些"主战场"，随着大量人口搬离山区，曾经因为人口压力而被过度垦殖的土地，即已经变得"不适宜于人类生存"的土地开始有了一个喘息的机会。退耕还林政策的执行和各个专项环保项目的推行，加快了山区恢复生机的进程。易地扶贫搬迁不仅解决了当地人生存发展的问题，更为重新找回绿水青山做出了巨大贡献。在这个过程中，不仅仅依靠各级干部群众的工作热情、人力投入、技术措施，而且需要相应的组织规划、资金支撑、政策保障，促使扶贫搬迁工作顺利进行。此外，通过搭建平台等行之有效的方法，传递文化，增进了解，促进团结。通过建立数据库，全面准确地记录搬迁人口的就业、收入和生活状况，及时跟进相应的帮扶措施，保障搬迁人口的后续发展。

其次，注重生态保护任务的完成。移民搬迁一方面要认真思考和安排移民的问题，针对这些问题，从省到县到乡，各级各地的具体举措异彩纷呈。从总体的政策制度安排，到具体搬迁过程中的工作细节安排，再到各项搬迁措施的落实，移民顺利入住搬迁小区，一直到搬迁移民的生产生活环境问题、就业创业问题、文化心理适应问题等逐一解决，各项举措安排到位。让已经搬迁出来的人群爱上新的生活环境，开始新的生活，同时鼓励还未搬迁出来的人群坚定搬迁的信念，并最终响应政策主动搬迁。另一方面就是要加快修复被搬迁地的生态环境。贵州省在这个过程不是让自然生态环境在"人去楼空"之后自然地慢慢治愈创伤，而是投入适当的资金、技术和人力，针对被破坏的植被和水土进行有效的治理，帮助其在较短的时间内迅速恢复。生态保护任务的完成与否，也是衡量移民搬迁成功与否的一个重要指标。

此外，贵州省各地具体的做法还有很多。例如，在搬迁地开展"春风行动"，进行集中建设、集中管理。在搬迁小区"以岗定搬、以产定搬，落实一户一人以上就业目标要求，同时实行搬迁劳动力全员培训机制"①，不断探索行之有

---

① 任廷会. "六个坚持"推进易地扶贫搬迁 [J]. 当代贵州，2018（15）：18–19.

效的具体方法。帮助搬迁群众融入城市生活，制定社区"公约"、开展爱党爱国和精神文明的宣传活动。通过微信群、社区网站等虚拟社区文化活动平台和"群众说事室""民族舞蹈排练室"之类的现实社区空间，拉家常、谈心交朋友。或者推动各类传统民族节庆文化活动，鼓励参与，让搬迁群众有地方开展诸如土家族摆手舞、侗族鼟锣、苗歌对唱等民俗活动，促进社区民族团结。

### （三）易地扶贫搬迁中落实民族文化保护

贵州是一个多民族聚居的省份，在易地扶贫搬迁政策执行以来，大量原来居住在深山的农村人口移居到新的定居点，生活环境改变巨大，同时人文环境也与原居住地迥然相异。搬迁群体既具有个体自身的特性，又有共同的群体性特征。在易地扶贫搬迁过程中，如何既保证移民物质生产生活条件的改善，又能促进移民精神生活环境的优化，落实民族文化保护措施，贵州省各地探索出了很多宝贵经验。

#### 1. 做好宣传动员工作，发掘农户内生动力

在易地扶贫搬迁过程中，解决长远的生计问题是重点。贵州省运用"共商"策略，既表现出政府对民族文化传统的尊重，又能有效缩短干群之间的距离，激发内生动力，上下齐心把工作重点落实到农户增收这个关键问题上。其中，激活搬迁群众的内生动力，适应搬迁群众的生计方式的变化，合理配置扶贫资源是扶贫事业的重点。因为"易地扶贫搬迁牵涉农户生产生活中物质和精神等多种因素的变化"[1]，所以改变扶贫思路，农户增收有望，生计问题自然就会迎刃而解。

稳定搬迁群众，激发内生动力是关键。贵州省发扬传统充分利用宣传动员手段，有效激发了农户的内生动力。"基于中西部8省（自治区）16县2019户建档立卡搬迁户问卷调查数据，进行分析发现，建档立卡搬迁户搬迁意愿强烈但仍有疑惑"[2]，根本原因是对搬迁之后的生活没有信心，因此，从外力推动性向内生自发性转变的同时，要加强激发农户自身动力，转变农户的"要我搬"

---

① 汪磊，汪霞.易地扶贫搬迁前后农户生计资本演化及其对增收的贡献度分析——基于贵州省的调查研究 [J].探索，2016（06）：93-98.

② 曾小溪，汪三贵.易地扶贫搬迁情况分析与思考 [J].河海大学学报（哲学社会科学版），2017，19（02）：60-66、91.

思想。贵州各地各级政府工作人员针对这个问题，在各个移民搬迁地加强政策宣传，对住房、生活环境、教育以及医疗等后续的基本生活保障、就业和产业扶持政策等进行分析讲解、实例对比，坚定搬迁农户的信心，指明生活和发展道路。农户的内生动力被激发出来，农户的思想也变成了"我要搬"。

稳定搬迁群众，解决就业是重点。从大山中搬迁出来，在新的搬迁地，移民的生计方式必然发生改变。解决了就业问题，基本生活才能有保障，这关系到搬迁农户的长远生计。贵州省内各级政府下大力气提高易地搬迁人口的就业率，拓宽收入渠道，增强竞争力。在搬迁过程中，政府转变思路，以需求为导向，加强职业技能培训，提供就业咨询服务等多种方式，帮助移民融入新环境，适应新文化。搞试点，开展汉语读写、法律知识、城市生活知识、劳动技能等方面的培训。帮助移民尽快"融入新环境，适应新生活"[1]，开创新未来。就是在解决搬迁移民基本生活和就业的过程中，坚定其开创新生活的信心和决心，真正激发其创造未来美好生活的内在动力。

### 2. 解决移民就业，尽快融入新的文化环境

构建新型政策实践网络，满足物质生活和精神生活的基本需求。在新的移民安置点，原有的经济、社会和文化生活条件发生了巨变，在新的生存空间内，各类资本必须进行重新的整合。在最为关键的问题中，除了前述的解决基本生计并谋求未来发展的就业问题，贵州省着力解决的另一个关键点就是移民的文化调适问题，即满足移民的精神需求，建立帮助其平稳过渡的机制和方法。

融入新的文化生活是移民真正获得幸福感的关键。在收入得到保障的同时，移民在新环境下的精神文化生活就是一个迫切需要解决的问题。在贵州省内建设的各个移民新社区中，"移民要完成的任务有很多，转变生产方式、改变生活习惯、适应新身份、重建社会关系网络"[2]。这个过程不仅仅需要移民个体的努力，需要社区基层工作人员的贴心和关心，还需要整个社会的关心关注。

弘扬民族传统文化，建立生活信心是核心。激发农户内生动力，丰富农户

① 唐嘉阳.可融入　能致富　解难题——贵州多措并举推进易地扶贫搬迁社区民族工作[J].当代贵州，2018（23）：60-61.

② 陈云.人类学视野下易地扶贫搬迁移民的文化调适——以贵州省普安县A镇为例[J].安顺学院学报，2017，19（04）：5-8.

精神世界，具有不可低估的作用。贵州经验表明，通过"构建多元文化，创新安置方法，调整生计方式，重新构建移民群体的生存空间"①。在贵州省的移民搬迁安置点，通过组织生动有趣的各类民俗文化活动、弘扬民族文化等策略，可以帮助农户迅速找回自我；搭建交流交往的平台和空间，帮助不同地区的搬迁群众逐渐在新的共同生活环境中找到新的平衡点和新的生活希望、生活乐趣，积极融入社区生活，实现与现代社会的高效对接。

### 3. 讲究工作方法，兼顾民族文化心理

第一，文化转型是重点。政府注重统揽大局，在大力组织和精心安排下，对各地任务指标进行约束管理，使易地扶贫搬迁取得了巨大的经济成绩。面对这些成绩，贵州省各级政府清醒地认识到，易地扶贫搬迁工作中，最终的关键因素是人。被搬迁群众的获得感和幸福感是衡量易地扶贫搬迁成果的一个非常重要的指标。但是，"社会文化转型必然带来社会组织以及个体观念、个人行动的变化"②，文化背景不同、心理因素各异，在搬迁过程中社会文化的转型是每一位移民必然面对的问题，也是贵州省移民搬迁政策执行过程中小心谨慎认真对待的问题。

第二，解决问题有原则。贵州省地方政府加快推行相关法律法规，充分发挥政府核心作用，主导工作思路和工作方法。例如，针对惠水县内的贫困户15540户51013人，相继出台《易地扶贫搬迁工作实施方案》《易地扶贫搬迁"迁企融合"工作方案》等工作文件，多层次、全方位安排贫困群众保障体系。有了这一系列的政策文件，对具体问题的处理就"有章有法"，各地搬迁群众更加坚定了搬迁的决心，开始积极主动搬迁，适应新的生活。

第三，善于"变通"巧运作。适应不同文化背景群体，在推行各项具体举措中因地制宜，贵州省敢于抛弃窠臼，突破常规，改变以往的行政模式，转而以群众为中心。"以群众为中心，运用'两会三书六表''五共'工作流程，

---

①　叶青，苏海．政策实践与资本重置：贵州易地扶贫搬迁的经验表达 [J]．中国农业大学学报（社会科学版），2016，33（05）：64–70．

②　周恩宇，卯丹．易地扶贫搬迁的实践及其后果——一项社会文化转型视角的分析 [J]．中国农业大学学报（社会科学版），2017，34（02）：69–77．

帮助搬迁群众获得参与感和幸福感。"① 在具体工作中，充分结合搬迁群众的不同民族文化背景，兼顾传统文化，加快新文化的构建。

**4. 多民族聚居地区易地扶贫搬迁成效显著**

作为新时期扶贫开发的一项重大举措，贵州省试点工作取得的成效有目共睹。第一，为贫困户带来了新的增收方式。搬离生存环境恶劣的深山和贫瘠的土地，农户有了新的生存环境，就业机会增加，商品意识和发展后劲增强，增收渠道拓宽，即所谓的脑子"活起来"，生活"好起来"。第二，促进了民族融合。自从多机会接触"外面的世界"，贫困户有了更多的谋生手段。在接受实用技术的培训和外出打工的过程中，来自不同地方、不同民族的人有更多的接触和相互理解相互学习的机会，对于本民族文化就会有更清醒的认识，有利于民族文化的保护传承和向前发展，以适应新时代新生活。第三，密切了党群和干群关系。在党的统一指挥下，在各级政府的精心安排布置下，搬迁群众有了一个崭新的生活起点，一改以往贫穷的生活状况，获得了新的幸福感和存在感，感恩于党，感谢各级干部的所作所为，密切了双方的关系。

易地扶贫搬迁安置工程的卓越成效与建立"模式"密切相关。在搬迁过程中，贵州省探索过很多种"安置"模式，例如，"城镇集中、企业带动、开垦耕地、产业结构调整安置、退耕还林、置换土地房屋等"②。不仅帮助移民搬迁工程获得又快又好的成效，已经脱贫的农户返贫率低，而且获得了强大的可持续发展后劲，是贵州省在扶贫实践中逐渐摸索出来的经验，符合贵州地方特点，也可以为其他省份和地区借鉴使用。

总之，贵州省易地搬迁扶贫不仅发展经济、消除贫困，而且保护生态环境，促进社会和谐，保护和发展了多民族文化，具有多重效益。这些成果的取得，是贵州省各级政府脚踏实地、善于变通、与民共商结出的硕果，更是新时代贵州扶贫事业实践中锐意创新、大胆改革、不断探索的必然成果。

---

① 李宇军，张继焦. 易地扶贫搬迁必须发挥受扶主体的能动性——基于贵州黔西南州的调查及思考 [J]. 中南民族大学学报（人文社会科学版），2017，37（05）：156-159.

② 王永平，袁家榆，曾凡勤，陈妮. 贵州易地扶贫搬迁安置模式的探索与实践 [J]. 生态经济（学术版），2008（01）：400-401、422.

## 三、教育与医疗扶贫的实现路径

### （一）贵州省教育扶贫的路径探索

"斩断穷路，拔除穷根"，发展教育是关键。党的十八大以来，贵州省实施教育扶贫，达到了全领域、全学段、全覆盖，老百姓的获得感不断增强。《贵州省教育精准脱贫规划方案（2016—2020年）》中正式提出了教育精准扶贫八大计划，成为阻断贫困代际传递的主要方法。

一是把精准扶贫政策与教育资助对象相挂钩。贵州省分学段推行资助，从学前教育到研究生阶段，实现了全覆盖。特别是针对农村的建档立卡贫困学生，就读普通高中和中职，政府实行"两助三免（补）"；就读大学，政府实行"两助一免（补）"。此外，将集中连片特困地区的学前教育儿童和整个农村义务教育阶段的学生全员纳入政策性营养改善计划中，统一进行帮扶。

二是大力发展各阶段各类型的教育。针对基层教育，着力于改善办学条件。省级财政设立专项资金，在全省乡镇一级实现公办幼儿园全覆盖，在农村和城市因地制宜增加标准化寄宿制中小学数量。针对特殊儿童群体的教育问题，更为重视。例如，对留守儿童和身体状况特殊的儿童，贵州省专门出台了教育精准关爱计划，推行特殊教育提升计划。针对高等教育，实行大学招生的倾斜政策。针对农村学生，设立单独招生计划、专项计划，扩大定向招生计划，提高贫困生上大学的比例等，制定各种针对贫困户家庭子女的优惠政策。此外，在职业教育领域也有相关举措。出台推进省职业教育的条例，在全省范围内尽快实现建档立卡贫困户"1家1人1技能"全覆盖目标。每年中职招收农村生源超过30万人。通过职业教育，帮助获得就业机会，促进贫困户脱贫。

三是通过不同类型的教育帮扶机制，促进教育高质量发展。建立省内外各类帮扶机制。省外加强与上海、广东、浙江等发达省、市的联络，建立教育对口帮扶机制。省内开展"省属院校帮百村"扶贫行动，做好"校农结合"工作。

四是加强教育人力、技术和信息等相关的基础建设。注重提升教师队伍素质，加大教师队伍的培训力度，扩大特岗教师的招聘规模。在贵州省内的集中连片特困地区，实施乡村教师生活补助全覆盖。此外，适应时代发展的需要，通过信息化拓展教育信息资源。贵州省启动"智慧教育云"工程建设，通过大数据，推动农村中小学优质数字教育资源的开发和应用。

近些年来，贵州省教育事业蓬勃发展，基层百姓对教育界的满意度持续提升。以 2017 年为例，贵州省高考参加人数为 40 万人，生源规模在全国居第八位。这一数据足以表明贵州教育精准扶贫的成就。

（二）贵州省医疗扶贫的路径探索

在扶贫道路上，农村因为疾病而致贫返贫的现象较多。医疗负担，是贫困户脱贫的主要障碍之一。彻底解决贫困户"看不起病"的难题，是医疗扶贫的关键所在。在推进医疗扶贫道路上，贵州省结合实际，积极推行医疗救助对象、医疗帮扶手段、医疗政策、医疗救治、医疗费帮扶等 5 个方面的精准定位。

第一，在识别医疗救助对象的过程中，做到有的放矢，实现"精准"。针对建档立卡贫困人口，把大病患者、特困供养人员、最低生活保障人员等共计 11 类人员放在医疗扶贫的范围内。目前，贵州省已认定救助保障对象规模庞大，占全省贫困人口的八成以上。

第二，利用制度保障，实现贫困人口全员参与合作医疗。作为一种农民医疗互助共济制度，参与农村合作医疗，统筹大病医疗救助。在具体操作过程中，以医疗扶贫政策作为基础保障，由政府牵头，农民自愿参加，使建档立卡贫困人口全部被纳入新农合覆盖的范围。

第三，为贫困人口专门制定医疗倾斜政策，扫除贫困人口健康路上的障碍，帮助其获得及时有效健康医疗保障。建档立卡贫困人口在省级新农合定点医疗机构就诊，不仅没有起付线的设置，而且整个医疗费用的报销比例也有一定的倾斜，大大降低了大病医药费用中个人实际支出的部分，让贫困户"看得起病"，不因为无钱医治而耽误宝贵的医治时间。

第四，建立"三重医疗保障"，加强帮助贫困人口获得医疗救治的制度建设。首先，对建档立卡贫困人口，统一实行"门诊统筹补偿＋住院补偿＋重大疾病补偿"模式。其次，提高建档立卡贫困人口医疗费用的报销比例，降低个人的实际支出额度，采用年度累加、分档赔付的办法。再次，提高大病保险的报销比例。最后，在两种报销政策之后，仍无力承担剩余医疗费用的贫困人口，还可以享受国家的民政、扶贫专项、慈善等多种救助政策。

第五，打通便捷报销渠道，提供医疗费报销的便利渠道。新农合基本医疗保险、大病保险、民政部门和医疗机构的救助，分属不同的部门，报销程序烦琐，贫困户的办事成本高。为此，贵州省探索建立了"一站式"报销结算机制，结束了以往民政、保险、医疗结构条块分割的状态，为群众报销医疗费用提供了诸多便利。

总之，近年来，贵州省"五精准"工作成效显著。农村建档立卡户医疗救助保障水平大幅提升，广大农村"因病致贫""因病返贫"的现象得到有效遏制。

# 第三章  贵州反贫困事业中的人大代表实践

战胜贫困是一个世界性的难题，摆脱脱贫更是中国人民举国上下的大事。各行各业结合行业特点和优势，为反贫困事业做出了积极的贡献。人民代表来自人民，作为当代中国扶贫事业的一支重要力量，在缓解和战胜贫困的各项事业中起着不可忽视的作用。为加深对人大代表作用和价值的理解，也从一个侧面进一步积极推进人大代表的工作，有必要探索新的研究路径，多方面、多层次充分展示人大代表的新时代风采，充分发挥人大代表的宣传作用、凝聚作用、模范作用和引领作用，助力扶贫伟大事业。

贵州各地人大代表积极投入，深入一线，有力推动了反贫困事业的发展。落实反贫困政策，措施是关键；推进反贫困举措，人是关键。在精准扶贫政策执行过程中，贵州省内涌现了大量的先进人物和先进事迹。本章将以省内各级人大代表在扶贫行动过程中的成就和经验为核心，通过分析人大代表发挥作用的体制和机制，从群体和个体等不同侧面分析新时代背景下人大代表助力扶贫的行为和路径。希望能通过贵州这个地方样本，以小见大反映整个中国反贫困事业中人大代表的贡献，同时供其他省份和地区参考借鉴，共同为推进中国反贫困事业，为新时代中国发展和进步事业书写新篇章。

## 一、实践背景

### （一）已有研究成果的特点

当今中国，为解决贫困问题所做的努力已经取得了丰硕的成绩。作为世界反贫困事业的一个重要组成部分，中国扶贫的实践成就不可忽视。在这个过程中，人大代表是一支重要力量，发挥了重要作用。针对此的现有研究主要包括三个方面：第一，强调人大代表的总体作用与贡献。在扶贫的伟大实践中，人大代表是践行者，是宣传员，起着示范带头、凝聚人心的作用，更是监督员、组织者、规划者，在扶贫一线，在日常工作中时刻发挥正能量。第二，记录人大代表的先进事迹。例如，关于人大代表扶贫的纪实活动、主题活动或者工作侧记等的专门报道，从多方面反映了人大代表在扶贫实践中的所作所为。第三，展示人大代表的扶贫工作风采。有"合照"，也有"特写"，地区和个人的突出事迹不断成为新闻头条。[①] 其中既有领导干部，还有更多来自全国各地各个岗位的人大代表，报道了众多突出人物和事迹。

当然，与实际成绩相比，学术界已有研究的深度和广度还有待提高，不仅数量有限，而且大量新闻媒体报道文章中存在一些通病。第一，停留在描述层面，浅尝辄止，缺乏深度理论分析。第二，量化研究不足，对工作成绩缺乏从量的角度深入研究，为树立"高大上"的形象，进行笼统的描绘，缺少具体成效的数字支撑，显得大而空。

（二）探究新路径的缘起

人大代表来自各行各业，为"充分发挥人大代表的作用，着眼于全局，主动担当，带头作为，为农村贫困群众摆脱贫困，走向富裕做出更多新贡献"[②]，有必要加强对人大代表及其事迹的研究和宣传，助力扶贫。这不仅是紧紧跟随时代的步伐、展现时代的精神，而且能从全局上有力推动中国扶贫事业进程。

从各类社会基层组织到各级党政机关，从生产一线到科研岗位，各行各业中都有人大代表活动的身影。为搜集、记录并客观分析他们的突出事迹和主要成果，充分展现各级人大代表在反贫困实践中发挥的个人和团体力量，展现人大代表精神风貌和在新时代的独特风采，有必要更全面、系统、深入地对相关材料进行梳理，不仅要关注局部，而且要综观全局；不仅从个体层面，而且从整体的角度。通过人大代表在扶贫实践中的表率作用，多层次充分展现人大代表作为"督导员""宣传员"和"实践者"的形象。

---

① 曾丽容. 新时代人大代表助力扶贫事业研究路径探索 [J]. 科技经济导刊, 2019, 27（23）: 9–10、34.

② 李恩东. 人大代表要为决胜扶贫作出新贡献 [J]. 人大建设, 2019（03）: 50–51.

## 二、贵州省人大代表扶贫成就图

党的十八大以来，贵州省脱贫措施成效显著，5 年易地扶贫搬迁 173.6 万人，减少农村贫困人口 670.8 万人。从全国范围来看，减贫和搬迁人数最多，堪称中国扶贫的"省级样板"。在这个过程中，人大代表是"顶层"与"基层"的重要桥梁，与人民群众联系最贴近、最紧密、最直接。2017 年省人大常委会党组发布了《关于发挥全省各级人大职能作用聚焦扶贫工作的意见》。在之后几年时间里，贵州省人大常委会陆续开展了扶贫工作推进会和系列主题活动，通过综合运用专题调研、集中视察、执法检查、听取审议专项工作报告等监督方式，开展学习宣传、调查走访、接待选民、"结对"帮扶等各项活动，各级人大和人大代表的作用得到充分发挥，汇集成贵州夺取扶贫战全面胜利的强大力量。[①]全省 8 万多名各级人大代表，肩负责任与使命，深入扶贫一线，不仅是参与主体也是监督主体，用实实在在的行动和创新的监督形式，密切了代表和群众的联系，也让贫困山乡百姓脱贫的信念更加坚定。

（一）人大代表扶贫业绩地区分布图

人大代表不仅熟悉、了解掌握中央和省委扶贫行动计划及系列政策文件精神，找准自身角色定位，深入基层、深入贫困地区调查研究，走访座谈，掌握第一手资料，监督扶贫政策落实的精准度，承担起模范带头作用的重任。以本职工作为基础，提建议，抓落实。利用自身专业、技术、资源等优势，结对帮扶、带头致富、树立起标杆，用成果经验和现实表现带动群众脱贫致富。

### 1. 贵阳市

（1）人大代表齐行动，深入扶贫第一线。早在 2013 年，贵阳市人大常委会就到开阳县冯山镇金龙村等村镇开展扶贫结对帮扶，检查指导整村推进等项目实施情况，帮助解决实际困难和问题。之后更是把扶贫活动正式列入每年必须开展的工作内容之一。

2019 年 6 月，贵阳市人大常委会副主任李志鹏率队赴开阳县冯三镇新华村走访慰问结对帮扶对象。市人大监察和司法委主任委员蒋景华、副主任委员晏

---

① 资料来源：王鲁铨.将履职担当书写在扶贫一线——全省各级人大代表投身扶贫掠影 [EB/OL]. 云黔南网，2012–07–16.

友芳及市人大机关第一党支部监察和司法委党小组党员一同走访慰问，向贫困户和困难党员送去了米、油等慰问物资。7月，市人大常委会副主任李泽率队到清镇市新店镇归宗村开展结对帮扶调研工作，并带领市人大机关第一党支部第一党小组党员开展"七一"慰问活动。10日，市人大常委会党组副书记、副主任向阳带队到息烽县流长镇四坪村慰问困难党员和群众，与镇、村党员干部和驻村队员座谈交流，共同探讨扶贫相关事宜。

（2）人大代表搞产业、促环保，扶贫成果民心欢。推进扶贫产业、发展全域旅游在逐年成为人大代表工作的一个部分。2015年以来，帮助贵阳市花溪区久安乡打通村发展茶叶种植和林下食用菌产业，已初获成功，仅猴头菇种植已达2万棒。2019年，由市人大常委会组成人员、市人大教科文卫委员会委员和市人大代表组成的市人大常委会全域旅游发展工作评议调研组，到云岩区、乌当区、开阳县（开阳禾丰乡"十里画廊"、水东乡舍、水头寨），对开展全域旅游工作基本情况进行评议调研，帮助构建"旅游+"全产业融合发展模式。以生态特色发展旅游，推动全域旅游发展，定位准确，有力推动了贵州乡村旅游的发展和文化旅游品牌的建设。

帮助治理河流环境，更是各级人大代表工作的特色之一。2018年，贵阳市人大常委会一行巡视乌当区普渡河、南明河，分析判断流域水环境治理情况，开展"保护母亲河·河长大巡河"活动。2019年6月27日下午，市人大常委会李志鹏副主任率队赴乌当区开展白水河巡查活动。2019年6月29日，贵阳市人大常委会副主任、穿纲河市级河长张海涛率市人大财经委、市粮食局等一行，赴清镇市红枫湖镇骆家桥村，对穿纲河近期水质监测、污染源治理等情况开展巡河调研工作。7月10日，市人大常委会副主任刘俊率市人大教科文卫委、市水务局、市农业农村局等部门有关负责人，赴息烽县温泉镇开展扶贫工作调研，并走访慰问结对帮扶困难户。7月11日，市人大常委会党组副书记、副主任向阳率市人大城建环保委一行实地巡查三江河（沙老河水库、三江水库）流域管理保护及综合整治情况。

### 2. 遵义市

（1）严密组织规划，配合战区落实工作。2017年，赤水市正式确定为贵州省第一个接受国务院扶贫评估的市。为了迎接评估，遵义市人大代表配合赤水市委、市政府将全市17个乡镇街道划分为17个战区进行部署，积极配合扶贫核查工作，在原国务院扶贫办和第三方评估机构在赤水为期近半个月的"史上最严"的扶贫国检过程中发挥了积极作用。

（2）推动迎接产业发展，加大扶贫工作力度。在遵义市播州区易地扶贫搬迁点，人大代表帮助统筹用好财政匹配的200万元帮扶资金和机关挤出的50余万元工作经费作帮扶资金，协调争取产业项目20余个，总投资上亿元，支持挂帮点发展特色产业和乡村旅游；协调推动挂帮点农产品进高校食堂、进超市或网上直销。

在遵义市湄潭县金花村，人大代表参与规划和具体指导改茶区为景区、变茶园为公园的工作，推动实现茶山变金山银山的梦想。全村茶叶种植面积达到6800亩，加工个体户36家，吸收县内外就业人数2000余人，2017年农民人均纯收入达21000元。通过改革助推，改善农村人居环境，仅用了40天时间就将一个很普通的村庄升级为国家级的休闲农庄——七彩部落。"部落"开放以来，每天吸引游客上千次，日均纯收入达5万元，全组73户都干上旅游服务业，吃上旅游饭。

（3）强基惠民落到实处，人大代表成主力。在基础设施建设方面，人大代表争取交通运输部支持，将野里经苟坝至花茂27千米公路纳入国家红色旅游示范公路项目；争取省交通运输厅支持，在沪蓉高速公路遵义至仁怀段中专门开设一条支线通往团结村，促进了当地"大发精神"的宣传推广活动；协调播州区以PPP模式，修建鸭乐大道；为8个挂帮贫困乡争取修建了600余千米乡镇连接线和通村通组公路；协调供电、通信部门解决了个别贫困村用不上电、通信质量低等难题；协调市管国有企业捐资160万元解决贫困村310户1100余人的饮水问题。

在教育、医疗、住房"三保障"方面，人大代表推动播州区做好贫困学生资助工作，争取香港壹基金、中国太平洋人寿保险公司等出资上百万元，为贫困小学生购买衣物用具，为贫困群众办理意外保险；协调市内大型医疗机构支持挂帮贫困镇、村的卫生硬件设施建设并开展技术指导，推动完善贫困户医疗保险、大病保险、医疗救助、医疗扶助机制，播州区建档立卡贫困人口参合率达100%，实现医疗保障、医疗救助全覆盖；在播州区贫困户住房保障工作中，帮助农民改造危房3708户，同步配套实施"三改（农户改厨、改厕、改圈）"工程。

落实易地扶贫搬迁工作，推动播州区建成 28 个安置点，帮助 1.4 万余名贫困群众搬迁，且入住率高达 97%。人大代表帮助深度贫困户，协调慈善机构、企业组织、爱心人士捐款捐物，帮助建设新家，让其拎包入住；推动成立安置点党、政、群组织，就近流转土地建成 489 亩"菜园子"分配到户，开发公益性岗位 310 个，落实就业 4733 人，实现户均 1 人以上就业。

在产业发展方面，遵义市习水县良村镇人大代表帮助发展养猪，使养殖业成为农民增收的支柱产业。猪粪用于种植烟叶，发展有机烟叶示范基地，建沼气池，创办远程教育示范基地，培训农村实用技术人才。

### 3. 铜仁市

2016 年以来，13000 余名市县乡三级人大代表和 800 余名人大干部，在铜仁市人大常委会组织下开展"五项行动"[①] 助推扶贫。全市人大 172 名县处级领导干部以定点帮扶贫困村减贫出列为主要任务，以产业帮扶为重点，累计协调帮扶资金 2709 万元，指导和引领群众创办产业类项目 277 个，推动 43 个贫困村在 2016 年度考核中成功出列。各级人大安排机关干部脱产担任驻村第一书记，累计落实帮扶项目 85 个，协调帮扶资金 1200 万元。与 12707 户贫困户"结对子"，帮助发展产业基地 1288 个，促进 9177 名贫困人口就业，人均增收 1135.7 元。听取和收集群众意见 4414 条，提出建设性意见 2146 条。带头开办农业企业或农民专业合作社 601 个，建设特色农业产业基地 279 个，参与推动社会事业发展 657 项。

（1）发挥技术优势，发展现代产业链。在万山区苏高新集团农业物流产业园、高楼坪乡张家山村新丰农业大棚蔬菜示范基地，玉屏侗族自治县田坪镇小江口村田园综合示范建设项目，碧江区贵州山久长青智慧云农业大数据中心、滑石乡白水贡米种植坝区及村社合一发展项目，松桃苗族自治县御元堂中药饮片加工（破壁）基地等一系列的项目中，人大代表对企业生产经营状况、合作社运营管理、产品质量、市场销售、产业发展情况等多方面加强监督，并利用利益联结机制，充分带动贫困户就业。

（2）指导产业发展，提升脱贫功效。人大代表指导石阡县、印江土家族苗族自治县的生态茶园建设，着力提升茶叶品质，提高市场竞争力，树立品牌意识，

---

① 即"联组共推、结对帮扶、集言献计、带头引领、监督问效"这五种扶贫活动方式。

在良种推广、质量安全、科学管理上多下功夫，从源头上保障生态茶产业的产品和质量安全。

在石阡县农业产业结构调整的过程中，人大代表提倡充分利用良好的自然生态资源，因地制宜发展黄花菜产业。针对坪地场乡上坝区农业产业结构调整示范基地，特别是农业产业结构调整中加强与龙头企业、科研机构的沟通联系，注重产品研发，延伸产业链条；强化产销对接，畅通农产品从生产到销售的渠道，确保优质优价、产销不愁，助力黄花菜产业做大做强。

在江口县坝盘镇高墙村，人大代表帮助当地建小龙虾基地，发展生态种植养殖基地建设，发展生态农业产业，帮助农户增收。利用各方资源，提供信息和沟通渠道，推动生产基地与科研院所之间的交流合作，发展农产品精深加工，提升农产品附加值，推动农产品向优质、高产方向发展。

在玉屏侗族自治县田坪镇的田园综合体示范建设项目中，人大代表助力农村产业革命夏秋攻势，通过"云谷花木阵、柚林茶山镇、荷塘映月镇、北侗四合阵"等展示侗乡风情，以花木农业、民俗文化产业、康养产业、旅游休闲产业为核心定位，形成"两带一心，四核九阵"的田园综合体产业链模式。利用当地自然优势和人文优势，推动旅游业发展、发掘文化内涵、促进文旅产业发展成规模。

### 4. 毕节市

在毕节市扶贫工作中，人大代表按照高质量发展要求，以供给侧结构性改革为主线，围绕市委、市政府"113攻坚战"安排部署和区委"1136"工作规划，不仅紧盯片区县脱贫退出目标，大力发展实体经济，促进产业提质增效，而且统筹城乡建设，完善基础设施，提升发展保障力，补齐民生短板，建设生态文明。

人大代表通过各类报送方式，例如，通过书面、信函、电子政务网等多种方式报送各类民生实事，反馈意见，保障了民生事业的发展。2018年部门建议42条、团体建议31条、个人建议37条；2019年区级提议15条、团体建议29条、个人建议43条。进行分类、归并和筛选，形成初选项目，经区委常委会和区人大常委会审议确定，最后形成2018年拟实施民生实事候选项目13项，正式实施10项；2019年拟实施民生实事候选项目12条，正式实施10条，为推动扶贫事业发挥了实效。

### 5. 安顺市

在安顺市，6249户贫困户与人大代表成功结对。人大代表们为贫困户争取到 761 个项目，协调资金 13713 万元，捐资捐物 713 万元，解决就业 16000 余人。近三年，安顺市 23 名人大常委会主任、副主任包片指挥的扶贫"战区"贫困人口减少 99117 人。在带领群众发展产业脱贫致富的过程中，无论是在平坝区高标准蔬菜生产基地、普定县易地扶贫搬迁玉兔山安置点、普定县化处农旅产业（莲藕基地）项目点，还是在各类农业专业合作社的成长轨迹中，人大代表的身影随处可见。

人大代表领导班子通过基层调研，为西秀区杨武布依族苗族乡引进招商引资项目、申报小城镇建设、基础设施建设、易地扶贫搬迁、产业结构调整等项目 200 余个。全乡 123 名乡村两级党员干部牵头 121 个种植养殖基地，直接带动贫困户脱贫 717 户。其中，建立的金刺梨、中草药、精品水果、油茶和楠竹等各类基地，每种类型都有万亩以上，通过项目帮助农户增收脱贫。杨武乡布依族苗族的经济发展从 2013 年的倒数第 2 位到 2014 年至 2017 年连续四年第一位，实现了跨越式发展，先后荣获全国卫生乡镇、全国特色民族村寨、全省文明乡镇、全区丘陵山地新型城镇化整乡推进试点乡镇等称号。

平坝区羊昌布依族苗族乡龙海村的人大代表紧紧抓住产业帮扶这条线，充分利用各类帮扶资金，经营民族特色餐饮和手工艺品，多举措帮助农户实现脱贫致富。通过贵州宏锦园林公司和岭源养殖公司发展林下养殖，发动贫困户 118 户入社入股，形成联结机制，仅此项每年用工 15000 余人次（贫困户占 60% 以上），农户收入明显增加。

在四道坝区，人大代表推动马铃薯种植和藕田养鱼，通过精心规划，为农业观光旅游打下基础。项目辐射建档立卡贫困户 15 户 43 人。经营集民族特色餐饮、手工艺品、民族文化展示于一体的四道坝农夫集市布依风情一条街项目，增加村集体租金收入 15 万元，同时解决了部分贫困人口的就业问题。

普定县自 2016 年来，委任人大代表担任绿色生态建设工作指挥部常务副指挥长，带头发展产业，不断提升经营管理能力，不断延伸茶业产业链条，带领群众共同致富。用半年时间完成 10.15 万亩经果林种植和 6 万亩绿化造林，实现全县退耕还林全覆盖，惠及 6.25 万户，近 24 万人（建档立卡贫困户 6654 万户，13826 人）。目前，全县提前超额完成了共 18.8 万亩的退耕还林种植任务，工程结合"生态补偿一批"工作，落实贫困人员转移成护林员 672 人，落实管护经费 300 余万元。以基地的方式发展茶叶生产，例如，猫洞乡的德胜、新民、和权、轿西、豪成等茶叶基地如雨后春笋建立起来，并且纳入了地理标志保护产品。先后共打造了千亩茶园，在茶叶种植、加工的基础上，拓展茶旅融合发展，以茶促旅，以旅带茶，形成"接二连三"融合发展雏形。从采茶制茶到冬季管护，辐射带动建档立卡贫困户70余户280余人脱贫。此外，指导农户进行韭黄的育苗和种植，目前已经达到3万亩。在水母河流域韭黄种植基地的示范带动下，各乡、镇（街道）积极响应县委、县政府号召，结合自身实际，大力发展韭黄、食用菌、养兔等产业，有效破解了贫困户产业脱贫问题。

普定县化处镇化新村，在人大代表带领下，以发展韭黄、养兔等为突破口，2017年实现了人均可支配收入10800元，突破万元大关，村集体资产突破1000万元大关，达1500万元，从落后村一跃成为先进村。村现代山地高效农业园区成功申报为省级农业园区，成为贵州省农科院原院长李桂莲的"蔬菜育种基地""安顺市蔬菜保供基地、安顺'菜篮子'工程示范点"。

选举万绿城集团董事长包爱明为省人大代表，到连兴村、新合村、鸡场村担任产业扶贫村主任。通过"市场主导、产业扶持、基地带动"的模式，因地制宜建立绿色产业基地，引导贫困户种植绿色生态农产品、养殖绿色生态家禽。据统计，仅绿色产业基地，每年可就地实现500余个农民就业。

平坝镇塘约村，人大代表带领全村党员群众，探索发展路径，突破发展难题，短短几年时间，村集体经济从2014年不足4万元发展到2017年的312万元，村民人均可支配收入从2014年不足4000元增长至2017年的11200元。

在关岭布依族苗族自治县，人大代表有四大突出成绩。第一，基础设施建设方面，做好协调配合工作。例如，与水务局、交通运输局等协调，利用财政扶贫资金或者协调其他可以利用的资金等多种方式，在黔中水利枢纽工程建设、西面大沟维修、高寨至靛缸通组路和靛缸桥等过程中发挥了巨大作用。第二，农村环境整治方面，协调办理21户94人易地移民搬迁，115户危房改造；协调财政资金168万元修建串户路15000平方米，庭院硬化27000平方米，从人大机关工作经费中挤出15万元解决庭院硬化群众集资难问题；争取财政资金14.4万元安装太阳能路灯32盏；争取财政资金210万元搞好小康寨示范村寨建设。第三，农村产业发展方面，协调20万元资金建设精品水果基地；引进资金200万元种植金刺梨1700亩，协调退耕还林项目到大桥村发展刺梨种植800亩；先后协调财政扶贫资金72万元并动员100户贫困农户养殖商品鹅，引进投资

1582.8万元建设鹅肉加工厂。规划种植总面积2000亩，前期开发的500亩蔬菜种植基地种植的黄瓜、豇豆等蔬菜已经销往省内外。协助县林业部门在大桥村规划1200余亩退耕还林、经果林种植。邀请贵州理工学院专家对布依族蜡染加工设备及工艺进行研究，改进加工工艺及设备，扩大蜡染生产规模，增加农户收入。2016年年底在大桥村完成了81户370人脱贫帮扶工作任务，使全村贫困发生率下降11个百分点。第四，在推动全村经济发展中，对每户贫困群众发放了1000元的"短、平、快"扶持资金，鼓励广大贫困群众进行种养殖业发展。但对于整户长年在外务工的或者无劳动能力、无圈舍设施的贫困人群，将没有发放完毕项目资金，以户为单位，纳入村合作社用于生产发展股金，贫困户到年底都能领取一定数额的分红。

紫云苗族布依族自治县，在人大代表带领下，发展生态畜牧业。根据县扶贫产业规划，结合招商引资养殖项目入驻实际，用极贫乡镇产业基金16965万元在大营镇启动实施育肥猪养殖和肉鸡养殖项目。其中育肥猪养殖项目4734万元，肉鸡养殖项目12231万元，两个项目建设完成每年带动贫困户350户。把五峰街道红光村作为畜牧服务中心的帮扶村，结合畜牧服务中心职能职责和红光村实际，把发展种植业和养殖业作为重要扶贫产业，在该村实施了4个项目：一是樱桃种植项目，投入资金70万元，种植樱桃218亩，带动贫困户30户；二是脆红李种植项目，投入资金70万元，种植脆红李2090亩，项目覆盖该村所有贫困户，户均达6.8亩；三是生态养鸡场项目，投入资金125万元，项目带动贫困户51户；四是发展肉牛养殖业，投入资金100万元，带动贫困户25户。

紫云苗族布依族自治县板当镇丙贡村人大代表，首先帮助完善水电路，夯实发展基础。不仅村内组组通路，而且实现了路面水泥硬化。全村基本上每户都修建了水池、水窖。其次，大力发展种植和养殖业。调整烤烟种植模式，利用荒坡种茶。引进并推广种植福鼎大白茶，筹办小型茶叶加工厂，注册"炳贡绿茶"商标，逐步走向市场。同时，全村先后建成新猪舍155间，种植优质牧草200亩，养母猪产仔猪，优质母猪饲养成为全村主要收入支柱产业，猪粪还能当肥料。最后，坚持绿色发展道路，发展生态产业。以全县20万亩退耕还林工程为契机，全村25度以上坡耕地基本实现退耕，种植核桃、石榴近4000亩，生态环境彻底改变。

镇宁布依族苗族自治县简嘎乡，共有各级人大代表47名，通过带动种植养殖业助力扶贫。例如，带头发展养殖业促进脱贫，有冷水养鱼、肉牛饲养、生猪饲养等多个项目。组织磨上村劳务公司，解决了全乡劳动力资源合理调配问题，服务群众，推进项目率先流转 100 亩土地，带头种植火龙果，到目前全村种火龙果 1400 亩，蜂糖李和四月李 1000 亩。

### 6. 六盘水市

人大代表以身作则，带领大家投身扶贫，同时深入各领域开展监督工作，确保各项民生实事惠利于民。例如，发现水库建设复垦费兑现不及时、项目质量不过关等问题，通过监督和协调等方式，解决各类难题。人大代表亲自参与到中药材产业的发展中，为农户增收致富献计献策。在娘娘山易地扶贫搬迁点，调研组深入搬迁户家中，详细了解他们的生产生活和就业等情况；在农业园区，调研组认真听取了农旅一体化发展主题和贫困户精准脱贫的相关介绍。要求紧紧围绕"三变"改革发源地这一品牌做足文章，念好市场经、打好资源派，坚持"农旅一体化"发展思路，在大力发展现代高效农业和观光农业的同时，立足娘娘山、天生桥、六车河等优质旅游资源和多姿多彩的民族文化，着力打造精品旅游产品和线路、创新旅游业态，实现发展现代农业、带动旅游经济与致富一方群众。

### 7. 黔南州

在州人大常委会的统一领导下，黔南州人大代表积极投身扶贫事业，从人大自身建设入手，建立"智慧人大"系统信息化，专注于产业发展和民生事业，在熔岩地区石漠化综合治理，养殖扶贫，污染治理，养老康复中心建设，棚户区改造等方面多有建树。

第一，加快种植养殖业产业链建设。首先，充分利用财政专项扶贫资金发展种植和养殖业。其次，在州内各县结合地区差异发展不同种类的专业种植和养殖产业。例如，罗甸县"一县一业"种植火龙果建设产业链，沫阳镇养鹅、土鸡、蜜蜂、鹌鹑；惠水县摆金镇斗底村养殖基地养猪、养牛，旁才村开展规模生猪养殖，关山村建养殖基地；红水河镇生猪养殖；惠水县芦山镇群中村蛋鸡养殖。

第二，推动民生事业发展。例如，为全面巩固提升饮水安全，沫阳镇访里村、董当村，茂井镇茂井村、大亭村，边阳镇打窖村，红水河镇牙村村、交广村、镇牙村、大关村，罗甸县翁纳村，逢亭镇翁传村，翁牛村一组、罗江一组和二组等村组的饮水安全工程都是通过公开招标的方式进行的。再如，凤亭乡联明村太阳能路灯和红水河镇 LED 路灯安装等民生工程也是节节推进。

第三，依靠产业实现减贫致富。例如，2019 年以来，黔南州独山县紧紧围绕扶贫目标任务，以产业发展为支撑，不断强化产业覆盖，完善产业利益联结。全县产业覆盖贫困户 21412 户，人均增收 375 元。随着龙头企业产业发展带动作用的增强，通过坝区建设、产业结构调整方式，为全县脱贫做出了积极贡献。

### 8. 黔东南州

各县人大代表积极投入，在麻江县，培育月季花苗，通过月季种植基地解决部分就业问题。在岑巩县，组织传统匠人参与到扶贫"危改""三改"之中，激活传统技艺，圆"安居"梦。在锦屏县，充分利用"大数据、大健康、大扶贫"等网络平台，通过电商拓宽产品销售渠道，企业增利润，解决就业，提高农户家庭收入。在丹寨县，发展茶产业，解决大量农村剩余劳动力，同时积极发动村干部和村民到生态移民安置点参观考察，推动生态移民进程。岑巩县，把"穷山恶水"的"三多村（贫困人口多、矛盾纠纷多、光棍小伙多）"蝶变成远近闻名的富裕村。在从江县，带动妇女参加刺绣加工创业，帮助村民"在家门口就业"。在雷山县，养黑毛猪，种特色水稻，种红木，开加工厂，种养并举促增收。

黔东南州黄平县野洞镇万丰村，开展大棚养殖蝗虫特色产业项目。在合作社的示范带动下，万丰村合作社旗下产业有林下养鸡 10000 羽、种草养牛 500 头、养蜂 210 箱、蝗虫养殖 86 个大棚、大棚蔬菜 100 亩、魔芋 120 亩、中药材 200 亩以及百香果试点 15 亩等，每年为贫困劳动力解决临时用工 12000 多人次。

### 9. 黔西南州

第一，统一步调，助力扶贫。州人大常委会召开会议，组织专题调研活动，特别关注乡村道路建设、产业园区建设，努力推进美丽乡村建设。安龙县人大常委为精准扶贫户送去党和政府的关怀和温暖，帮助贫困户实施种植、养殖业项目，解决贫困户养殖过程中的实际困难。帮扶采取资金发放和物资发放两种方式，帮扶补助标准为每户 2000 元。兴仁市人大常委入户走访贫困户，结对帮扶，通过现场法律援助、低保、解决资金发展养猪等方式帮助贫困户解决困难。百德镇积极帮助村级发展，做好每一年的脱贫安排，完善扶贫的各项资料，并且帮助指导村民利用本地优势发展生姜、核桃种植产业。

第二，发挥专长，扶贫成绩显著。例如，兴义市人大代表毛文娅带动乌沙镇农户养羊；安龙县娄俊带动贫困户养鸵鸟、狮头鹅、生态蜜蜂、竹鼠，组建农民专业合作社，流转村民土地建中药材基地，开展苦参种植，积极宣传、引导和激励贫困户易地扶贫搬迁，帮助他们选择就业门路，实现脱贫致富。安龙县王明志抓产业促经济，带领香车河村实现天翻地覆的变化。

（二）人大代表扶贫路径汇编

### 1. 以模式带动发展，扶贫攻坚步调一致

铜仁市人大代表在石阡县、印江土家族苗族自治县通过"公司＋专业合作社＋基地＋电商＋农户"模式发展茶产业，提升茶叶经济效益，走产业化、规模化发展道路。江口县采取"龙头企业＋合作社＋农户"模式，提升农业生产组织化水平，完善利益联结，明确农民、企业和合作社等在产业链、价值链中的收益分配比例，充分调动群众的生产积极性，让广大农户充分享受农村产业革命带来的发展红利。

在安顺市人大代表的推动下，首先在西秀区推进农村产业革命，在产业、技术、销售和利益联结等各个方面都有相关的促进措施。例如，杨武布依族苗族乡实施"公司＋合作社＋农户"模式，农户用自己的土地入股形成产业基地，乡内11个种植养殖合作社抱团组成公司，负责全乡产业发展。关岭布依族苗族自治县关索街道大桥村加快产业结构调整，动员群众以自愿入股的方式成立了大桥富强种养农民专业合作社，带动群众发展。形成"村社合一"发展模式，建立大桥生姜种植基地，实施金刺梨种植项目。采取"党建＋合作社＋公司＋农户"模式，发展花卉种植、淡水养鱼、龙虾养殖等项目。针对贫困户的"短平快"养殖项目，实现项目全覆盖。平坝区羊昌布依族苗族乡龙海村通过"公司＋贫困户"发展模式，实现贫困户每年分红。

遵义市人大代表在湄潭县金花村，为了盘活农村集体和农户家庭财产资源，积极推行"三变"改革。采取"公司＋合作社＋农户"模式，动员每个农户家庭入股，公司和合作社联合经营，年底农户、公司、合作社共同分红。例如，大清沟组把集体和村民的资源性、经营性、非经营性资产逐一清理登记，经过价格折算后作为资本加入合作社，成为股东，共73户群众出资85.4万元，发展乡村旅游。实现了全民入股，农村资源"活"起来，农村要素"动"起来，

农民腰包"鼓"起来。

### 2. 成立合作经济组织，加快现代化农业发展步伐

安顺市人大代表在西秀区杨武布依族苗族乡鼓励种植大户扩大规模，成立土地流转中心、混合所有制公司，培育"布依人家"旅游文化新业态，通过务工、土地入股、小额信贷入股等方式让全乡的 1247 户 4912 人参与到公司和合作社；普定县成立绿源产业专业合作社，通过吸纳特惠贷，一举两得解决企业贷款难与贫困户经营难的"两难"问题；平坝区羊昌布依族苗族乡龙海村，发展合作社，采取"企业（合作社）+扶贫资金+贫困户"的方式；四道坝农业发展专业合作社，分自主种植、合作种植、旅游服务三种渠道运营，实行"村合作社+寨合作社"强强联合，推出"城市菜园"产业扶贫项目。联系农信社，充分利用特惠贷为贫困户解决发展资金瓶颈，通过"公司+贫困户""合作社+贫困户"或贫困户自贷发展等方式，引导 117 户贫困户办理特惠贷。其中，仅"公司+贫困户"一项，实现贫困户每户年分红 3000 元，已分红 30.6 万元。

安顺市人大代表宣传土地流转政策，人大代表动员所有贫困户用土地入股的方式入股合作社。在关岭布依族苗族自治县，群众自愿入股成立种养农民专业合作社，在"村社合一"的发展模式下，流转土地，种植生姜、刺梨、花卉等；组织贫困户实施"短平快"养殖项目，采取"党建+合作社+公司+农户"的方式，发展养殖业，带动农户脱贫。例如，大桥村人大代表协调组建大桥村富强种植专业合作社，采取群众自愿入股的方式成立大桥富强种养农民专业合作社，形成"村社合一"的发展模式，一次性流转土地，建立大桥蔬菜种植基地和刺梨种植，覆盖全村农户 213 户 776 人。乐平镇塘约村成立"金土地"合作社，归村集体所有。组织村民用承包土地入股合作社，经营所得收益按照合作社 30%、村集体 30%、村民 40% 进行分成，全村 921 户村民全部成为股东，股权总数 5230 股。

遵义市播州区平正乡团结村草王坝，2016 年开展扶贫工作以来，人大代表带头组建农民专业合作社，重点发展养猪、养羊、优质稻米等产业，加大基础设施建设力度，带动群众增收致富。湄潭县茅坝村推行"合作社+公司+基地+农户"经营模式，合作社负责基地管理，公司反租倒包集中流转土地，扩大种植规模，实现生产标准化。公司负责产品营销、品牌形象宣传推广，种植农户就是合作社成员，负责具体生产过程。最终，农户收入来源实现多样化，

土地流转费、稻谷收入、合作社分红、公司分红，部分村民的年收入在 10 万元以上，多数在 5 万元以上，同时实现扶贫产业的社会效益和经济效益。

铜仁市人大代表，依托产业专业合作社的辐射带动作用，实现大范围扶贫实效。松桃县全县整体推进农业产业革命，因地制宜地推广"龙头企业＋合作社＋农户"组织方式。

黔东南州人大代表，在锦屏县，成立畜禽养殖专业合作社，通过发展电商扶贫，在丹寨县推动"公司＋基地＋农户"模式发展茶产业，在黄平县通过"集体＋特色产业项目"方式促进集体增收，采取"互联网＋党支部＋合作社＋贫困户"模式和十户一体抱团模式发展产业。

### 3. 强化统一组织领导，全面推进扶贫

平坝镇塘约村，人大代表按照区委提出的"强化基层组织建设、深化农村综合改革、壮大村级集体经济"的工作要求，通过党建引领、改革推动、合股联营、村民自治，全力助推扶贫。

安顺市关岭布依族苗族自治县，人大代表着力加强党的基层组织建设，指导经济发展，抓民生项目，并且通过产业结构调整，带动群众发展。

黔西南州，人大代表成立"尖刀班"投身扶贫主战场，进行现场调度指挥；强化政策宣传，搞好分类指导，帮助贫困户解决困难；建立信息资源平台，确保脱贫成效。成立专题调研组，深入到海子镇万人洞金矿、笃山镇渝龙石材、玉素石材等石材企业矿区实地查看生态复绿情况。紧紧围绕"守住发展与生态两条底线"，严格执行"谁开发谁保护，谁污染谁治理，谁破坏谁恢复"的原则，积极督促相关职能部门履行职责，探索建立开展公益诉讼，认真研究治理方法（异地补植复绿），严厉打击破坏生态环境的违法行为，使安龙的生态环境建设与保护取得了明显成效。

### 4. 动员各方力量参与，扶贫时不我待

2018 年 9 月，贵阳货车帮科技有限公司在人大代表的带领下积极响应贵州省各级统战部门、工商联组织的"千企帮千村"精准扶贫行动，组织员工扶贫小组走进贵州省毕节市自强乡，为大冲村小学和贫困家庭送去关爱。

安顺市人大代表坚持"输血"与"造血"结合，"扶贫"与"增智"并重。在普定县，配合县农业部门、扶贫部门、猫洞乡人民政府开展各类宣传培训。在化处镇化新村，充分发挥女企业家协会旗下的"姊妹商城"电商平台作用，

把老百姓生产的绿色农产品销售到省外，助推"黔货出山"，帮助养殖户规避市场风险、解除后顾之忧。在利益连接上，积极构建公司与农户的"利益共同体"，销售由公司承担，收益按合同让利给农户，让老百姓得到实实在在的利益。在平坝区羊昌布依族苗族乡龙海村聘请宏锦园林公司和红枫赛鸽2家驻村企业的法人担任名誉村主任，使他们积极参与到扶贫中来。利用企业帮扶的10万元设立村扶贫基金，救济贫困。此外，通过举办培训班，提高贫困人口素质，增加就业渠道；通过"农旅结合"龙海源美丽乡村项目建设，发掘特色文化的优势实现增收。成功申报"四在农家·美丽乡村"市级示范村，集农业产业扶贫、山地骑行体验、原野露营、民族风情文化展示等于一体，发展乡村旅游业和农村观光业。

### （三）人大代表扶贫经验集萃

**1. 考察、培训和取经，取经扶贫"路数"多**

（1）领导干部亲自带队，进行学习和开展调查工作。

首先，省委领导干部带队进行实地考察调研，监督指导扶贫各项举措。2015年省人大选举任免联络委员会专职副主任委员宋保平率队赴黑龙江、吉林和北京三省市，进行座谈交流、实地参观等，学习考察代表议案、建议等的具体做法。3月，宋保平到安龙、普安、兴仁、望谟四县；省人大选任联委召开会议，同安顺市人大选任联委主任谢明旺一行深入到乡镇、街道办事处、开发区、代表种植养殖示范基地、代表开办的小微企业等，通过实地查看、个别访谈、听取汇报等方式，详细了解各级人大开展工作情况。先后召开座谈会10余次，收集各方面意见建议100余条，形成了调研报告，并及时报送人民代表大会制度专题组。7月，贵州省人大常委会会同省扶贫办组成执法检查小组，赴黔南州，先后深入三都水族自治县交梨山地生态葡萄产业示范园区、独山县基长镇铁皮石斛种植示范基地检查，结束后委员会撰写了较为详尽的执法检查报告，并送省人大农业与农村委员会汇总。10月，专项检查小组一行先后深入凯里市舟溪镇、雷山县等地，实地察看，听取汇报，广泛了解黔东南州的贯彻落实情况。

2016年，省人大常委会副秘书长率队到黔西南州百德镇围塘村调研；2018年，贵州省十二届全国人大代表赴铜仁市、黔南州调研；贵阳市人大常委会副主任刘俊率队到开阳县部分边远乡镇行政村、息烽县温泉镇、清镇市观山湖区调研；2019年，省委常委、省委宣传部部长慕德贵在铜仁市德江县桶井乡调研扶贫工作；贵州省十三届人大代表到安顺调研经济社会发展情况。

其次，各市县人大领导干部深入实地落实扶贫攻坚各项任务。2015年，六盘水市中山区人大常委会组织市人大代表开展专题调研，实地察看了梅花山、水城古镇、月照双洞等景区开发建设情况，赴"绿色贵州建设三年行动计划"梅花山植树造林点、大垭口查看创建国家卫生城市工作开展情况；黔西南州人大常委会主任张成刚一行走进龙吟镇调研工作，先后对北盘江村蜜柚产业发展情况和石古片区果园建设情况进行调研；州人大代表团到兴仁县城南街道鹧鸪园村、贵州兴诚华英公司、瓦窑寨工业园区等地开展调研。

2016年，黔西南州安龙县人大常委会组织调研组到招堤街道的海尾、海子镇万人洞金矿、笃山镇渝龙石材、玉素石材等石材企业矿区实地查看，认真研究治理方法（异地补植复绿），严厉打击破坏生态环境的违法行为，使安龙县的生态环境建设与保护取得了明显成效；县人大组织县第十六届人大常委会委员及部分县人大代表，先后视察了钱相街道小城镇建设、易地扶贫搬迁安置区建设、普坪中葡萄产业发展、刺梨产业发展、光伏电站建设、小城镇建设、普坪中学校园建设及革命教育基地—王宪章将军园建设等情况。

2017年，六盘水市人大代表团深入盘县（现为盘州市）普古乡开展中药材产业实地调研，监督并指导普古乡坪坝专业合作社元宝枫套种中药材丹参基地、名贵野生中药材迁移保护基地、中药材展示基地和普古乡娘娘山易地扶贫搬迁点、娘娘山现代农业园区农旅一体化助推精准脱贫工作开展情况；水城县组织该县选举的市八届人大代表开展专题调研活动，围绕大扶贫战略行动和重点项目建设两大主题，分成两个调研小组，分赴猴场、蟠龙、董地、陡箐、鸡场、新街、营盘、米箩、发耳等乡镇（街道）和水城经开区、水城县南部农业园区、杨梅生态园区等地，实地调研了水城县大扶贫战略行动和重点项目实施情况。人大代表们积极为水城县"问诊把脉"，从扶贫、产业扶贫、项目实施、配套基础设施建设等方面提出了不少建设性意见和建议。

2018年黔西南州人大代表团到安龙县金惠花卉、易地扶贫搬迁城南安置点、食用菌产业园等地开展视察；六盘水省十三届人大代表开展集中视察活动，视察组一行先后深入钟山区、水城县实地视察了产业扶贫、教育医疗住房"三保障"、人居环境整治、通组公路建设、重大项目建设和市、县两级民生实事等推进情况。

（2）加强人大代表培训，提高扶贫能力。

2016年省人大常委会办公厅会同省人大选举任免联络委员会组织全省9个市州和解放军的10个选举单位的90余名省十二届人大代表参加人大代表扶贫监督专题培训，为增强人大代表在扶贫监督方向的履职能力，开阔代表的履职视野，使代表在全省扶贫工作中发挥更大作用。

为提升市人大代表的履职能力和全市各级人大干部的综合素质与业务能力，贵阳市人大常委会副主任龙永平率市人大农经民宗委员会和各区（县、市）人大常委会相关人员参加全省人大干部《贵州省大扶贫条例》专题培训班学习。六盘水市人大常委会组织部分市人大代表和部分市县乡三级人大干部共48人赴山东省青岛市人大代表培训服务中心培训。

2019年5月中旬，市人大常委会副主任、立法工作组组长刘俊率市人大教科文卫委、市卫生健康局、市急救中心有关同志赴深圳、杭州和上海，学习考察医疗急救地方立法的先进工作经验和具体问题的应对方法。同年，贵阳市人大教科文卫委召开《贵阳市社会急救医疗管理办法》修订工作专题会议，结合贵州地方实际，展开深入讨论和研究，并形成相应的推动扶贫工作的具体方案，为民办实事。

毕节市七星关区人大代表特别重视民生项目。深入开展"六个一"监督活动，促成民生实事项目资金落实到位，建立项目联系点并经常视察。一方面区人大常委会组织代表集中视察并形成专题调研报告；另一方面由各乡镇人大主席团组织本乡镇的区乡人大代表对辖区内实施的项目进行集中视察，促进项目的实施效果。

### 2. 常开宣传座谈会，扶贫攻坚斗志昂扬

贵州省充分发挥人大立法的法治保障作用、监督作用和带动作用，通过整合各种资源和力量，进而在全省范围内推动脱贫工作的发展。2018年7月，在贵阳召开了"扶贫，代表在行动"主题会议。紧随其后，省内各地各州也陆续正式启动同类活动，号召各级人大代表当好扶贫政策的宣传员和讲解员，投身一线，践行代表职责。各级人大代表响应号召，联系群众、反映民意、集中民智，在扶贫的伟大实践中肩负脱贫政治责任，展现风采，贡献力量。

此外，各地人大也纷纷采用富有地方特色的方式宣传扶贫。自2017年以来，遵义市人大常委会党组专题研究扶贫及挂帮工作10余次，召开联席会、座谈会、

调度会 40 余次，帮助协调争取各类项目 124 个，涉及资金 2 亿多元。市辖区内各级人大积极开展"扶贫代表在行动"主题活动，15000 余名人大代表形成了三级人大联动、五级代表参与格局。在当好政策宣传员、信息联络员、工作监督员、发展领航员、矛盾调解员"五员"的过程中，充分利用《遵义日报》、人大微型公众号等媒体平台，报道宣传主题活动中涌现的先进典型，把"扶贫，代表在行动"推向高潮。例如，在湄潭县金花村，40 天的时间里召开了 33 场群众会，充分发挥人大代表的规划者、实践者和宣传动员者的功能作用。

安顺市西秀区岩腊乡，坚持人大代表＋党员干部＋村干部的方式，定期组织入村开展政策宣讲，通过院坝会、群众座谈会、贫困户大会、参与党员大会等，对群众宣讲扶贫政策，密切人大代表与群众的关系。组建村级合作社，围绕产业扶贫的方向，推动蔬菜种植规模化发展，露天自然生长的蔬菜经过精心管理，收成良好，增加了收入，特别是带动了贫困户、残疾户和留守妇女户的生产积极性。

安顺市平坝区羊昌布依族苗族乡龙海村，人大代表开展新时代农民讲习所、座谈会、院坝会，集中开展政策宣讲，使党的扶贫方针政策深入民心。在镇宁布依族苗族自治县简嘎乡，人大代表把相关精神讲正确、讲明白、讲透彻，让大家听得懂、听得进、愿意听。简嘎乡的人大代表、老党员成立了村民议事小组，通过院坝会的形式，第一时间把信息用"双语"宣讲到家家户户，让百姓了解并支持地方发展。西秀区岩腊乡把农村基层党组织建设与人大代表助力扶贫结合起来，把"三会一课"的范围扩大到人大代表、群众代表，每月召开一次支部扩大会议，提升人大代表对脱贫政策的知晓率，鼓励人大代表积极建言献策。紫云苗族布依族自治县，结合人大代表工作实际和农村实际，通过召开座谈会、"院坝会"、入户走访等方式，宣传宣讲扶贫的政策措施。

黔南州贵定县新巴镇新华村人大代表着力于思想扶贫、种植业发展扶贫、民生事业建设扶贫。建立新时代农民讲习所、农民夜校、道德讲堂等平台，以群众会、板凳会、院坝会等多种形式，组织贫困户，帮助其脱贫致富。

### 3. 产业扶贫是重点，扶贫有实效

安顺市范围内，人大代表重点帮扶当地贫困户，从发展产业入手，成效显著。例如，在关岭布依族苗族自治县大力推广精品蔬菜种植，带动农民共同致富，以产业助推脱贫。安顺市人大代表促进土地资源整合，发展农村产业。在普定

县化处镇化新村发展产业的过程中，确定"三权"＋党建＋产业＋扶贫的思路，对全村确权的6500亩土地，由村支两委和村公司全部统一流转、统一规划、统一种植、统一管理，将"分散田"变成"集结地"抱团发展。目前，全村已种植韭黄、生姜5000余亩，套种马铃薯、辣椒、茄子、大葱等2200余亩。在做大产业的同时，还采用科技创新成果助推农业产业结构调整，大力发展高产高效无公害反季节蔬菜栽培，大大提高土地的利用率和经济效益，每亩土地每年收入均达2万余元。平镇塘约村完成土地流转4864亩，发展蔬菜1643亩、浅水莲藕300亩、经果林1750亩。组建妇女创业联合会、劳务输出公司、建筑公司、运输公司等，帮助农户特别是贫困户和农村妇女等就近就业，保障村民增收的同时，促进集体经济壮大。

在西秀区，万绿城集团在人大代表带领下投身扶贫事业。首先，确定种植养殖业发展规模化和生态化发展路径。以现有的种植养殖基地为试点，把贫困户培训成专业种植养殖能手，并将种植养殖技术进行标准化，打造标准化的种植养殖模式，逐步向其他乡村复制，达到稳步扩大生态种植养殖规模的目的。其次，发挥模范带头作用，带动贫困农户。加大与区、镇、村三级的对接合作力度，带动更多群众自发参与到农村产业革命中来，让万绿城的生态种植养殖模式如雨后春笋一般在黔中大地茁壮成长，变成贫困户手中持续增长的"提款机"。再次，建立产业化和多元化发展模式。在发展壮大生态种植养殖规模的基础上，把贫困村的产业发展与万绿城集团战略规划以及市场需求紧密联系起来，让产业发展多点开花的同时，积极探索发展乡村旅游，推动现代化农业，增强贫困村产业竞争力和影响力，走出具有万绿城特点的产业帮扶新路。

此外，在西秀区的杨武布依族苗族乡，人大代表争取资金和政策帮扶，保障棚户区改造、美丽乡村建设和易地扶贫搬迁工程的顺利实施。现在全乡通村道路、通组路、连户路硬化率达100%，所有村寨安装上了太阳能路灯，11个村（居）村级活动场所均达400平方米以上，主干道全部绿化。建成了普里文化广场、停车场、客运站、社区服务中心、农贸市场、医养中心等配套项目。在修建中心广场、文化墙、文化馆等文化活动场所和设施的过程中，人大代表充分利用地方传统历史文化、红色文化和民俗文化，丰富了当地文化生活。

铜仁市印江土家族苗族自治县，落实第一责任人责任，人大代表深入贫困乡村实地调研，进村入户开展动态筛查，及时掌握脱贫最新动态，逐村逐户研究扶贫方案。统筹人力、物力和财力，聚焦产业发展，对照"八要素"要求找差距，纵深推进农村产业革命，因地制宜推广"龙头企业＋合作社＋农户"组织方式，拓宽销售渠道，完善利益联结，带动更多农户稳定增收；强化组织保障。在松桃县，把握问题症结，找准工作突破口，深入推进农村产业革命，突出龙头企业的带动作用，因地制宜推广"龙头企业＋合作社＋农户"组织方式，带动更多群众稳定脱贫。在沿河县，认真践行"五步工作法"，严格按照"七个极"工作总要求，坚持"三真三因三定"工作原则和"76554"工作方法，选好优势产业迅速做大规模，大力提高农业科技水平，坚持以市场为导向，以县为单位整体推进农村产业革命。

### 4. 经验交流很重要，扶贫有章有法

首先，常开经验交流会。为了及时总结各地扶贫经验，人大代表在全省各地轮流召开"扶贫，代表在行动"经验交流会，总结交流全省各级人大和人大代表的成功经验和不足之处。此外，为了加强省内外人大代表扶贫经验的交流学习，贵州省人大代表远赴不同省市进行考察，互通信息，交流经验，增进了解。通过这种方式，帮助贵州省人大代表拓宽视野，理清思路，同时热忱欢迎外省市人大代表到贵州考察。

其次，各级人大代表充分结合自身优势和当地实际情况开展扶贫工作。贵州省人大常委会在贵阳召开了全省各级人大代表扶贫座谈会，制定《贵州省大扶贫工作条例》，修订《贵州省扶贫资金审计条例》，用法制方式推动扶贫工作，充分发挥了人大立法引领作用。通过各级人大代表发挥示范带动作用，直接参与扶贫工作，树立了履职典型导向，彰显了人大制度的政治优势。省内各地人大也积极行动，落实脱贫举措。例如，安龙县人大连续几年召开扶贫工作会议，对扶贫工作进行一再部署，细化各项扶贫措施的落实。从确定名单、狠抓项目、梳理复核，到整村出列、深入推进、加强学习，各个步骤中，"五人小组"分工明确、责任清楚、各负其责，不仅确保扶贫工作有序开展，而且便于工作经验总结和信息交流，加强对扶贫工作的监督力度，促进扶贫快速推进。

再次，根据地方特色，发挥各自的优势。例如，安顺市西秀区岩腊乡组织全乡人大代表进村入户，详细了解贫困户家庭状况、致贫原因、劳动技能、亟待解决的问题等，进一步摸清贫困户"家底"，与包保干部一起"会诊"，为贫困户"量身定做"脱贫计划和帮扶措施。组织人大代表和贫困户结成帮扶对子，

将包帮责任落实到每一位人大代表身上，与各部门共同形成叠加效应，加速助推脱贫。平坝区乐平镇塘约村突出"三权"抓手，盘活农村资源，从产业优化、村风民风、制度建设、机构建设等4个方面进行改革，带领老百姓脱贫致富、壮大村集体经济的改革经验，切身体会了塘约村从国家级二类贫困村向"小康示范村"华丽转变的塘约道路。

毕节市七星关区人大常委会创新代表活动方式、激发代表履职热情、提升代表履职水平。按照"小型、专题、深入、实效"原则，精心组织代表开展视察和调研活动。围绕非营利性医疗卫生机构建设、农村公共文化设施建设、养老机构建设，通过专题调研和集中视察，深入基层，深入实际，关注民生，掌握了大量第一手材料。毕节市威宁彝族回族苗族自治县注重扶贫的整体战略部署和发展思路，着重抓好村支书队伍建设和抓好三级民主自治两个"牛鼻子"，推动扶贫攻坚工作的进展。

黔西南州安龙县人大在扶贫中组织召开安龙县扶贫战场五人小组"尖刀班"工作调度会。强化统一指挥和调度，各包保责任单位和"尖刀班"相互联系，加强协调和沟通，建立信息资源共享平台，协同作战。强化政策宣传，分类指导，帮助协调解决贫困户在扶贫中遇到的问题和困难。

**5. 搭建人大代表扶贫平台，提高扶贫效率**

为人大代表联系和帮助群众提供载体，贵州省在全省范围内加快人大代表履职平台建设，加强代表联络站（室）建设，合理组建代表小组，引导代表小组围绕扶贫开展有针对性的活动。

安顺市普定县化处镇化新村通过党建引领，搭建人大代表扶贫平台。2016年年底，将致富能人、村级合作社负责人、产业大户等选进村委班子。"村支两委"与村公司结成发展共同体，村党支部书记、副书记和村委会主任既要负责村内事务也要负责"村级公司"业务，肩负起基层组织建设与农村产业发展的双重职责。

毕节市七星关区提升工作实效，改进工作方法，在主动性、规范性和组织领导等方面下功夫。在乡镇、街道设立人大代表联络站，在社区、片区设立人大代表联络室，组织辖区内各级人大代表开展活动，是人大闭会期间实现各级人大代表依法履行职责、充分发挥代表作用的重要平台，是新形势下进一步加强人大代表工作的有益探索。

铜仁市人大代表建立代表活动室和代表小组工作站。例如，石阡县组建了71个民生监督小组，每个代表联络站的组织和场所、制度和设备、经费和活动，以及活动档案记录和活动效果等都有统一的标准和要求。江口县加强人大代表联络站工作，把代表联络站建设成为培训代表的"加油站"、联系群众的"前哨站"、推动发展的"服务站"。强化组织保障，着力激发人大代表联络站建设的积极性和主动性，强化组织保障、强化督促检查、强化舆论宣传，为人大代表助推扶贫、服务人民群众提供坚实的平台和阵地。

黔南州在全州县乡村推进代表联络站（室）建设，建立代表联络站127个，代表联络室306个，基本实现了乡镇（街道）、社区、行政村代表联络站（室）全覆盖。为充分发挥企业家人大代表在参与扶贫，助推经济社会发展中的作用，贵定县还设立了贵定县企业家人大代表联络站1个，企业家人大代表工作室8个。其中，三都水族自治县人大代表6镇1街道建立了20个"人大代表联合之家"，思路明确、丰富内容、收效明显。不仅达到"六有"标准，软硬件达标，又能够结合本地实际，促进代表依法履职，提高工作水平。作为人大闭会期间开展活动的重要载体和有效平台，"家"建成后，以代表联合小组为主要形式，组织代表开展学习讨论、视察调研、接待联系选民、征求群众意见建议、向选民述职等活动。

## 三、贵州省人大代表扶贫体制机制分析

### （一）人大代表扶贫攻坚体制分析

#### 1. 加强思想和组织建设，统一思想

为有效促进人大代表投身扶贫事业，贵州省各地人大都加强了思想和组织建设。在这个过程中，有些地区的举措特别引人注目。

安顺市关岭布依族苗族自治县从班子建设入手，凝聚战斗力、规范村务管理、建好贫困户档案、狠抓产业发展，召开群众会宣传土地流转政策，动员所有贫困户用土地入股的方式入股合作社，扩大产业的覆盖面，促进集体经济发展壮大。确保各项帮扶工作落实到位的同时，提前制定村庄下一年的奋斗目标和推进制度和方式。

毕节市七星关区人大常委会统一思想，认真按照中央和贵州省委关于扶贫

工作的决策部署，深入基层，推进大扶贫战略。2018 年，区乡人大加快组织建设，构建人大代表活动载体，发挥本职带头作用，组织人大代表针对区政府的民生实事进行投票表决。通过访问视察、检查监督、实地调研，献计献策等举措，助推民生实事项目落地，切实发挥人大代表的联系监督职能和帮扶作用。区人大常委会印发《关于做好人大代表联系监督政府民生实事项目的通知》，按照相邻相近的原则，针对身边的民生事项，开展"六个一"①系列监督活动，将民生实事项目的联系监督任务分解给区人大常委会的相关部门，责任明确到相应的人大代表。提升工作实效，改进工作方法，进一步提高议案建议素材数量和质量，严把质量关，注重同时代前进方向，与扶贫总体部署紧密结合，形成具有针对性、实用性、前瞻性和可操作性的议案建议素材。

**2. 加强制度建设，夯实履职基础**

作为一种重要的力量，人大代表这个群体在扶贫战役中一直在发挥积极作用。省人大常委会办公厅通过开展"扶贫，代表在行动"主题活动，推动各级人大常委会和人大代表投身扶贫事业。通过调研、视察、检查、评议、专题询问等方式对扶贫各项政策措施的落实情况进行监督，重点检查扶贫政策的落实、资金使用情况、项目进程等，及时发现问题、提出问题，并督促解决问题。

安顺市西秀区杨武布依族苗族乡建立人大代表、干部认领扶贫台账。在推进产业扶贫工作中，明确帮扶责任，按月布置脱贫工作任务，按月督查调度工作进度，按月兑现奖惩的工作机制，建立"三子管理法"。领导班子每周集中接访日制度，主动带头深入农户家中，访民情、解民忧、惠民生，解决问题。同时，设置"两委"工作站，建设新型农村社区服务中心。

毕节市七星关区为提升代表能力建立"人大代表之家"。第一，建立代表联络机构。通过专题培训、交流履职经验、远程教育等形式，构建多层次、多元化立体学习平台，加强代表履职责任、提高履职能力和水平。第二，加快人大代表联络机构的"三化（规范化、标准化、制度化）"建设。制订活动计划，建立健全代表职责，完善述职工作、调研学习、履职承诺和履职记录等相关制度。第三，促进代表联络机构汇聚民情的功能作用。人大代表履行职责，知情知政，

---

① 即人大代表要"促成一批资金落实到位、建立一批项目联系点、组织一系列视察促进、进行一轮调研献策、参与一些奉献助推事项"等系列活动。

通过这条渠道畅通渠道。收集民意、汇集民智、反映民情，合理解决群众提出的问题，有效化解社会矛盾，构建和谐社会关系。第四，建设代表联络机构的新型工作机制，即"选民评代表、代表评工作"的"双评"机制。代表向选民汇报履职情况，选民对述职代表进行评议。第五，促进资源共享的平台。代表联络机构中，党委带头，各司其职，党委与人大找到了一个共同推动基层工作的合作平台，实现了资源共享与整合，探索通过平台建构，丰富代表联络机构的发展路径。

2012年9月遵义市老城社区成立了人大代表接待群众工作站，作为工作站联络人，认真组织和参加代表接待群众工作。为规范接待群众工作，社区人大代表接待群众工作站制定了相应的工作制度，一年逢双月的最后一个星期五为人大代表固定接待群众工作日，平时群众有诉求向人大代表接待群众工作站反映，能解决的即时解决，如需几个部门共同协调才能解决的就安排预约接待日，邀请涉及的部门共同协商解决。

### 3. 加强督导和问责制，确保政策制度推行落实

安顺市加大代表监督力度，定期监督扶贫政策、项目资金、脱贫指标等是否落实到位或者是否达标等具体问题。例如，西秀区岩腊苗族布依族乡人大代表加强脱贫各项工作的监督，定期监督扶贫政策措施落实、扶贫项目资金、脱贫指标完成、工作责任到位等的进展程度，确保扶贫工作纪律、落实扶贫政策。紫云苗族布依族自治县在代表集中视察、小组活动中宣传贯彻市人大常委会党组扶贫"五抓五促"工作要求，增强人大代表打赢扶贫战的责任感、使命感、紧迫感和自觉性。人大代表既当好扶贫产业服务的代表，又当好扶贫帮扶的代表，从招商引资养殖项目中总体规划、建设，积极引导贫困户参与，到帮扶点的种植养殖挂点帮扶和具体的结对帮扶工作中，做好扶贫的宣传工作。

黔南州三都水族自治县形成了"一二三"的人大代表工作格局，即一项主题，每个人大代表联合小组每个季度要开展一次集中学习讨论活动，在活动中强化学习，代表汇编接待联系选民情况，讨论发展中的重要问题，形成意见建议，为反映民意工作积极建言献策发挥作用；二项重点，每年每个人大代表联合小组要以区域内的重点工程、民生工程和群众关注的热点难点问题视察调研为重点，每年要开展视察调研2次以上，强化对重点工作的监督；每年要开展代表接待选民、代表向选民述职、选民评议代表三项活动，推进代表履职过程中的

工作监督和自觉接受监督。

黔西南州兴仁市人大建立"533"交督办机制推进代表议案建议办理。为保障人大代表的督导权和问责权实施效果，推行"三分三定"工作路径，"三听三回"监督程序，"三限三督""三单三令""三色三责"等惩罚措施。对于人大代表提出的东湖污染问题的解决，运用"533"交督办机制，取得了初步成效。

## （二）人大代表扶贫攻坚机制分析

### 1. 确定扶贫攻坚的省级设计规划

首先，确定人大代表扶贫总体路线方针。根据中央扶贫工作"四个切实"要求和省委各部各项政策和策略，贵州省人大常委会推进《关于发挥全省各级人大职能作用聚焦扶贫工作的意见》（黔人常党〔2017〕17号）的贯彻实施，2018年开展"扶贫，代表在行动"活动，充分发挥全省各级人大常委会和人大代表的作用，为人大代表深入参与扶贫确定方向、拓展思路、搭建平台、提出要求。

其次，拓展扶贫思路，综合运用多种方式方法助力扶贫。综合运用专题调研、集中视察、执法检查、听取审议专项工作报告等监督方式，通过各级人大代表学习宣传、调查走访、接待选民、结对帮扶等各项活动，充分发挥各地人大和人大代表的作用。收集反映群众意见，提出议案和建议，帮助解决贫困地区群众最迫切的问题。人大代表发展产业，努力成为产业发展的带头人，成为带领群众脱贫致富的模范。

最后，精心安排工作部署。省人大围绕全省大局，无论是在立法质量、监督实效，还是在强化代表工作方面，时刻牢记服务大局依法履职行权；针对人大代表议案问题，深化对议案建议工作的人数，改进工作方法，提升工作实效，提高议案建议素材的数量和质量，形成具有针对性、实用性、前瞻性和可操作性的议案建议素材，建立激励机制，调动工作积极性和主观能动性。

### 2. 推进扶贫攻坚策略的机制与方法

在扶贫工作中，人大代表主要通过专题调研和集中视察两种方式。通过调研和视察充分了解实际情况，进行评议和更为深入的专题询问等方式，找准问题的关键点，针对这些有待解决的问题形成议案并提交，推进扶贫各项政策措施落实生效。

人大代表身处基层一线，具有熟悉群众的天然优势，在参与扶贫的过程中紧密结合各地扶贫工作的实际情况和代表自身的实际状况，充分发挥宣传、领航、调解、沟通和监督的作用。具体来说，各个地区为保障人大代表积极参与扶贫推行富有地方特色的做法。兴仁市人大建立"1+5+4"机制：出台1套方案，明确"四个进一步"目标任务及学习具体内容，为县人大全体党员干部指明方向；成立5个工作组促落实，成立总体协调组、学习联络组、学习资料组、学习宣传组及监督工作组等5个具体工作组，每个组均明确专人负责，任务落实到人头；围绕大扶贫战略，完善学习教育计划，开展4种方式促成效。

安顺市人大代表激发农户潜能，帮助农民成为股东。在普定县化处镇化新村成立贵州新益农农业科技有限公司，全村村民都成了公司的股民，没地没钱的村民有"人头股"，有地的村民在人头股的基础上还有"土地股"，村级公司的员工都是"持股"的村民，村公司按"五股"（管理股、发展股、公益股、人头股、土地股）模式将收入利润进行"五股"分配，使全体村民从过去给老板打工，变为给自己干，极大调动了全体村民干事创业的积极性。通过土地流转，大力发展规模化、产业化现代山地高效农业，让更多村民从简单低效的传统农业中转移出来，有序引导村民就业，提高村民家庭收入。在乐平镇塘约村，人大代表抓好农村"三权"改革，通过确权、赋权和易权，激活农村资源潜力，针对全村"七权"①应用大数据进行勘测确权。

### 3. 建立领导干部亲赴第一线指导工作机制

2017年7月，贵阳市人大常委会副主任宋平带队，赴威宁彝族回族苗族自治县石门乡、安顺市平坝区塘约村，指导石门乡观音山社区易地搬迁扶贫项目、新民村仰天窝种薯扩繁基地。在女姑村蔬菜产业园区、石门民族中学，详细了解了石门乡在脱贫致富、改善农村人居环境、教育扶"智"等方面的先进经验和做法，深入了解石门乡村委会"三级自治""十户一体"抱团发展等管理模式。10月，宋平再次带队，到花溪区久安乡开展帮村扶贫工作，关注和帮助发展久安乡打通村发展林下食用菌产业。以打通村为试点的"林下食用菌产业"作为茶产业之外的第二大扶贫产业来增加村集体收入，带动困难群众增收。

2018年5月，省人大常委会副主任刘远坤赴铜仁市石阡县、江口县与所联

---

① "七权"的具体内容包括：土地承包经营权、林权、集体土地所有权、集体建设用地使用权、房屋所有权、小型水利工程产权和农村集体财产权。

系省人大代表见面座谈。听取省人大代表、石阡县坪山乡佛顶山村党支部书记黄秀金对该村扶贫工作情况汇报。

2019 年 7 月，贵州省人大选任联委副主任梁承祥一行深入翠里乡污牙村、高文村、摆翁村等开展扶贫工作实地调研。了解各村基层党建、产业发展、人居环境改善、基础设施建设等扶贫工作的开展情况。省人大代表刘毅，州人大代表张家坤、杨昌齐、杨国松，县人大代表文龙斌、张永扬、邓小丽等人，先后到基长镇的济生铁皮石斛公司、林盘村种桑养蚕基地、恒盛丝绸公司、贵州金维益公司、上司镇的扶贫产业结构调整基地、峰洞村的扶贫产业园、麻尾镇三棒村的砂糖橘基地进行调研。为发挥产业资源优势，发挥龙头企业的带动作用，建立完善企业和农户的利益联结机制，注重遵循市场和产业的发展规律，合理确定产业发展的方向、规模和重点，实现产业发展的持续性和有效性等方面提出意见建议。

### 4. 地方各级人大落实工作的具体机制

首先，各地市州人大代表联络站建设，推进当地民族法治建设、经济社会发展、服务本地区人民群众生产生活、为人民群众排忧解难的平台。收集群众的诉求，做好解释和疏导工作，加强与群众的联系。

其次，各地发挥自身优势，在落实人大代表扶贫攻坚任务的过程中有很多创新。例如，安顺市西秀区杨武布依族苗族乡，通过"三子管理法"，积极落实省人大扶贫督导工作。5 年时间中开展基层调研 100 余次，引进招商引资项目、申报小城镇建设、基础设施建设、易地扶贫搬迁、产业结构调整等项目 200 余个，有力促进了杨武布依族苗族乡经济社会发展，为全乡的扶贫打下了坚实的基础。建立每周集中接访日制度，同时深入农户家中，访民情、解民忧、惠民生，解决问题，推进扶贫"春风行动"；全面把握"八要素"系统思维、科学方法，在产业选择、技术服务、产销对接、利益联结等方面下足功夫，全力推动农村产业革命，并取得重大突破。

遵义市凤冈县人大在扶贫中建立统一的监督机制。首先，通过规章章程保障监督的有效性。2012 年 6 月，县人大办印制了《凤冈县人大工作常用法律和制度汇编》，专门针对监督工作中遇到的一些具体问题。其次，建立跟踪督办机制，推进基层民众急难问题的解决。维护群众的利益，促进了地方经济社会发展与和谐。再次，通过评议促进政府的工作。例如，凤冈县人大常委会成员先后向县政府、县质监局提出了高度重视凤冈县茶产业标准化生产和产品质量监管，确保全县茶叶产品质量合格，品质优良等意见。通过工作评议，凤冈县质监局的各项执法工作得到很大的改进，凤冈县茶产业质量和标准得到进一步的规范。

铜仁市人大代表"五项行动"，在联组共推、联动推进、联心活动、联合帮扶和结对行动过程中，领导干部包村、人大机关驻点、人大代表联合，通过"集言献计"行动，宣传政策、倾听民声、畅通渠道；发挥"带头引领"作用，创办产业、带富农民、树立典型；严格"监督问效"，实施全过程和连续性监督，坚持"回头看"，强化监督机制，发挥监督作用，实现扶贫成效。

黔西南州安龙县以党建为统领，发动"战场"机制。设立扶贫指挥部，将9个镇（街道）分为5个战场，分别由县人大常委会及县人武部牵头负责，组建突击连、尖刀班，将村列为"作战阵地"，将组列为"作战单位"，制作扶贫作战牌，实行挂牌作战。同时，在方法上实行全民共商形成全民共识，在路径上坚持"五统筹、六同步"，在步骤上明确"十步工作法"，在内容上把易地扶贫搬迁与"老乡进城"有机结合。目前，全县已有11231户46866人签订搬迁进城协议书，其中贫困群众5896户22438人。

毕节市七星关区人大常委会在2018年推行"人大代表决定民生事项"，即政府征集项目、代表投票确定项目、代表监督项目实施、代表评价项目成效的方法，尊重民意、注重实效、集思广益、建设民生事业围绕扶贫、民生、生态、环境等主要问题，加强基础设施建设，促进社会发展。符合基层实际情况，实现了资源的有效整合和利用，使党建工作和人大代表工作相互促进，为代表联络站建设方式方法打开了新思路。

黔南州的人大代表联络站试点工作搞得既灵活，又规范，初步形成独具特色的黔南模式。例如，惠水县岗度镇的人大代表联络站（室）建设定位高、推进快、成效显著。第一，人大代表的规范活动平台。通过试点带动，经验交流，现已基本形成覆盖城乡的联络站网络体系。第二，人大代表全员进站进室。按照就近、合理编组原则，将各级人大代表全部纳入代表联络站（室）开展活动。第三，人大代表联系工作网络化。在州县两级人大网站上探索建立与实体人大代表联络站（室）相对应的网上人大代表联络站（室），实现网上网下全天候、便捷化联系。第四，规范人大代表的活动机制。对活动的形式内容、工作流程、登记备案、意见处理、情况反馈、激励约束等加以规范，总结经验和做法，促进人大代表活动质量和活动水平上台阶。第五，多途径开展舆论宣传活动。充分利用电视、广播、报刊、网络等新闻媒体，大力宣传人大代表联络站（室），充分展现各级代表依法履职的风采，营造良好的舆论氛围。

## 四、贵州省人大代表群英谱

### （一）人大代表扶贫"集体照"

#### 1. 建言献策，解决民生问题

在人大代表的建议中，主要集中在水电、交通、医疗、教育等基本民生问题，以及灾害防治等问题上。

第一，水电等村民基本生活条件问题。黔东南州人大代表王清华帮助协调解决凯里市炉山镇百兴村频繁停电问题，罗建对全州城市供水基础设施建设提出了有效的建议。此外，龙全军针对麻江县的农村家庭电线老化、张懿对剑河县城和柳川集镇的整体供水、石本辉对榕江县定威乡中心校的师生饮水、陆明对台江县农户的电线改造等问题的解决都发挥了重要作用。

第二，道路交通建设问题。人大代表龙先金针对丹寨县内丹寨台辰至羊甲段的321国道改造、王佳秀针对麻江县光头寨至新牌通村公路硬化、吴运凤针对剑河县剑河新县城至柳川集镇公路改造、陆明针对台江县红阳坳经南刀至九摆环线公路油路改造、杨昌彪针对凯里二龙至台江台盘城市主干道建设、吴水根针对台江台拱经南省到老屯翁至施洞旅游公路建设、杨德涛针对沪昆高速公路台江排羊段打开预留出口等具体问题提出建议，监督实施，在取得成功等方面发挥了重要作用。

第三，灾害防治和生活环境治理问题。黔东南州人大代表杨斐针对剑河县的三板溪库区沿岸地质灾害防治工作、黄俊针对岑巩县提高全州生态环境保护和监管执法能力建设工作、陆明针对台江县排羊乡政府驻地两千米防洪堤的修建工作、吴春燕针对黎平县城镇生活垃圾无害化处理项目建设工作、罗光美针对麻江县农村垃圾处理和垃圾池修建工作、杨胜金对岑巩县客楼乡集镇排洪问题的解决等都发挥了重要作用。

第四，农村医疗健康问题。人大代表罗光美建议镇远县重大疾病及慢性病重要门诊费用纳入医保范围，单洪琼帮助锦屏县组建农村养老保险、农村合医等网络缴费平台，吴线芬建议榕江县加强村医管理，龙灵芳参与黎平县黔东南州民族医药健康产业基地建设，王朝珍帮助解决黄平县新型农村合作医疗参合缴费及补偿报销问题，欧琳玲帮助黔东南州天柱县危房改造工程指标顺利落户。

**2. 多渠道谋发展，找准致富之路**

遵义市人大代表尝试利用多种渠道，帮助农户摆脱贫困。凤冈县人大代表在参会期间提出 119 件建议并监督执行，围绕"绿"做文章，围绕县委提出的生态绿色理念和建设富裕、文明、生态、幸福凤冈的总目标。田景高主任带领代表们在治理穿阡饮用水源、遏制全县森林资源一度被恶性破坏的势头、维护绿地保护生态环境等过程中发挥了很好的监督作用。同时，把人大宣传工作作为提高人大工作知晓度的重要手段，创办了《凤冈人大》刊物和凤冈县人民代表大会网站，主动与市人大及相关媒体对接，大力宣传县人大工作，展示人大代表风采。凤冈县人大代表在历届"遵义人大新闻奖""贵州人大新闻奖"评选中多次获奖。

遵义市赤水市 933 名人大代表在扶贫工作中有很多突出表现。第一，发展产业。人大代表在产业发展方面发挥了重要作用。2018 年，领办产业项目 135 个，帮助 2984 人解决就业，带动 7610 户贫困户增收。例如，人大代表王二松在从江县高华村发展瑶浴产业，黄瑜在三穗县加快发展鸭产业，龙胜碧在锦屏县发展绿肥种植有机产业等。第二，解决具体的民生问题。2018 年，人大代表办实事好事 7427 件，组织捐款捐物 130 余万元。例如，洪家文在岑巩县解决农村农田撂荒问题。第三，探索发展路径。例如，人大代表吴文礼在平县发展黔东南州民族医药，石修元引导农村电商发展等，都为农户脱贫致富贡献了力量。

黔东南州各地各级人大代表办实事，为脱贫工作贡献多。第一，加快区域资源整合的步伐。龙先金在招商引资工作中对木材等资源消耗型项目进行统筹规划、合理布局，王才长和龙青松推动丹寨县资源整合，张昌学参与三板溪水库库区的总体规划。第二，推动各类园区和平台的建设。例如，许荣莉倡导把剑河县台江施洞银饰刺绣文化产业园列入全州文化产业园区的工程，陈超航推动州级食品安全信息追溯平台的建设。第三，促进地区旅游业发展。在发展旅游业方面，人大代表做出的贡献有很多。例如，邰胜远帮助施秉县打造清水江民族文化旅游精品线路，吴福群帮助把麻江县卡乌村列入州旅游规划，潘世兰在剑河县扶持打造"苗疆温泉之都"和"山水之城"旅游景点，张建新帮助修建剑河苗族水鼓舞表演场，张乐辉推进镇远县修建羊场至尚寨旅游公路，张军等人推动改造黄平县旅游村寨柏油路，潘红灯打造古龙镇太平洞和重兴乡望坝村成为州重点民族风情旅游村寨，林乾礼促进了《黄平县旧州古城保护与开发条例》的出台，石俊在台江县加强传统村落保护，吴文礼在黎平县推动四十八侗寨民族特色文化旅游景点建设。

安龙县普坪镇香车河村人大代表助力扶贫有三大特色：第一，改变工作模式。从夯实党建工作基础入手，建立现代高效模式，当地人称之为"进一扇门、办所有事"。村干部抓住"互联网+"发展机遇，开设微党课、网络信箱、关爱帮扶等专栏，及时公开党务、村务及社会事务，发布政策信息、工作动态，不断提升工作智能化、信息化水平。第二，改变人居环境。人大代表在2013年"小康建设六项行动"中积极投入农村人居环境整治及美丽乡村建设工作，改造民居，建设广场、打通油路、美化村寨环境。第三，发展产业。为了加快特色产业发展速度，通过招商引资和土地流转方式，2014年引进双季高产莲藕优质品种"鄂莲5号"和"鄂莲6号"在巧洞组试种成功，现在发展到300亩，实现单季亩产值5500元，年产值320万元，实现莲藕生产和乡村观光旅游产业助农增收。

### 3. 加强统一部署，确保脱贫致富

在脱贫道路上，贵州省内各地区的扶贫措施特色鲜明、步调一致。其中，安顺市岩腊乡和塘约村扶贫成效显著，扶贫举措在贵州省内乃至全国得以广泛推广。

岩腊乡是一个省级一类贫困乡，为了帮助村民脱贫，安顺市西秀区进行了统一部署。首先，重视党建引领，加强组织领导，聚集代表力量，确保扶贫稳步推进。在扶贫工作中，通过院坝会、群众座谈会、贫困户大会、参与党员大会等方式定期组织入村开展政策宣讲，宣传扶贫政策，让群众及时了解整个区的扶贫总体部署。鼓励人大代表带头学习技术、发展产业、发家致富做示范。岩腊乡龙潭村村委主任、乡人大代表王德雄带头组建村级合作社，围绕产业扶贫的方向，实施露天蔬菜种植500亩，带动贫困户21户、残疾户6户、留守妇女户6户。例如，乡人大代表王国学通过组织其他群众，带头成立黄金合作社，带头发展辣椒种植150亩，采取吸纳贫困户务工的方式，带动了7户贫困户脱贫。又如，岩腊学校教师、乡人大代表谭滢在扶贫工作中，积极走访各村组，上门

动员适龄儿童入学,对因病因残的学生,主动开展上门教学,起了示范带头作用,有效推进了全乡教育扶贫工作的开展。

其次,强化监督,凝聚力量。人大代表主动履职尽责,抓好政策跟踪问效,增强扶贫监督实效。围绕全乡贫困户"一达标、两不愁、三保障"情况开展工作,对扶贫成效进行跟踪,确保贫困户进入、退出程序精准,脱贫成效显著。成立以乡人大主席吕仕勇为组长的脱贫成效跟踪检查组,通过定期走村串户,核查贫困户收入、住房、教育及医疗保障的情况。对查出的问题责成相关单位或责任人落实整改的同时,移交乡纪委备案,确保工作整改到位。如2017年,通过跟踪成效检查组的走访,发现部分老人贫困户无利益联结、村组串户路卫生较差等问题,乡党委政府根据实际,通过流转无劳动力贫困户土地发展产业,帮助实现利益联结;通过聘任贫困户打扫串户路和保持家庭卫生的方式,帮助贫困户提高收入的同时,改善全乡村组道路及贫困户家中环境。

针对乐平镇塘约村的脱贫事务,安顺市人大代表统一安排,运用"网格化"方式进行管理。把支部建在村组,把脱贫责任落实到人头,创新了群众的监督模式。首先,改进村支两委领导模式,把11个自然村寨根据分布情况,进行村组的网格划分,组建党支部4个、党小组11个。一个网格内设立一个党支部,在村民小组设立党小组,负责收集意见建议,落实决策,组织活动,代办事项,维护稳定。通过这种方式,把党的力量延伸到了村民小组、合作社和农户。其次,对党员干部进行量化积分制考核评分。一月一次积分,明确每位党员干部的"责任田",结对联系10户群众,落实行包保责任。最后,推行"支部管理全村、村民监督党员"模式,对村干部和党员实行"驾照式"积分制管理,每月由村支两委、党支部和组委会对党员干部评分,连续3个月低于60分的党员和干部实行待岗管理,继续没有改进的人员将会被辞退或者劝退等。工作干得好不好,由群众说了算,评判权交给群众。通过一系列措施,提升了基层组织的战斗力和执行力,点燃了村干部和村民干事创业的热情,形成了支部做给群众看、干部带着群众干、群众围着支部转的氛围。

### 4. 发挥引领作用,带领群众脱贫致富

在这个方面,安顺市人大代表的工作成绩十分突出。在西秀区杨武布依族苗族乡,人大代表通过多种方式让全乡参与到公司和合作社,实现增收脱贫目标。例如,以周东兵为代表的领导班子,在5年时间中开展基层调研100余次,

招商引资、申报小城镇建设、基础设施建设、易地扶贫搬迁、产业结构调整等项目 200 余个，有力地促进了杨武布依族苗族乡的经济社会发展，为全乡扶贫打下了坚实的基础。杨武布依族苗族乡经济社会发展得以大幅度跨越式发展，先后荣获全国卫生乡镇、全国特色民族村寨、全省文明乡镇、全区丘陵山地新型城镇化整乡推进试点乡镇等称号。

平坝区羊昌布依族苗族乡，在人大主席团主席、龙海村党总支部书记，龙海村扶贫工作挂村负责人王名汉等人大代表的领导下，利用新时代农民讲习所、座谈会、院坝会集中开展政策宣讲。帮助成立四道坝农业发展专业合作社，发动贫困户入社入股，整合扶贫资金，采取"企业（合作社）＋扶贫资金＋贫困户"方式发展林下经济，实行"村合作社＋寨合作社"，推出"城市菜园产业扶贫项目"种植蔬菜、花卉。组织建设四道坝农夫集市布依风情一条街项目，集民族特色餐饮、手工艺品、民族文化展示于一体。引公司、拉企业、联系农信社，参与扶贫，设立村扶贫基金，为突破口办理特惠贷。开展"农旅结合"龙海村美丽乡村项目建设，开展乡村旅游，彰显民族文化魅力。

关岭布依族苗族自治县关索街道大桥村在驻村第一书记、人大代表汪明富的带领下，组织村支两委全面调研村情民意，大力促进农村经济发展和产业结构调整，积极带领群众脱贫致富。坚持深入村组、田间地头、走村串户与农户倾心交谈，与村干部、村民拉家常，了解群众的生产生活状况，准确了解群众的所思所想所盼，工作具有针对性。人大代表走访老干部、老党员和经济能人，掌握村寨现有资源，调查研究贫困户产生的原因，宣传党的惠农政策，帮扶制定方案和措施。

（二）人大代表扶贫"肖像"

**1. 种植、养殖、手工业，产业生态同发展**

（1）产业门类丰富，经验方法众多。

安顺市人大代表扶贫攻坚事迹报道较多。例如，谢咏梅带领绿源茶业为贫困户带来福音；普定县何仕燕用 7 年时间挽救了一大片森林；何顺刚在江龙镇种植经营江龙茶；紫云苗族布依族自治县班莉利用养殖技术和防疫优势帮助发展种植业和养殖业；镇宁布依族苗族自治县朵卜龙乡高宏志把朵卜龙乡建成"茶叶满山、蔬菜遍地、果林山间绕、林下鸡在跑、水边鹅在游"的新农村；普定县陈国勇以发展韭黄种植为突破口，带领村庄成为"菜篮子"工程示范点；普定县的唐承成和何仕燕长期战斗在农业、林业第一线，运用自身在农业植保和森林检疫方面的专业特长，为发展生态环保，帮助当地贫困人口脱贫致富做出了巨大贡献。此外，韦小娥、黄林平、丰瑞高、韦朝府、王修品、郭兴胜、陈频、王廷富、陈政伦、杜宝元、胡运法、陈刚、宁世平等，都是各行各业的先进人物，在引领群众脱贫事业发展过程中身先士卒，发挥了人大代表的先锋模范作用。

黔东南州人大代表唐俊平在雷山县办养殖场带动农户脱贫致富，龙明彪在丹寨县养鸡种茶有方法，袁金华在黄平县养牛帮助贫困户，吴昌益在岑巩县思阳镇发展生态经济改变全村面貌，韦祖英在从江县用一双巧手带动整村的刺绣产业。此外，在锦屏县，龙运海成立电商助农脱贫，杨通平组织锦屏县八龙畜禽养殖农业专业合作社为扶贫事业做贡献。

黔西南州人大代表也在扶贫事业中发挥了重要作用。兴仁市鹧鸪园村余必丽是养殖种植的大能人；普安县姚忠琼组织贫困户参与种植加工，树立脱贫致富信心和决心；安龙县王明志种植销售有方法，娄俊带领群众养鸟、养鹅、养蜜蜂，外加种植中草药。

此外，遵义市习水县人大代表赵付华是大名鼎鼎的"养鸡王"，赤水市天台镇陈小琴通过养鸡带动脱贫致富，黔南州福泉市黄昌亮养猪、种烟、建工厂，都为反贫困事业做出了应有的贡献。

（2）人大代表事迹展。

遵义市习水县农民养鸡专业户赵付华早年外出学艺，后来回乡创业，是远近闻名的"养鸡王"，成为第五届市人大代表。他利用鸡苗孵化技术助力扶贫，培养专业人员从事鸡苗孵化和市场营销。随着专业养殖大户和专业育雏点不断增加，2008 年，成立遵义市富华禽业专业合作社，实施网络管理，发展育鸡养鸡产业。改变养鸡方式，实现规模经营，流转习水县二郎乡莫洛村 30 多亩土地，与万亩生态林相连，建立种植养殖一体的生态鸡园区，资源循环使用，经济效益较高。

赤水市第七届人大代表、天台镇第八届人大代表、贵州竹乡鸡养殖有限公司总经理陈小琴，向农户传授养鸡技术，带动村民脱贫致富。通过建立电教培训室和远教网络平台，与市农牧局和养殖业专家联系，共同为贫困户、养殖户开展养殖技术培训，免费发放技术资料。打造"公司＋大户＋农户"的乌骨鸡养殖体系，共带动发展农户 3000 余户，其中发展养殖大户 30 余户，养殖专业户 2000 余户，免费向贫困户发放鸡苗 10 余万羽，带动 1000 余户贫困户通过养殖乌骨鸡收入明显增加，实现顺利脱贫。

安顺市普定绿源茶叶专业合作社理事、贵州省第十三届省人大代表谢咏梅以绿源茶叶基地为基础，在猫洞乡先后建成多个茶叶基地，打造茶叶县域公共品牌"朵贝茶"，按标准统一经营管理，使茶业成为猫洞乡农业主导产业。借助茶叶基地，以种植带动养殖、以养殖促进种植，发展现代生态循环农业，在茶园进行林下养鸡，除草、除虫、增肥，成为茶叶以外的第二主导产业。改变传统农业模式，实现农业现代化，茶叶基地发展观光业，成为养生地，当地农民也变成了产业工人。同时，创建联结机制，实现企业贫困户共赢。绿源茶叶专业合作社通过吸纳特惠贷，一举两得解决了企业贷款难与贫困户经营难的"两难"问题。最后，谢咏梅还不断钻研茶叶生产工艺，提升经营管理能力，延伸茶产业链条，带领群众共同致富，并把成功的经验广为传授，配合普定县农业部门、扶贫部门、猫洞乡人民政府开展各类宣传培训，有力地促进了农业科技成果转化，增强了贫困群众脱贫致富的信心。

安顺市普定县林业局森林植物检疫防治站站长、市人大代表何仕燕，十多年来，奋战在林业有害生物防治检疫工作第一线，长期深入基层搞规划设计、编写施工设计方案。她到各个村寨讲解造林技术和病虫害防治知识，进行业务指导，发动并组织农户造林、护林和管林。她深入山林，调查监测对林业有害生物的产生规律，整理、分析，掌握第一手资料，运用产地检疫、调动检疫等科学方法推进防治工作。她发现了新传入的林业有害生物，采取措施及时制止了疫情的发生和传播。从 2004 至 2011 年的 7 年时间里，她控制住了普定县双条杉天牛虫，保住了该县喀斯特地区的 3.5 万亩柏木林。期间，她率领团队完成 4 个国家级工程治理项目，防治病虫害 13.22 万亩，监测 265.09 万亩，产地检疫 1605 亩，检疫苗木 3659 万株，木材 2829 立方米，大大减轻林业有害生物对林业生产造成的损失，巩固了全县的造林绿化成果。在她的带领和组织规划下，长防工程 10569 亩人工造林的建设，18047 亩封山育林的规划设计得以顺利完成。此外，坪上乡 2933 亩退耕还林、城关镇和鸡场坡乡 4987 亩的退耕还林、城关镇 3000 亩生态林区的设计规划、施工建设、检查验收等各项林业建设中都有她的辛勤付出。

安顺市江龙镇，市县人大代表、贵州山和水茶业有限公司负责人何顺刚，2010 年 10 月回乡创办公司，从事茶叶的种植加工，把江龙茶培育成脱贫主导产业。为了帮助茶农脱贫，实现茶农"三次就业""三次获益"，实行"公司＋基地＋合作社＋农户"公司运作模式。在茶叶种植和日常管理、茶叶加工增值、制茶销售过程中为农户提供就业机会，帮助当地农民围绕茶产业谋发展，保证茶农稳定就业，全年创收，走上脱贫致富道路。2014 年以来累计安置当地农村劳动力超过 600 余人，相关产业链就业人数超过 1500 人。

安顺市紫云苗族布依族自治县畜牧服务中心副主任、高级兽医师、市县人大代表班莉，从 2015 年以来持续跟进 25 个养殖项目，经常深入畜牧产业项目点上，对广大养殖户进行技术指导，钻牛圈、进猪舍，从疫病防控到养殖发展，推广畜禽防疫、饲养技术，足迹遍布全县各村民组。在负责紫云苗族布依族自治县国家动物疫情测报站实验室重大动物疫病的诊断与监测、动物疫情信息报送工作中，加班加点检测好每一个病料样品，为全县防控重大动物疫病工作提供了科学数据和技术支撑。此外，结合畜牧服务中心职责和红光村的实际情况，把发展种植业和养殖业作为重要扶贫产业，在该村实施了 4 个项目——樱桃种植、脆红李种植、生态养鸡场、肉牛养殖场，通过项目带动贫困户增收。

安顺市农业技术人员，2000 年第一届人大代表、人大常委会委员蒲文生，关注农产品质量安全，在给农民带去好品种、传授好技术、想出好主意、获得好收益的同时，始终贯彻生态环保观念，指导农民生产健康绿色产品。后来，组织上安排他任烟办专职副主任，他马上投入新的工作中。紧紧抓住国家农业总体发展方针政策，加大烟叶生产基础设施建设力度，改善各地农业农村基础设施建设，以建设现代烟草农业为引领，推动整个安顺市辖区内各乡镇现代农业的发展。通过促进种植业六大产业发展，并以此为主导，加快地区经济发展，为农户减贫增财做了大量基础性、建设性的工作。

安顺市普定县化处镇化新村党支部副书记、化新村村级公司——贵州省新益农农业科技有限公司董事长、市县镇三级人大代表陈国勇从 2013 年开始，带领全村党员群众一起种植韭黄，帮助新化村由一个落后村一跃成为先进村。现在，该村现代山地高效农业园区已经成功申报为省级农业园区，成为省农科院原院长李桂连的"蔬菜育种基地"、安顺市的"蔬菜保供基地"和"菜篮子工程示范点"。2016 年以来，连续获得了省市县三级"先进基层党支部"、"同步小康示范村"等一系列荣誉。

黔东南州雷山县人大代表唐俊平推广黑毛猪养殖、特色水稻种植、红木栽培。在雷山县丹江镇乌开绿色产业园区建设标准厂房，建设大米加工厂、粮仓、冷鲜肉制品车间、食品冷链库房、食品深加工车间和红米酒生产线，尽量解决村民的就业问题。带动种植养殖农户 3100 户，其中建档立卡贫困户 113 户，累计促农增收 4500 万元。此外，他还常年资助贫困学生，累计捐出的款物价值已经超过百万元。

黔东南州丹寨县排调镇党干村党支部书记、黔东南州十三届人大代表龙明彪成立贵州省丹寨县锦鸡生态茶叶开发有限责任公司。实行"公司＋基地＋农户"经营模式，带动茶叶产业面积的拓展和茶园效益的提升，促进茶农收入增加，解决大量的剩余劳动力。推进生态移民进程，大力推出在丹寨金钟经济开发区就业的符合条件的城乡居民，一户人家解决一套保障性住房等一系列政策。

黔东南州岑巩县十五届人大代表、思阳镇岑丰村党支部书记吴昌益多方规划组织，帮助贫困户脱贫致富。第一，在种植业方面，推广种植新品种"杂稻"和各类果木，例如文旦柚、柑橘、杨梅、金秋梨、大板栗、水蜜桃等，在有限的种植范围内实现增收。此外，开展植树造林，开垦茶园基地，发动 30 户村民种植油茶 200 亩，有效改善当地生态环境的同时实现增收目的。第二，在养殖业和加工业方面，发展养羊、牛、鸡大户 5 户，建设茶叶加工厂，带动农户增收创收。第三，在民生事业建设方面，组织全村筹集人饮工程的资金，修建通村通组路，维修水渠架便民桥。如今的岑丰村 20% 左右的农户建起了小洋楼，家家户户通了水泥路，100% 的农户用上了自来水，电视覆盖率达 100%，村级林场、茶场承包年创收近 8 万元。全村人均纯收入达 5000 余元，人均占有粮食 500 千克，村级集体经济积累 350 余万元，全村存款 100 万元以上的农户有 2 户，30 万元以上的有 30 余户，有 15 户购买了车辆跑运输，有 73 户到凯里和县城购买了商品房。岑丰村这个穷山恶水的"三多村（贫困人口多、矛盾纠纷多、光棍小伙多）"已经蝶变成一个远近闻名的富裕村。

黔东南州从江县斗里镇马安村，十三届全国人大代表、十四届黔东南州人大代表韦祖英，创办从江花甲电脑绣花厂，带动村里妇女参加刺绣加工创业，2014 年，发起成立祖英民族刺绣合作社，培育刺绣骨干，帮助 200 多名家庭妇女实现"家门口"就业。合作社把布料和样品提供给贫困户，然后按计件方式回收成品或半成品，贫困户平时照管庄稼，闲时刺绣赚钱。马安村苗族刺绣实现了家庭手工作坊到市场规模化发展的转变。现在，村内 200 多人从事刺绣工作，37 户加工苗族刺绣服饰，刺绣产业年总产值达 928 万元，村里的"精品刺绣一条街"已成规模，村民们在家门口就实现了就业脱贫，韦祖英也从刺绣好手摇身一变成为带富能人。

黔南州福泉市人大常委会副主任、省州市三级人大代表黄昌亮自 2018 年以来，担任龙昌镇扶贫指挥部副指挥长，协调帮助云雾村发展了三家大型养猪场，养猪 3500 余头。同时，充分利用猪粪肥发展种植业，种植烤烟增加收入 800 余万元。同时，种植辣椒 2000 余亩，太子参 1000 余亩，为老百姓增加收入 500 余万元。此外，协调资金 20 余万元、水泥百余吨，建设云雾村扶贫工作点，帮助贫困户就地发展产业或者外出务工，逐步脱贫出列。

黔西南州普安县江西坡镇，省人大代表、贵州布依福娘茶叶文化发展有限公司董事长晁忠琼，利用自己多年来在茶产业发展上的优势，通过土地流转、合作经营、提供就业岗位等方式，运用企业化利益链接机制，组织贫困农户通过参与茶叶种植和生产加工，使村民成为茶农，帮助农产建立起脱贫致富的信心和决心。

黔西南州兴仁市李关乡鹧鸪园村支书余必丽，指导帮助当地群众发展养殖业，采取"分散养殖、集中销售"的形式养猪，该村养殖商品猪 3000 余头，商品牛 1500 余头，还养殖泥鳅。此外，发动群众把荒山流转过来，通过合作社示范带动，种植高钙苹果、葡萄等经果林示范点，发展绿壳蛋鸡养殖，带动更多村民发展致富。要发展什么产业，她先自己做，做出效益来让群众看到实惠，然后再把成形的产业交给其他群众去做。通过她的示范带动，鹧鸪园村蔬菜大棚种植、农特产品加工取得丰硕成果。聘请农业部门的技术人员做技术指导，在荒山上因地制宜，分片、集中种植精品水果，目前已种植 560 亩五星枇杷，500 亩核桃。无籽刺梨育苗 8 个大棚，规划种植 200 亩以上。利用鹧鸪园村自然地理环境优势，带头开办农家乐，带动全村农家乐大发展，为当地群众带来了可观收入。

安龙县普坪镇人大代表王明志，在香车河村因地制宜地发展玛瑙樱桃、烤烟、薏仁米产业，运用"基地＋协会＋农户"模式，增加农户收入。例如，他在解决种植户管理、加工、销售等各方面问题上都发挥了重要作用，促进村玛瑙红樱桃种植。现在香车河村有樱桃 1140 亩，分布在该村木满、坡老、硐广、巧洞 4 个村民组，种植户 210 户，丰收年份，亩产值可达 7000~10000 元，一个组年均收入 5 万元以上的可以达到四五十户，收入 10 万元以上的有五六户。

安龙县冗达村党支部书记，安龙县第十六届人大代表娄俊，组织返乡农民工创业联谊会打造冗达村特种养殖。协调和申报项目资金对贫困户进行补助，建成鸵鸟养殖基地 1 个，养殖鸵鸟 121 只；狮头鹅养殖基地 1 个，养鹅 2000 只；养蜂基地 1 个，生态蜜蜂饲养 100 余桶。与此同时，引进公司和组建农民专业合作社，流转村民土地建中药材基地，引导村民发展中药材种植。现已流转土地 430 亩种植苦参，帮助消除村民搬迁后留恋土地而产生的后顾之忧。

**2. 引领搬迁谋出路，发展壮大集体经济**

遵义贵州华源鹏矿业集团董事长黄忠平，主动投资 10 余万元帮助茅栗镇九龙社区、金山村发展集体经济。在 2018 年"百企联百村"结对帮扶行动中，九龙社区村集体经济精品水果产业获得该公司 8 万元的帮扶资金，如今在九龙社区和金山村内，村社的集体经济不断壮大，群众收入不断提升，在脱贫致富的道路上继续前进。

安顺市平坝区乐平镇塘约村党支部书记、现任第十三届全国人大代表和安顺市第四届人大代表左文学，按照区委提出的"强化基层组织建设、深化农村综合改革、壮大村级集体经济"工作要求，通过党建引领、改革推动、合股联营、村民自治，全力助推扶贫，带领全村党员群众，探索发展路径，突破发展难题，短短几年时间，村集体经济从 2014 年不足 4 万元发展到 2017 年的 312 万元，村民人均可支配收入从 2014 年的不足 4000 元增加至 2017 年的 11200 元。

安顺市西秀区杨武布依族苗族乡党委书记、省区乡人大代表周东兵，讲政治、树榜样、敢担当；抓班子、带队伍、促发展；破瓶颈、走新路、出实效。以"三权"促"三变"为抓手，建立与贫困户的利益联结机制，帮助杨武布依族苗族乡奋力摆脱贫困，走出扶贫新路，摘除省级重点贫困乡"落后帽"，成功脱贫 1027 户 4253 人，农民人均纯收入 5 年增长 2.14 倍[①]。杨武布依族苗族乡党委政府也先后获得"贵州省文明乡镇""全省五好基层党组织""全市五好基层党组织""全市扶贫先进集体"等荣誉。

---

① 2013 年，人均收入 4915 元；2018 年，人均收入 10525 元。

黔南州惠水县经开区明田移民安置点，全国人大代表、惠水县濛江街道新民社区党支部书记罗应和，认真细致落实移民搬迁的各项事务。从关注搬迁新房的各项功能，到为搬迁群众谋出路，他不仅是邻里的"百事通"，还是远近闻名的"靠得住"。成立移民后续发展公司、新民社区联合工会委员会、妇女联合会、团支部等组织，让搬迁贫困户真正成了城市新居民。

黔西南州兴仁市，贵州英华集团董事长、贵州兴诚华英食品有限公司总经理陈光英，2016 年与兴仁县（今光仁市）屯脚镇铜鼓村签订了"精准扶贫"帮扶协议，由公司出资 125 万元带领铜鼓村 764 户，2000 余人（其中建档立卡户 142 户，532 人）以土地流转的形式建立起双季早熟有机糯玉米和蔬菜补季种植产业示范基地，采取"公司 + 示范基地 + 贫困户"形成"五统一"模式，采取保底价组织营销，共同打造生态环保有机高产的绿色食品。请专家进行技术培训，无偿发放种子、农肥。通过铜鼓村示范基地的建设，辐射带动屯脚镇万亩早熟糯玉米和蔬菜补季种植产业发展。目前，示范基地的模式已初见成效，铜鼓村已有 90 多户村民实现减贫摘帽。此外，他还与马路河、平寨、坡脚、屯上等 8 个村（其中 3 个村为深度贫困村）先后签订了"百企帮百村"结对帮扶协议，带领 4006 户、20016 人（其中建档立卡贫困户 1130 户，3390 人）走出贫困。

黔西南州兴仁市李关乡鹧鸪园村支书余必丽，带领村支两委的干部与村民一边自筹资金搞基础设施建设，一边争取项目支持，壮大集体经济。现在的鹧鸪园村已经全面实现了水、电、路、电视和网络的"四通"，全村 25 个村民组的通组路基本实现了硬化；机耕道、串户路全部打通，群众下地干活更加便捷、高效；全部消除了危房，并对房屋进行了美化、亮化，老百姓的生产生活环境得到了极大改善。

### 3. 多途径发挥引领作用，脱贫致富有保障

（1）扶贫路径多，人大代表领好头。

遵义市播州区黄大发，百折不挠修水渠，精神感动全中国；湄潭县王建明，发展专业合作社，种稻养鸭保增收；习水县宋川江，改造老街劳苦功高；习水县刘小勤，先养猪后办厂，种烟要种有机烟，远程教育搞培训；习水县何本恩，代理服务开窗口，承包土地搞种植，协助村民搞养殖。此外，田景高在凤冈县建环保绿色平台，发展绿色扶贫经济；龙运海在锦屏县建创业电商平台，推动黔人黔货走出大山；苟小琴在赤水市老城区办接待站；简传刚在遵义市修房筑

路送温暖，反哺家乡做贡献；张玲在务川县治理"王海坝"，修建"连心桥"，种烟、种茶、种菜、种核桃，同时发展养羊、养牛、养猪和养鸡；李建举在余庆县打造千亩桃花山，发展养猪、养鸡、养牛场；雷丰富在关岭布依族苗族自治县流转荒坡种水果，创建手工饰品厂，产销一体保证创收。

安顺市西秀区严章福，把昔日的"烂泥沟"变成了今日的"兴隆村"；包爱明，捐资出力建民生工程，还亲自上任当扶贫村主任，通过产业助推乡村振兴和产业革命；普定县张林松，化矛盾解纠纷，搭建民心桥，寻找致富路，鼓励支持搞种植；普定县梁明霞，守好绿色生态线，种林木，学习加培训，沟通加算账，种植养殖搞产业；普定县伍廷辉，种果林、种蔬菜、种茶种烟种药材，修路建桥建广场，整治土地搞农田，水利设施项目推进功不可没；上关镇丰瑞高，发补助、管吃水、抗旱救灾、协调水田育秧，件件事紧扣民生民意；紫云苗族布依族自治县韦朝勇，十多年坚持修路修水利，多条建议促进经济社会发展；紫云苗族布依族自治县刘光学，既是桥梁又是示范，身体力行动员、组织全村发展产业，种植养殖、加工厂、沼气池、建小学，还要化解矛盾、筹措资金、落实工作；紫云苗族布依族自治县王跃，办好事，办实事，"输血"与"造血"结合，解难与帮富并举，一心一意投身扶贫。

黔东南州黄平县袁金华，发展专业合作社，发展产业为贫困户脱贫带来希望；锦屏县杨通平，成立专业合作社，原生态喂养有方法；锦屏县王代金，发挥医术治病救人，培养人才普惠一方；台江县张平，通过建筑事业带动脱贫致富，资助贫寒学子圆大学之梦，垫资修基地展演民族特色。

（2）各地优秀事迹展。

遵义市湄潭县茅坝村农产品专业合作社法人、茅坝龙脉皇米有限公司董事长、湄潭县第十六届人民代表大会代表、县人大常委会委员王建明，积极响应全县扶贫工作的号召，主动承担社会责任，发挥企业结对帮扶的优势，对复兴镇大桥村、茅台村、高岩村等3个贫困村，永兴镇所有村、高台镇所有村的贫困户免费发放优质鸭苗48000余羽，并与农户签订保护价回收协议，涉及农户400余户，帮助农户增收150余万元。同时，在县委、县政府及相关部门的统筹安排下，对复兴镇大桥村，永兴镇中华村、茅坝村、分水村开展产业帮扶，发展优质稻，实行保护价高价回收，消除农民后顾之忧，提高农民种粮积极性。同时，在企业生产运营活动中，优先吸纳安排当地有劳动能力的贫困户到企业就业务工，实现贫困户就地就业脱贫。

遵义市、习水县两级人大代表，习水县东皇镇府西社区党支部书记宋川江，时刻牢记联系群众，履行代表职责。自2006年开始，紧紧盯住合理保护和开发老街的问题，连续4年在县人大会议上针对老街的规划建设提出建议。2009年，习水县委、县政府采纳了他的建议，学习重庆市磁器口古镇的运营模式，规划将老街作为红军街进行打造。

遵义市播州区平正乡团结村老支书，贵州省第十三届人大代表黄大发，当村干部40多年，有36年时间用在修建水渠上。1995年，这条在峭壁悬崖间挖出的近10公里的"天渠"（主渠长7200米，支渠长2200米）终于完工，为3个村10余个村民组基本农业生产和生活提供了保障条件。

遵义市凤冈县田景高，带领县人大代表，围绕"绿"字履职责。围绕县委提出的高扬生态、绿色理念的总战略目标，在维护饮用水源、遏制对森林资源的恶性破坏、维护绿地生态环境等方面发挥了很好的监督作用。组织新任人大代表开展专题学习、考察培训，还委托各乡镇人大开展各种形式的培训活动，增强基层代表扶贫的责任感和使命感。

黔东南州、锦屏县人大代表、人大常委会委员，贵州掌上云科技有限公司执行董事、共青团贵州省委驻重庆市工委副书记、黔东南州电子商务协会会长龙运海，先后创办了重庆蜀都农产品股份合作社、重庆市璧山区秒易科技有限公司、贵州掌上云科技有限公司，结合自身岗位，从多方面致力助推扶贫。一是着力开展电商扶贫行动。组织带动锦屏、黄平、三穗等县建设了500多个村级网点，招募600多个电商网点合伙人，提供了1200多个创业就业岗位，500多个贫困户实现增收目标。利用中药材基地、合作社、美丽乡村等和电商相结合，为27户贫困户平均年创收2000多元的红利。探索形成了"一店带多户""一店带一村""一店带多村"等电商扶贫模式，采取"互联网＋党建＋基地＋合作社＋企业＋贫困户＋电商"等利益联结机制与模式，打造了集农业观光、体验、便民服务和乡村旅游等于一体的电商扶贫示范村。二是助力搭建创业就业平台。联合并充分利用省春晖行动发展中心资源，深入高校进行宣传、推介，举办"三创"大赛，收到50多所院校及100多个企业842个团队和个人的参赛作品400余件，激发创业群体的创意潜质，把好的创意、好的产品与企业、金融资本融合起来，让创意变成商品，利用互联网让"黔货"出山，同时激发全国各地的优秀人才来黔东南州创业就业的热情。三是打造"黔货出山"和"贵人出山"模式。针对"黔货"，分别在杭州、重庆、贵阳等地建立农产品体验店 10 个，在黄平县极贫乡镇谷陇镇建立电商扶贫示范店 10 个，协调解决资金问题，打开农产品外销市场。积极推行"电商＋贫困户＋合作社＋企业＋基地"等利益联结机制，促进农特产品与电子商务有机融合，打造网上商城特色馆、产业带。现在，锦屏的牛肉、黄平的桃子、三穗的金秋梨、天柱的腊肉等特色农产品卖到了全国各地，实现线上、线下交易额 1.2 亿多元。针对"贵人"，通过创办阿拉丁职业培训学校和校企合作方式，实现"毕业即就业"的社会效果。近两年来，共举办培训班 150 余场次，培训 15000 余人，其中贫困人口 2000 余人，带动 1000 余贫困人口分别到外省市创业就业，打造"贵人出山"新扶贫模式。四是不忘社会服务工作。他始终惦记着边远村寨因学、因灾、因病致贫的人群。近年来，其通过联系渠道先后为火灾、洪灾受灾地区捐款 20 余万元，联合锦屏电商协会党支部，每年重阳节走访慰问贫困老党员活动，通过共青团组织渠道联系企业为天柱竹林小学捐赠衣物、被褥 994 套，资金 27 万元。

遵义市人大代表、赤水市人大代表苟小琴，对待居民群众亲和耐力的性格，"矛盾不上交，一定在社区内解决"的工作态度。2012 年 9 月遵义市老城社区成立了人大代表接待群众工作站后，苟小勤共组织参加接待群众 125 件次，解决的问题和办的实事有 28 件。例如，龙景中央国际反映建筑施工用水收费标准为每立方米 5 元，用水方认为十分不合理。反映到社区人大代表接待群众工作站后，苟小勤及时联系市城管局和自来水公司到社区与用水方面对面座谈，最后达成每立方米 2.5 元的合议。像这样的问题还有很多，登记簿上登记的群众反映问题有六七十件，而没有登记即时解决的只会更多。由于工作表现出色，苟小勤年年都是市中办事处优秀党员，2012 年还获得赤水市五星级党员称号。

遵义市石板镇茅坝村人、播州区人大代表、南江贸易公司董事长简传刚，不仅积极为政府工作出谋划策，还通过自己的努力帮助群众解决实际困难。从 2006 年开始，捐资为当地小学修围墙、盖屋顶、修门窗、添置体育设施、办爱心食堂、给小学生送运动鞋、为敬老院和幼儿园送燃煤，资助贫困大学生圆大学梦。此外，帮助石板镇茅坝村修路，建沼气池；帮助西坪镇修路；安装水管等，为民办事服务群众的事迹有很多。随着公司业务拓展，他还为家乡剩余劳动力寻找、提供就业岗位，为地方财政税收做更大的贡献。他通过实际行动反哺家乡、反哺社会，使人生价值得到最大体现。

遵义市务川仡佬族苗族自治县兴隆村总支书记、务川仡佬族苗族自治县第七届人大代表张玲，寻找贫穷根源，千方百计帮助群众解决问题，积极争取省党建扶贫的政策投向兴隆村，争取"一事一议"财政奖补和石漠化治理等相关政策投向"王海坝"，为大规模治理王海坝奠定基础。争取 500 多万元土地整治资金，修建王海坝井字形排洪渠、井字形网管、机耕道、小水窖等，700 多亩过去颗粒无收的"光坝坝"变成了旱涝保收的良田好土，彻底改变了整个村庄的生产生活环境。争取资金修建配套工程、产业路、农网改造，修建"连心桥"，做好兴隆村产业扶贫规划，围绕全县提出的"六个一"产业扩大生产。烤烟发展 2500 亩，种植茶叶 600 多户，1300 亩，种植核桃 3600 亩，发展金银花 1200 多亩，领办蔬菜基地一个 200 亩。抢抓退耕还林、产业扶贫等政策机遇，组织群众发展核桃 101 户、2600 亩，主要集中在彭家沟和漆树湾。建设畜牧二级羊种繁殖场，带动农户发展养羊业。此外，村干部带头养牛、养猪和养鸡。张玲还组织有关单位为留守儿童送书包、为 65 岁以上老人义诊、慰问空巢老人等。

遵义市习水县良村镇、习水县第十五届人大代表刘小勤投入资金 300 余万，流转土地 10 余亩，创建养殖场，带动周边百姓从事养殖。在他的示范引领下，良村生猪个体养殖户从最初的 40 多户发展到如今的 100 多户，全镇生猪养殖产值也增加到 3000 多万元。他投资 100 万元，在良村镇良村村兴建坪上福利免烧砖厂，解决了当地 35 人就业。良村的企业从最初的一两家发展到后来十多家，产值增加到 5000 多万元，农民生活质量得到明显提高。2012 年，新建 100 立方米的沼气池 2 口，并将能源提供给周边群众；主动和镇政府联系，将猪粪用于良村镇有机烟叶示范基地，既降低了环境的污染，还充分有效利用资源，为农民降低了成本。2013 年，投资 500 余万元的良村镇远程教育示范基地建成并投入使用，成为全县 26 个农村实用人才培训基地之一。

遵义市习水县良村镇大安村党总支副书记、良村镇第六届人大代表何本恩设立代理代办服务窗口，专门为留守儿童和空巢老人代理代办业务。几年间，他共代理代办了 120 件，基本解决了农村弱势群体办事不方便的难题。积极主动同村支两委一道探索大安村的发展之路，牵头、鼓励并协助村民养殖致富，带头承包土地搞种植。在他的带领下，村民收入得到增加。

遵义市余庆县龙溪镇人大代表李建举着力打造芝州千亩桃花山，培育发展养殖大户，打造老阳坡新农村建设高规格示范点。在他的精心组织下，新发展兴隆养猪场等 2 个养猪大户、文江养鸡场等 8 个养鸡专业户，健兴规模养牛场 1 户；桃园从 2010 年的 200 亩增至现在的 1200 亩；老阳坡新村纳入省级高规格示范点建设，干部群众都称赞他是敢想、敢干、敢为的好干部。两年多时间里，他提出建议 6 条，其中岩上土地整治、苦李坪公路等 5 条建议案已得到落实。在向上级积极争取项目为群众解决困难问题的同时，他还自己掏腰包帮扶 5 户贫困户、1 名贫困学生，被群众称为我们的贴心人。两年多来，李建举同志和村支两委一道，团结带领广大人民群众解放思想、开拓创新、奋力拼搏，为芝州村的经济增长方式转变奠定了坚实的基础，为实现转型和跨越创造了良好的条件。

安顺市关岭布依族苗族自治县人、市县人大代表、关岭丰富生态农业发展有限公司董事长雷丰富流转八一村萝卜堡林场土地 300 余亩荒坡，投入资金 540 万元，建立精品水果种植基地，将昔日的一片荒坡变成了如今的一片果园。目前，公司已在八一村萝卜堡林场种植晚矮柚 100 亩、蜂糖李 110 亩、三红蜜柚 100 亩和土鸡养殖场 1 个，并带动家乡 60 余贫困人口务工，增加收入。此外，在木城村流转土地 100 亩种植矮晚柚，采用"公司＋基地＋村集体＋农户（贫困户）＋互联网"的经营模式；在郎宫村流转土地 70 亩种植矮晚柚，采用群众提供土地入股的方式，由公司负责提供果苗技术和资金，由农户成立合作社来管理等，探索"公司＋合作社＋农户"的运营模式；在八一村和上关镇分别建成 50 亩的苗圃基地，与农户签订供苗合同，在供苗的同时提供种植技术支持，并承诺在种植后期帮助农户寻找销路，从而实现技术管理、跟踪服务与产销保障的一体化；在关岭青年创业园引进义乌三剑饰品厂并在关岭成立关岭三剑饰品厂，义乌总部负责接单设计研发和销售，从义乌把半成品发到关岭，关岭负责代加工做成成品后发往义乌总部出口，截至目前已带动了关岭 85 个闲余劳动力的就业，每月支付员工工资 20 余万元。在关岭布依族苗族自治县"千企帮千村"精准扶贫行动推进会上，受聘为断桥镇民族村荣誉村主任，在关岭青年创业园的"三剑饰品厂"安排一部分岗位满足有劳动力的贫困人员就业；同时，在易地扶贫搬迁安置点和民族村开设"关岭三剑饰品厂"分厂，把工厂开到贫困户的家门口，为他们提供就近务工的机会，并协助民族村发展种植养殖产业，为全村村民脱贫增收提供产业帮扶和技术支持。

安顺市关岭布依族苗族自治县人大常委会环资委主任汪明富探索完善人大代表的监督工作方式和方法，围绕扶贫，对发现的问题深入研究，准确把握问题实质，积极建言献策。2017年，下派进驻大桥村第一书记，先后协调进入该村实施的项目达数十个，争取资金800余万元，有力助推大桥村的扶贫工作。在基础设施建设、农村环境整治、异地移民搬迁、产业发展、环境保护等方面都有很多作为。例如，在种养殖业方面，建设精品水果基地，引进资金200万元种植金刺梨1700亩，协调退耕还林项目到大桥村发展刺梨种植800亩。协调组建大桥村富强种植专业合作社，进行规模化蔬菜种植基地建设，结合全村实际，制订大桥村产业发展规划，种植花卉、精品水果、刺梨、紫薯、生姜、牧草、高粱等。协调财政扶贫资金72万元，动员100户贫困户养鹅。为解决销路问题，引进贵州利林达生态农业开发有限公司，在县产业园特色食品园区投资1582.8万元建设鹅肉加工厂。在手工艺方面，邀请贵州理工学院专家对布依族蜡染加工设备及工艺进行研究，改进加工工艺及设备，扩大蜡染生产规模，增加农户收入。在组织管理方面，深入村组，在田间地头与农户、村干部倾心交谈；走访所在村老干部、老党员、经济能人，掌握村庄资源，了解群众发展需求和愿望，分析制约经济发展的原因，并且在调查过程中宣传党的惠农政策。收集、整理、核对贫困户信息和档案资料，做到信息准确、档案资料库齐全，整理规范；密切联系帮扶单位，推动大桥村的扶贫工作，探索帮扶方案和措施。

安顺市普定县鸡场坡乡党委书记伍廷辉自2011年被选为安顺市、县、乡三级人大代表以来，在红岩村、果骂村、羊场村、鸡场村等公路沿线13个行政村引导群众规划种植经果林和打造蔬菜种植基地，到2019年，全乡共完成经果林种植7000余亩，茶园面积17000余亩，烤烟种植5400亩，中药材种植2300亩，白桥村特色米种植400余亩，开辟了群众增收致富的门路。对道路桥梁、文化广场、景观河道的修建，对土地整治、高标准农田、小农水以及各项社会事业基础设施等建设项目的顺利推进都功不可没。

安顺市普定县补郎乡木浪村党支部书记、普定县第十六届人大代表张林松虽然只有初中文化，但是特别勤于学习。3年来，张林松在各项工作中充分体现出"想民、为民、利民"的作用，有针对性地进行个人调研10余次，为进一步做好人大代表和本职工作加了油、鼓了劲。他联系选民，倾听群众呼声，经常走访并征求意见和反映，化解矛盾纠纷，确保社会稳定，经常深入农户家中做思想工作，他所在选区没有群体访和越级访现象发生。他着力关注民生，搭起民心桥梁。为了共同致富，他大力发展产业，带头种植桔梗 80 亩、核桃 110 亩，还鼓励和支持党员张厚发种植黄梨 50 亩，为农民增收带了好头。

安顺市普定县人大代表、县人大常委会副主任梁明霞担任普定县绿色生态建设工作指挥部常务副指挥长，配合县委副书记主抓全县退耕还林全覆盖工作。他带领指挥部的同志们，加班加点，足迹踏遍了全县 12 个乡、镇（街道）172 个村（居）退耕还林的每一个小图斑上，提前超额完成了全县退耕还林全覆盖种植任务，共 18.8 万亩，同时发展水果种植，提高山林经济效益。为发动农户种植热情，深入村组召开村组干部会、群众代表会、院落会，深入老百姓家中，促膝谈心。针对调减玉米种植结构，发展韭黄种植和食用菌、养兔等产业，和群众算经济账；组织代表在县内化新村等地参观学习，开展技术培训等，有效破解了贫困户产业脱贫中的心理和技术问题。作为县级领导，他联系挂帮 4 个村和 9 个贫困户。每个月到帮扶联系村和结对帮扶贫困户家中调研走访，掌握村情民意，帮助他们理清发展思路，制订脱贫计划、落实帮扶措施。例如，他帮助猫洞苗族仡佬族乡猫洞村发展交通运输业、茶叶产业和生猪养殖业，落实贫困户基本医疗保障、就读补助、产业发展收益和分红等"两不愁三保障"政策措施，帮助全村实现了脱贫。

安顺市上关镇人民政府主要领导，安顺市第二届、第三届人大代表丰瑞高热心接待群众来信来访，使群众反映的问题件件有回音、事事有答复，让群众满意。例如，帮助下关等村群众完成退耕还林的补助发放；解决落哨村长冲组群众几十户人家没水吃的问题；在 2009 年的抗旱救灾工作中，到邻近的关索镇龙潭村鸡场平组为农户协调水源较好的水田来育秧，确保群众能够小季受灾大季补，保证了群众的粮食安全。6 年来，他共向市人大常委会提交了 15 件建议，这些建议件件紧扣民生民意。例如，他连续两年提出的"维修上（关）乐（安）公路"的议案得以实施，彻底解决了上关镇落哨片区 5 个行政村、1500 多户、7000 多名群众的行路难、乘车难问题，同时还将有力加快该片区农业和农村经济社会的发展步伐，加快乐安温泉这个旅游景区的开发速度。又如上关镇工程性缺水现象比较严重，他提出"在上关镇新建水库，解决落哨片区工程性缺水问题"的建议引起了市、县水利局的高度重视，并于 2019 年编制了上关镇水利工程项目申报书。

安顺市紫云苗族布依族自治县人大常委会主任，省、市县三级人大代表韦朝勇十多年坚持到农村、到企业、到群众中去了解掌握第一手资料。达帮乡是韦朝勇的联系乡镇之一，是紫云、望谟、镇宁三县交会之处，2004 年以前，5个村未通公路，是有名的落后乡。他协调市、县有关部门支持，硬化政府驻地街道，修建农贸市场和通村公路，使该乡经济发展加快。10 年来，他协调项目40 多个，资金 1000 多万元，兴修交通水利基础设施帮助基层群众改善基本的生产生活条件；在省人代会上提出了 30 多件建议，有力地促进了紫云的社会经济发展。

安顺市紫云苗族布依族自治县松山镇党委副书记、镇长、人大代表韦朝府充分利用在基层工作的条件，经常深入企业、深入农村调研，了解县内重要工程项目实施和企业生产经营、农业农村农民情况。帮助火花乡蔬菜种植，现该乡蔬菜产业规模正在逐步扩大，产业质量逐步得到提升，可以说是一条建议搞活了一个产业，推动了一方发展。6 年来，韦朝府在出席市人代会期间提出的《关于出台农村公益性事业占地补偿政策的建议》《关于同步实施农村广播电视"村村通"工程的建议》等 10 余条建议，都得到市人民政府及有关部门的高度重视，所提建议都得到落实或正在落实中，一些事关地方经济社会发展的问题得到有效解决。

安顺市紫云苗族布依族自治县板当镇丙贡村党支部书记、来自扶贫第一线的乡镇人大代表刘光学发挥人大代表联系群众的桥梁纽带和示范带动作用，身体力行地动员和组织全村群众发展产业脱贫致富奔小康。他为丙贡村的基础设施建设上下奔波，四处联系，想方设法改善全村的交通面貌。他带领全村种植烤烟、茶叶、核桃，筹资办茶叶加工厂、养殖场，建沼气池。他积极为扶贫项目、产业发展、组组通建设、矛盾化解等筹措资金，落实工作，帮助贫困户和弱势群体在扶贫政策的帮助下得到实惠。

安顺市紫云苗族布依族自治县四大寨乡人大代表王跃身影遍布四大寨乡牛场、冗厂、猛林、晒瓦的村村寨寨，披星戴月、风雨兼程，把结对帮促的群众当亲人、当家人、当朋友，带着深厚的感情搞帮促，重点围绕解决衣食住行、就医就学就业等具体实际困难，力所能及地帮助解决子女上学、落实生产物资、帮助制定发展规划等方面的实际问题，帮促群众办一些看得见、摸得着的实事好事。结合帮促对象的需要，坚持"输血"与"造血"相结合、解民困与帮民富并举，帮助帮促对象增强发展信心、找准致富路子、提高致富能力，切实做到"老乡不小康，帮促不脱钩，责任不解除"。

安顺市西秀区岩腊学校教师、乡人大代表谭滢在扶贫工作中，积极走访各村组，上门动员适龄儿童入学，对因病因残的学生，主动开展上门教学，对其他教师起了示范带头作用，有效地推进全乡教育扶贫工作的开展。

省人大代表、万绿城集团董事长，安顺市西秀区鸡场乡、新合村、连兴村三个贫困村的产业扶贫村主任包爱明利用集团优势，近年来为各级扶贫、赈灾、见义勇为、城市基础设施建设等事业捐助资金超过 2000 万元。2013 年，他来到西秀区鸡场乡，帮扶联兴村、新合村、鸡场村 3 个贫困村，担任了 3 个村的"扶贫村主任"。通过"市场主导、产业扶持、基地带动"的模式发展产业，因地制宜设立绿色产业基地，引导贫困群众种植绿色生态农产品、养殖绿色生态家禽，把扶贫生态种植养殖产品变成贫困群众手中的"提款机"，让更多贫困户早日把腰包鼓起来、贫困帽子摘下来、日子过得火起来。通过产业帮扶，万绿城集团初步找到了一条助力扶贫、助推乡村振兴和产业革命的有效措施。

安顺市西秀区七眼桥镇兴隆村党支部书记严章福 1986 年 7 月当选村委会主任，从那时起他就开始努力带领全村人走向致富路。2011 年市区镇三级人大换届，他当选为市、区、镇三级人大代表，在他的带领下，昔日的"烂泥沟"变成了今日的"兴隆村"。他走村串户了解村情民情，多方奔走争取资金，组织村民投工投劳，打通消水洞，排除污水，彻底解决泥滑烂路问题。不但顺利解决了兴隆村的人畜饮水和生产用水问题，而且申请项目资金的支持，组织新修了办公大楼、老年活动中心、篮球场，并安装了健身器材，丰富了村民的精神生活，推进文化繁荣发展。同时，还修了机耕道、引水渠、拦河坝，方便村民进行农业生产；自主创新，组织村民大面积扩修路，进行村庄规划。2012 年，兴隆村作为省级新农村"百村试点村"，通过整合村内危房、老房基等，统一规划利用，盘活闲置的集体资产，连续获得了省、市、区先进多种表彰，兴隆村也荣获省级文明村寨荣誉，村党支部也被评为区级先进党支部。

毕节市威宁彝族回族苗族自治县人大代表、迤那镇五星社区党支部书记李仁兵以组织群众为抓手，通过创建"三级自治"管理机制，用好"村社一体"带富群众，抓好"产销互动"维护群众，让群众都团结到扶贫中来，拧成一股绳，大家一起干。

黔东南州黄平县野洞镇万丰村党支部书记、黔东南州人大代表袁金华带领村"两委"班子、党员代表及村民代表牵头成立了万丰村辉煌农业发展专业合作社。全村5个合作社，每年需要大量劳动力，仅支付人工工资一项就达25万至28万元。光村里的合作社就基本解决了55岁以上不能外出打工的30多个村民的就业问题，特别是在家的妇女，通过劳动增加收入，不仅解决了她们的就业问题，也让贫困农户有了脱贫的希望。通过努力，村集体经济得到了壮大，突破30万元，产业全面覆盖254个贫困户，为扶贫打下坚实的基础。

黔东南州锦屏县人大代表杨通平带领地茶村村民共同走上致富道路。几经挫折之后，2015年他返乡创业，动员村民共同出资30万元，注册成立了"锦屏县八龙畜禽养殖农业专业合作社"。他把"原生态"作为合作社的发展理念，采用"原生态5个加"①特色喂养方法，巧妙结合传统养殖方法和现代养殖理念，保证猪肉品质。在资金筹措方面，他通过镇人社中心及时了解政策，申请小额担保贷款，同时鼓励贫困户入股分红，扩大合作社规模；在生产技术方面，邀请专业兽医技术员入社，进行专业技术指导；在经营模式上，探索"党员＋贫困户＋合作社"道路，取得村民信任，促进了发展规模的扩大与发展速度的提升。此外，他还充分利用"大数据、大健康、大扶贫"等平台，拓宽黑毛猪销售渠道，把家乡的原生态猪肉送出大山，保障了农户的收益。

黔东南州锦屏县人、黔东南州第十四届人大代表、锦屏县中医院风湿病专科主任医生、省级名中医王代金立足岗位，运用高超医术，用心血倾注健康扶贫。他不仅仅在本县多次下乡，还兼顾和接待全国各地慕名而来求治的患者。他坚持走"造血式""开发式"健康扶贫的路子，努力将"输血"与"造血"相结合，向贵州省中医管理局成功申报了风湿病专科（省级重点专科）、针灸理疗康复专科（国家"十一五"专科）、中医急诊科、中医大药房四个建设项目，凭借自身的医术和号召力，组建风湿病专科（省级重点专科）医疗团队，开展系列风湿病、肾病等教学、诊疗服务工作，有效减轻了群众的经济负担，从根源上解决贫困患者因病致贫、因病返贫、贫病交加的问题，为锦屏医疗卫生事业做出积极的贡献。他利用锦屏县医改"1+4"模式，不断整合新的资源，积极主动参加县里举办的《周末大讲堂》医疗卫生知识讲课。他言传身教，不断提

---

① 即"青绿饲料＋煮熟＋原粮＋山地运动＋音乐"，结合传统与现代养殖方法和养殖理念。

高乡村医务人员的综合素质、管理能力和专业水平，并多次组织学生深入偏僻、穷苦的农村地区开展义诊活动，为那些饱受风湿病痛折磨却看不起病的贫困患者送去康复的希望。据不完全统计，近两年来，王代金带领学生救治的风湿病和其他疑难杂症贫困患者达 1000 余人次。

黔东南州台江县召反排村人，台江县第十七届县人大代表张平帮助反排村贫困户走出困境，鼓励村民外出务工，组织贫困户加入合作社，入股建筑施工队，目前带领 30 多名群众从事建筑业，平均每年增加收入 3 万余元。为了带领反排村尽早走出脱贫之路，2017 年开始他为村里贫困学子张艳红进行捐资助学，让贫寒学子圆大学之梦。为了加快反排村的民宿发展，张平个人垫资开展反排木鼓舞传承基地的场地建设，现已经平整出 1300 余平方米，满足反排苗族文化博物馆建设用地的需求，并积极向上级部门申请 10 万元，用于购买旅游接待的长桌宴 50 套、舞台高配音响一套、芦笙和木鼓数套，完善反排民宿旅游接待能力建设，很大程度上提高游客的满意度。

## 五、贵州省人大代表参与扶贫经验总结

为充分展现扶贫事业中人大代表的风采，贵州省内各级人大代表用真实而富有深意的行动不断阐释着共同解决贫困问题的意义与价值。在这个过程中，寻找新方法、探索新途径是人大代表参与扶贫的特色，也是人大代表扶贫工作的经验之谈。从宏观层面来看，不论在文献资料中，还是在新闻报道里，各级各地人大代表在扶贫实践行动中的事迹随处可见。分层级、分区域、分行业地进行梳理对比工作，综合区域特色，可以制作一张完整的人大代表扶贫成就图。通过这张图，人大代表及其事迹的分布一目了然。这既是对现有工作的一种总结，也可以继续进行进一步的比较分析。把各地人大代表的工作方法路径、工作重点难点、突出人物和事迹等汇集起来，既有利于鼓舞士气，也有利于相互学习，取长补短。在将来的工作中，可以相互学习共同进步，为将来更为出色地工作添信心、找路子、增动力。

现代人文社会科学研究不断吸收自然科学的研究方法，不仅延续传统的定性研究方法，而且越来越重视定量分析。因为量化分析也能从整体上反映事物的特征和发展变化的规律，在人文社科研究中，可以开阔视野、开拓研究思路

和计量分析成果。针对人大代表扶贫实践的举措，运用具体数字，展现人大代表扶贫的成效，对于客观全面地认识人大代表脱贫工作成绩具有重要的作用。作为一个特别的群体，人大代表在扶贫工作中创造业绩和发挥作用的事例，可以说不胜枚举。人大代表就在每个人身边，为了加强对人大代表助力扶贫的事迹的宣传，促进交流，塑造正面形象，主要从两个方面入手。

从人大代表自身的角度。在微观的层面上，通过观察访问、实地调查，可以生动具体展现贵州省内各级人大代表在推进脱贫致富过程中的所作所为。每一个人大代表都是一个鲜活的个体，通过人大代表鲜活的故事、实践的成绩和具体的数据，充分展现人大代表作为扶贫的"宣传员"，动脑、动嘴加动手，在扶贫事业中做好扶贫政策的宣传工作、解释工作和动员工作；作为扶贫的"实践者"，亲力亲为，身先士卒，在各行各业中发挥引领带头作用，在扶贫事业中发挥"正能量"。

从普通百姓的角度。人大代表来自各行各业，在不同地域、不同层级和不同职业中都有相关的突出人物。从老百姓角度，从日常工作的细节中，也可以反映人大代表的所作所为，清晰地展示他们在扶贫战役中的风采。世界上没有"完人"，也没有"超人"，在"发挥代表优势开展脱贫政策宣传、监督寓于服务、积极参与谋划，围绕精准扶贫献计献策、突出引领示范，在扶贫中树立代表榜样、密切联系群众，积极开展结对帮扶工作"①的过程中，人大代表与普通百姓天天有接触，日日有交往。所以，从普通百姓的眼中和口中，亦能清晰了解人大代表，而且这些形象生动具体、自然亲切。

总之，在当今中国，扶贫是人人参与的伟大事业。作为一个具有特别身份的群体，人大代表利用各自的优势，展现才华，做出了重要贡献，但是相关研究，特别是在理论提升方面却显得滞后。现有研究中存在报道的数量和质量不够、视角和方式单一、宣传效果不佳等弊端。针对已经出现的问题，充分认识到人大代表的作用，促进更多的人大代表在扶贫战役中建功立业、展现才华，心系普通百姓，共创美好未来，针对人大代表助力扶贫事业研究的新方法和新路径已是时代的需要、人民的心声。

---

① 张小勇，李志杰，黄婧.扶贫路上的生力军——阿拉善盟各级人大开展"万名人大代表助力精准扶贫"活动纪实[J].内蒙古人大，2018（12）：30-32.

扶贫战役打响以来，贵州省各地各级人大代表不仅充分发挥建言献策、督政指导、联系群众的作用，而且利用自身工作特点和专业优势，积极投身于反贫困事业中，不仅从推进制度、政策层面，而且以经济社会建设为中心，多途径助力扶贫工作，为我们的精准脱贫事业做出了突出贡献。

（一）发扬实干精神促脱贫，是贵州各级人大代表取得业绩的主要特色

身处领导岗位的人大代表，加强督导和问责，统一部署，亲自带队开展视察、调研和学习提高，加强思想、组织和制度建设，统一思想，夯实履职基础，加强督导和问责，确保政策制度落到实处。而基层人大代表则充分结合地方实际条件和状况，亲力亲为，发挥各自优势，投入扶贫战役第一线。在这个过程中，有无数感人至深的场景、生动鲜活的人物以及熠熠生辉的丰硕成果。有人大代表群体的共同业绩，也有人大代表个体的突出贡献。

（二）建设履职平台促脱贫，是贵州各级人大代表取得业绩的重要渠道

新时代人大代表扶贫成就斐然，与各地人大代表履职平台的建设紧密相关。人大代表履职平台的建设，突出发挥了各地人大代表的积极作用。各地建立的人大代表扶贫平台，例如，工作站、联络室、联络站、"联合之家"等，为联系和帮助群众提供了更为便捷的途径，有效提升了扶贫效率，也是人大代表的扶贫"加油站""前哨站"和"服务站"。

（三）加强党群联系促脱贫，是贵州各级人大代表取得业绩的重要举措

只有加强与群众的联系，才能在激发贫困群众内心中"我要脱贫"的信心之时，打消他们对外在帮扶的那种"要我脱贫"的疑惑。各级人大代表不仅深入田间地头与群众交流经验，探索农村经济社会发展路径，而且通过宣传会、座谈会等相对集中的方式，广泛交流经验，收集意见建议，充分发挥人大代表的引领作用，激发农户的内生动力。

（四）发展特殊产业促脱贫，是贵州各级人大代表取得业绩的重要抓手

反贫困举措多种多样，产业扶贫作用巨大。脚踏实地从种养业开始发展各种特色产业、移民搬迁和生态农业，促进经济发展与生态建设同步进行，同时不断尝试农户增收新路径；建立各种模式带动发展，成立合作社等新型农业组织，加快农村现代化步伐，壮大集体经济为农村持续发展奠定坚实基础，建立利益联结机制吸引更多社会力量加入，形成扶贫全社会广泛参与等经验路径大探索、体制机制大建设，人大代表的新时代风貌近在眼前。

（五）加强舆论宣传促脱贫，是贵州各级人大代表取得业绩的重要方法

针对人大代表扶贫工作的宣传工作，安顺做得比较好。在安顺，从事扶贫的人大代表的事迹得以广泛宣传。人大代表扶贫的实例，成为电视、广播、报纸等媒体争相报道的明星事迹。在人大代表扶贫的报道中，安顺的宣传从平面媒体到立体媒体，从书籍到文章，图文并茂，做到了全面宣传。专门针对人大代表扶贫先进事迹的采集、编辑和摄制，通过电台、媒体播出，一个个来自基层一线的代表，一件件履职的经历，一桩桩生动的事例，让老百姓进一步地认知和了解到"人大代表"这个群体，知道人大代表是党和政府与老百姓的和谐之桥、连心之桥。扶贫事业，是伟大的事业，人大代表作为人民群众与党和政府的桥梁和纽带，在扶贫事业的宣传和报道过程中，不应缺席。报刊有文、广播有声、电视有影的宣传态势，才能在世人面前全面树立起人大代表应有的光辉形象。

# 第四章　贵州省生态扶贫事业的地方案例

从整个中国经济社会发展的情况来看，贵州属于较为落后的省份。为贯彻重要生态脱贫的总体方案，充分利用中央的政策倾斜，贵州省政府结合地方自然环境特色，变弱势为优势、变被动为主动，制定并颁布了《贵州省生态扶贫实施方案》，重点实施几大扶贫工程：退耕还林、生态补偿、生态护林、生态商品林、生态移民。加快扶贫点和贫困地区的组织领导和工作机制等各项工作，从政策和资金两个方面入手，落实重点解决就业、开展与民生密切相关的基础设施建设，充分利用现有资源，特别是林业资源、水利资源，甚至光照资源等，把扶贫与生态事业紧密结合，富有贵州地方特色。

在贵州省内，黔西南州的经济和社会生活等各项指标都排名靠后。如何紧跟中国经济建设和社会发展的步伐，发展地方经济的同时促进人文建设等已经成为黔西南州迫切需要解决的问题。面对当今世界已经存在的严重环境问题，在生态人文主义理念指导下，结合当地自然地理条件，发挥民族历史文化传统优势，建设特色小城镇，将成为黔西南州经济与社会发展的重要途径。小城镇是大型城市和广大乡村的连接点，特色小城镇建设不仅能有效打破"城乡二元分立"状态，促进城乡一体化发展，而且能从总体上有效拉动地区经济的发展。随着经济和社会的不断发展进步，民族地区不同文化背景下的人们也将面临相应的文化调适。生态扶贫事业不但与传统文化有契合之处，还能为黔西南州经济社会发展注入新活力和找到更多发展路径。保障生态环境平衡发展，发展绿色农业将是必然的选择。生态理念指导下的现代绿色工业、绿色小城镇，也将为黔西南州地方经济发展插上腾飞的翅膀。

## 一、黔西南州推动城镇发展，推进生态扶贫事业

### （一）历史渊源与发展背景

汉武帝时期开始在贵州设立郡县，之后该地区随着整个中原王朝的兴衰起伏而一直处于变化之中。贵州城镇真正的兴起与明代不断开辟和增设驿站、建立卫所和实行屯田等举措密切相关。明代贵州建省之前，当地基本上是由大小土司统治。为方便大军调动和以后对云南、贵州地区的控制，明洪武年间贵州正式建省。永乐十一年（公元1413年）设贵州布政使司，意图控制整个西南边疆。此后，不断增设府、州、县，扩大流官统治范围，最终形成卫所与土司相互间杂的格局。卫所主要分布在驿道沿线，而其他地区大部分还是控制在当地土司的手中。清代在明代的基础之上，城镇的兴起和建设加快了步伐，这在一定程度上得益于当时商业的逐步繁荣和发展。之后，随着经济的发展和贸易的繁荣，滇黔道上的城市才逐渐兴起并发展起来。

黔西南州，地处贵州西南边缘，直到宋代尚属羁縻之地。因其特殊的地理位置，经济社会发展缓慢，且长期保持着与云南、湖南和广西等周边地区的联系。北宋时期因为战争的需要常年需要购买马匹。南宋时期，因为与金的战争持续一百多年，对马匹的需求从来就没有间断。因为从北方买马的渠道阻断，所以从四川购买"川马"。后来由于"西马"和"川马"都供应不足，就开始在广西设场买马，也就是所谓的"广马"。贵州历来产马，又处在"川马""广马"贸易的交汇点上，因此这一地区在宋代贩马活动就很兴旺。贵州很多地方势力，如罗殿国、自杞国、罗氏鬼国、毗那等的兴起都与马匹买卖有关。元代统一天下之后，努力推行的"驿传"交通就是在南宋马匹交易线路的基础上发展起来的。穿越黔西南州的"滇西至广西道"，从云南出发，经过黄草坝（今黔西南州首府兴义市），到红水河最后到达南宁。这是在南宋马匹贸易通道的基础上设立的驿道，成为元代以及之后各朝代中央政权经略该地的重要路径。

黔西南州最初的城镇主要分布在各个军事和商业交通要道的沿线。据咸丰年间张瑛编纂的《兴义府志》载："兴义府属一州三县，府州县皆有城，凡城五。而兴义县之捧鲊巡检，普安县之新城县丞，贞丰之册亨州同，亦皆有城，都计

凡城八。"①　也有学者指出，"黔西南的兴义、安龙、册亨、望谟、贞丰等地，城市、商业兴起大抵是在清代后期，这与该地区经济滞后有关。当地集市贸易的特点，就是以城镇为中心，在周围轮流赶场，赶场依干支为序，但赶场地点依次轮换"②。这是黔西南州城镇形成的历史渊源和地域性特征。

作为独立的行政区划，黔西南布依族苗族自治州成立的时间并不算长。1981 年 9 月 21 日国务院颁发《关于贵州省设立黔西南州布依族苗族自治州和贞丰、望谟、册亨、安龙四个县的批复》之后，次年 5 月 1 日黔西南布依族苗族自治州正式成立，全州下辖兴义市、安龙、兴仁、普安、贞丰、晴隆、册亨、望谟等各县（现在又增加了义龙新区）。位于黔、滇、桂三省交界之处，辖境内居住有汉族和布依族、苗族、瑶族、回族、仡佬等 30 多个民族。

（二）经济环境与城镇发展

城镇是衡量区域经济社会发展程度的一个重要标志，历史上黔西南州城镇的兴起与州内道路的开通和建设密切相关。从明代开始，黔西南州的经济、社会进入巨大变革时期。各类军事卫所和屯田驻地大量设立，这些机构大多位于交通要道之上，促进了当地经济贸易活动逐步繁荣发展。在诸多因素的共同作用下，一些元明时期的军事卫所或屯田驻地在清代逐渐发展成为市镇，这是黔西南州城镇发展的最早形式。

进入民国时期，随着整个贵州经济的发展，黔西南州也进入了一个相对快速发展的时期。但是总体而言，黔西南州城镇发展还是十分有限，不仅数量少规模也有限。起初因为军事和政治需求而开设的驿道，以及伴随着驿道和各军事据点的建设而兴起的城镇，虽然在一定程度上促进了当地物资和人员的流动以及地方经济的发展，但是这些主要分布在驿道沿线和各重要的交通要道的交汇之处的大小城镇发展规模不大，并没有形成规模效应，对周边地区的辐射作用比较有限。进入新中国时期，因为地理位置和交通条件等诸多客观和主观的因素，城镇发展速度缓慢，这就是当下黔西南州开展扶贫的背景条件。

从自然环境的角度来看，黔西南州位于珠江上游水系的南、北盘江流域，

---

① 张瑛.咸丰兴义府志卷六·地理志·城郭 [M]. 贵阳：贵州省安龙县档案馆，1982.

② 《贵州六百年经济史》编辑委员会.贵州六百年经济史 [M]. 贵阳：贵州人民出版社，1998：185–188.

气候温润，雨量充沛。州内生物资源丰富，可供开发的水能资源、矿产资源种类丰富且储量大。此外，"山川起伏，地形地貌复杂，景观奇特，也是重要的旅游资源"①。与此同时，中央和地方政府也着力于地方经济和社会建设，提出"引进人才、资金开发和建设黔西南州的六条优惠政策和措施"，制定了相应的发展规划。

在中国城镇发展的大趋势之下，黔西南州内城镇的发展将面临很多问题。首先，中心城市发展不充分，数量也不多。急需发展并形成具有一定规模效力的大型城市，对周围中小城市形成辐射，构筑地区经济圈或经济带，推动整个地区的经济发展。其次，中小城市发展滞后。由于山川地形的限制，更由于历史的原因和工业发展的不足，整个城镇发展已经低于全国平均水平。其次，贵州整体的城镇化率不高。城镇化水平不仅反映了城镇本身发展的程度，更是当地经济发展成果的一面镜子。作为经济发展并不充分的内陆地区，黔西南州的城镇体系正处于形成和发展期。虽然已经初步形成了几个以兴义市等城市为中心的经济发展圈，但是绝大部分小城镇仍然存在产业结构和工业结构不合理以及城镇建设缺乏特色等诸多问题。总之，州内城镇亟待发展，因为城镇发展已经成为推动整个地区经济发展的重要动力之一。如何推动城镇绿色发展将成为关系整个地区经济发展和脱贫致富的重要因素。

### （三）社会发展与生态扶贫事业

#### 1. 生态扶贫与经济社会背景

国际上对于生态环境问题的关注始于20世纪。从20世纪80年代开始，生态问题逐渐成为学者们讨论的焦点之一。针对西方"人本主义"，更是针对当今世界森林面积急剧减少，沙漠化和石漠化地区逐年增加，温室效应日益明显，恶劣气候频繁出现，水土流失越来越严重，人类生产和生活资源面临枯竭等严重的客观形势。正是为了解决工业的发展、城市的建设等经济问题，面对急剧改变的自然环境等严峻的现实，生态发展观应运而生。这是对人与自然关系的重新定位，更是帮助生态环境被破坏、生存困难地区人口重新获得发展机会的

---

① 政协黔西南州文史资料委员会.黔西南州文史资料（少数民族史料专辑）[M].（内部资料）1990：1–2.

重要指针。

对于"生态扶贫"的理解，重在强调生态平衡与经济发展的关系。通过发掘各地区人们在传统农业耕作过程中形成的一系列生态保护智慧，"由研究生物与环境关系向研究人类社会与自然界的普遍关系扩展而成的生存智慧"[①]。这是充分地、可持续地利用自然生态环境，为人类长久提供生产和生活物资的一条可行性路径。在发展过程中，要融入生态平衡的观念和选择保护生态环境的路径，探索区域社会摆脱贫困问题困扰新路径，探索经济发展，实现全民致富的美好目标。

生态发展理念的形成，是人类理解自然和面对自然的思辨成果，是从以人为中心到兼顾人与自然双方利益的新理念。在工业化之前，整个地球的自然环境因为人类的活动已经在不断变化，自工业化发展以来，人类对自然环境影响和改变的速度和范围超过了历史上任何一个时期，现在恶化的地球环境已经直接威胁人类自身的生存。在战胜贫困的过程中，贵州省积极融入生态理念，走绿色发展道路，做出自己的特色，努力摆脱贫困，获得了更广阔的生存和发展空间。

### 2. 理清生态扶贫的几大关系

黔西南州位于中国内陆山区，且相对贫困。在这个多民族聚居地区，经济应该如何发展？如何在保存和发扬民族历史文化传统的基础上进行城镇化建设，从整体上摆脱贫困的困扰？为厘清诸多因素的相互联系，必须首先弄清以下几大关系。

第一，生态环境与生产方式的关系。保护自然生态环境，就是在有效利用地域范围内自然生物资源和非生物资源的同时，保持自然本身的相对平衡，防止自然灾害的发生，为人类长期生存和发展提供必备的基础条件。解决问题的关键在于控制自然资源的消耗方式和消耗总量。而在漫长的历史岁月中，传统农业为人们提供了必备的生存物资，但是农业生产必然影响自然环境。当今世界，工业为现代各国经济发展注入了新动力，有力地推动了社会的现代化发展。根据历史的经验，传统农业无法快速改变中国现有的经济状况，也无法使一个地区彻底摆脱贫困，而工业却有效地推动了许多地区经济的高速发展。但是工

---

① 佘正荣. 生态智慧论 [M]. 北京：中国社会科学出版社，1996：3–4.

业对环境的影响甚至破坏作用有目共睹，生态环境保护的形势十分严峻。

第二，城镇化与生产方式。城镇化从表层来看，是大规模的人群迁徙和聚集，也是与之相配套的人居环境的改变和基本生活条件的保障。而从深层次来看，城镇化的基础条件不是农耕文化，而是与工业文明相适应的一种社会组织模式，其关键点是生产方式的改变。应该如何发展城镇，这是一个难题。当今世界，工业化是所有发达国家走过的道路，而且众多发展中国家也正处于从农业社会转化为工业社会的过程中。工业生产要求大量资金、技术、人员的投入，与传统农业生产比较而言，不仅仅是技术条件的不同、资金的规模和组织方式的不同，更是人口规模和组织模式的不同。"城镇化与工业化紧密相连，相伴而生，相随而行，工业化对大量劳动力的需求是现代城镇兴起和发展的根本动力，城镇化发展又为工业建设提供了必要保障。"①

第三，生存方式变迁与文化调适。人类的生产活动以一定的物质为基础，地方历史和文化等人文因素也影响着人们的生产生活方式。而生产生活方式的改变必然会带来社会文化的变迁。传统地方文化是农业生产方式的产物，在这个变迁的过程中，就必然伴随着文化调适的过程。从农业转变为工业，意味着劳动者个人身份的变迁，也意味着每个成员的社会心理和意识形态的深刻变化。

总之，城镇化和地方社会的生产方式密切相连，而生存方式的改变必然带来自然环境的改变和地方文化的变迁。自然环境的改变牵动人类生存方式的适应性变迁，其改变的模式和速度从根本上决定了地方经济发展的路径和城镇化的发展速度与发展方向，而城镇发展必然带来人们相应的文化调适。这些因素相互交织，形成一个相互联动的网络，而这个网络的核心就是生产方式。充分利用黔西南州的历史文化中宝贵财富，可以促进经济发展，帮助当地人口摆脱贫困。这就要求充分认识经济社会发展与环境保护之间的密切关系，深入探讨生态扶贫与黔西南州经济社会发展和城镇化建设同步进行的路径方法。

### 3. 黔西南州生态扶贫的方案举措

第一，加强组织规划，确定退耕还林区域，加快生态扶贫步伐。为贯彻中央改善生态环境实现脱贫目标的文件精神和省委、省政府关于生态扶贫的具体

---

① 曾丽容.山区经济发展与城镇建设路径探索——以贵州省黔西南州为例[J].广西质量监督导报，2019（07）：78-80.

步骤与工作安排，黔西南州把石漠化严重地区、坡度在25度以上的山地、水源保护地和已经受到严重污染耕地等纳入退耕还林的范围，特别是集中连片的贫困地区，推进退耕还林工程。加大财政专业支付力度，整合资源，汇聚资金，调整种植结构，发展特色生态产业，加强村集体建设，解决农户的基本生活问题。在水土流失问题治理、生态林补偿、经果林建设、自然保护区建立的过程中，把生态建设与脱贫致富的政治任务紧密结合起来。

第二，推动项目落地，发展生态补偿工程，提供生态扶贫岗位。完善林业生态补偿机制，制定公益林、生态林的补偿标准，加大资金投入，带动贫困户增收。在生态建设的过程中，把新增的就业岗位优先提供给贫困户。加大资金投入，聘任生态护林员，统一管理制度，使贫困户在生态工程中成为最早的，也是最直接的受益人。

第三，加大政策力度，进行生态移民，加快生态扶贫进程。动员贫困人口搬离生态保护区，或者在连片贫困高发地移民搬迁之后，在其原住地新建生态保护区。确立标准，给移民发放生态补偿金，为贫困户快速脱贫提供基本的物质保障。

第四，健全工作机制，发展生态产业，促进增收脱贫。搞产业，资金来源很重要，通过建立专项基金，利用国家的生态产业贴息政策从银行获得低息贷款。利用山区的自然生态环境，发展林下经济，发展特色种植，例如，林木花卉中草药、食用菌、林下菌，采集、加工到销售，产业服务一条龙。养鸡、养鸭、养蜜蜂，康养休闲旅游业，生态林里立体经济发展快。

## 二、黔西南州生态扶贫与社会全面发展同步进行

（一）贯彻生态扶贫理念，促进区域发展进步

### 1. 加快区域城镇化发展步伐

现在我国城乡二元分立的状况普遍存在，这是新中国经济建设的一个历史产物。城市与乡村在规模、人口比例和基础设施的配置等诸多方面有根本的不同，维持其生存和发展的要素也各异。新中国成立初期，要在薄弱的经济基础之上，迅速发展国家经济，优先发展重工业成为当时的选择。"农村集体化时

期，尤其是人民公社时期，国家权力几乎全方位、立体式地控制了乡村运行。"[①]实践证明，"城乡二元结构"是中国近现代经济社会发展的一个产物。这种经济发展途径的确取得了一定成效，但也成为束缚如今区域经济社会发展的一个重要因素。

黔西南州的城镇建设也背负着同样的历史包袱，即"城乡二元分离"的困境。如何解决这一难题？党的十一届三中全会之后，为了全面深化改革开放，促进乡村经济的发展，推进城乡一体化势在必行。实现"城乡一体化"，是城镇建设、经济和社会发展最为注重的一项事务。经过几十年的积累，"城乡融合，体现了城乡发展的最佳状态"[②]。而在城市与乡村之间，最能实现城乡融合的形式则是小城镇建设。小城镇既具有与城市类似的人口和资源集中的优势，适合发展规模经济。又具有乡村的特征，生产和生活条件便利，产业发展起步快，经济形式可以多元化，易于调整，灵活性强。所以，黔西南州城镇发展首先要打破制度性的桎梏，致力于城乡协调发展，形成城乡一体，共同发展的整体规划。消除城乡差距，以城市推动乡村，以工业促进农业，推行城乡一体等举措，推动国家经济总体快速向前发展。

当今中国城镇化步入高速发展阶段，不仅仅因为城镇的"聚集功能，能向周边地区和广大农村进行辐射"[③]，而且能形成规模效益。在中国整体发展的大背景下，黔西南州城镇化率至今仍然比较低。经济来源不广、经济活力不强、发展机遇缺乏，城镇发展不充分，城镇中还有大量农业的从业人口，这就是全州城镇的总体特征。此外，黔西南州城镇的发展还具有一些特殊的地方，州内少数民族多，山多地少，城市受限。城镇规模的扩大还会对自然环境造成破坏。脆弱的自然环境、有限的水土资源等客观因素限制了黔西南州发展可能带来高污染的传统工业企业。但是如果工业不发展，城市经济的扩大必然受到严重影响。同时，大量农村闲置的劳动力无法转变成生产力，农户家庭经济收入来源有限，也会限制贫困农户的发展空间。

① 吴业苗. 乡村治理的城镇面向与图景——基于"人的城镇化"发展逻辑 [J]. 社会科学战线，2017（03）：165-173.

② 姜作培. 城乡统筹发展的科学内涵与实践要求 [J]. 经济问题，2004（06）：44-46.

③ 杨丽洲. 贵州城镇化水平影响因素实证研究 [J]. 中国市场，2013（35）.

总之，黔西南州通过加快城镇化建设带动地方经济社会发展，帮助本地区人口摆脱贫困现状，实现从传统到现代的生活转型。在这个过程中，坚持走生态发展理念，实现脱贫梦想，是工作的目标，也是努力的方向。但是，这是一个艰难的过程，面对黔西南州城镇发展的现实困境，必须考虑以下几个因素：第一，生产方式的变迁。促进生态产业的迅速发展，在生态发展理念指导下实现农业人口的城镇化和农村生活的现代化。这不仅仅是农民身份的转变，更是发展思路的转变。第二，城镇发展的生态化。农业经营模式向产业化方向发展，必须走集约型、生态型发展道路。现在，中国农村大量的剩余劳动力为城镇的发展提供了源源不断的新增人口和持续的产业后备军。但是不可忽视的是，如果没有合理的规划，就不能保障城镇的长期稳定发展，这些来自农村的人口随时都可能回流到农村。城镇的发展不能仅仅依靠人海战术，而是要探索一条长久的、可持续的道路。找到城镇与乡村共同发展的契合点，生态产业将发挥重要的作用。第三，农村发展的生态化。农村自身的发展也要与城镇的发展一样，走资源节约型生态化发展道路。在保持生态环境平衡的基础上，加快乡村自身的建设，推进实现"城乡一体化"，即城乡公共服务的等值化。"内生型"农村经济发展模式中，走环境友好型、资源节约型和生态平衡型发展道路，实现居村农民不改变居住地仍然可以实现生活的现代化。这是实现生态脱贫的梦想，将成为黔西南州城镇持续发展的动力之一。

**2. 推动扶贫事业生态化发展**

黔西南州位于贵州省西南边缘，与云南和广西接壤。该区域内城镇的兴起和发展与整个贵州城镇相比有诸多共同点，也有其独特之处。

（1）黔西南州城镇的生态化发展基础。从黔西南州政府工作报告中可以清晰地看到整个州经济发展的速度和概貌。首先，第一产业发展良好。作为以农业生产为主的地区，基本农田得到有效保护，粮食产量基本稳定，2021年粮食总量达到1.37万亿斤，创历史新高。随着新型农业生产方式的推广和大量种植经济作物，从2008年开始，农业产值在10年时间内从40.2亿元上升到188.8亿元。虽然每年上升的幅度有所差异，但是总体而言，发展成绩有目共睹。其次，工业产业年增长迅速。其中，2008年为21.8%（最高），2011年为14.9%（最低）。再次，第三产业产值成效惊人。旅游业2017年创造产值635.9亿元，超过了第一产业和第二产业的总和（188.8亿元+442亿元=487.1亿元）。此外，还带动其他第三产业的发展。总之，黔西南州农业仍然占有重要地位，工业平稳上升，旅游业和第三产业发展迅速。

与此同时，还必须看到，黔西南州受自然和历史等诸多因素的影响，经济发展底子薄，贫困问题依然是一个必须认真面对的问题。随着区域内生态产业的发展，经济发展路径的经济结构的改善、经济增长方式的改变以及国家的大力扶持，全州经济和社会发展获得了新的发展动力。固定资产投资每年的增长速度虽有差异，但是总体增幅大。"五年来，全州地区生产总值由 929.14 亿元增加到 1506.37 亿元，年均增长 10.2%，经济总量进入全省第二方阵，经济增速连续位居全省前列。固定资产投资年均增长 13.2%，连续 4 年排全省第 1 位，二产占比从 32.1% 提高到 34.7%，城镇、农村居民人均可支配收入分别增长 8.8%、10.3%，常住人口城镇化率预计达到 48%。"[①] 这些都为黔西南州生产方式的生态化转型、扶贫事业的生态化转向、城镇发展的生态化趋势奠定了坚实的基础。

（2）黔西南州城镇的生态化发展历程。明清时期逐渐建立的各种城镇直至民国末期，其发展水平仍然十分低下。虽然新中国成立以来，经过多年的建设，现在整个黔西南州已有 74 个镇，城镇早已突破了早期封闭的环境，城镇建设远在任何历史时期之上，但是这些城镇从整个贵州省来看，地理位置偏远，而且起步较晚，城镇规模小，基础薄弱，没有工业作为支撑，对周边产业和经济的推动力非常有限等，存在很多不利因素。这是黔西南州经济发展的基础，也是州内城镇发展的现实状况。从城镇现有的发展水平来看，黔西南州城镇总体数量有限。但是如果依靠传统的扩大城镇建设空间来发展城镇的模型，必然占用大量土地，从而对生态环境形成影响，而且可能对人们的基本生活产生巨大影响。此外，从城镇发展水平来看，黔西南州城镇总体发展水平比较低下，而传统的城镇发展路径对黔西南州发展城镇已经不适合。总之，诸多不利因素严重束缚了当地经济的发展、社会的进步和贫困问题的解决。

（3）生态脱贫路径与人的现代化发展。从传统走向现代的过程必然引发人的现代化问题。现代化具有社会和个体两个层面的含义。从历史因素来看，地处中国西南的贵州省黔西南州几千年以来长期处于一个乡村社会。"中国传统

---

① 黔西南州人民政府工作报告 [EB/OL].（2022–03–23）. http://www.qxn.gov.cn/zwgk/zjbg/zzfgzbg/202203/t20220323_73094418.html.

社会的乡村治理由士绅主宰，收捐征税、推行教化、修路筑堤、组织民防和调解纠纷等事务都由士绅负责。"[①] 随着家庭联产承包责任制的普遍推行，黔西南州的乡村逐渐从封闭状态走向开放。以往以传统伦理道德作为主要约束力的乡村社会也开始逐渐转型，以法律为准则的观念逐渐深入人们的思想和行为。

近十年来，黔西南州城镇化率在逐渐提高，但并不能简单地认为这代表城镇经济的发展成熟。现在黔西南州城镇人口的增加和城镇化水平的提高不是经济发展与人口自然流动的结果，而是政府主导下的人为因素占有不小的比例。州内扶贫易地搬迁移民人数众多，从 2007 到 2017 年，仅仅十年时间，移民人口从 2.1 万人上升至 12 万人，每年都有大量来自农村的人口成为城镇居民。移民对当今黔西南州城镇人口的结构具有相当大的影响。而移民的发展和进步，其身份和生活方式的转化，也就是人的现代化，将是黔西南州城镇未来发展的重要影响因素之一。

在城镇化发展的大背景下，个体层面人的现代化，就是指农村人口的市民化。这既是物质层面的建设，更是精神层面的突变。要在"思维方式、生活观念、角色意识、社会权利、行为习惯、行为模式和文化认同，使其与城市居民接近或相似"[②]。人的现代化发展是世界发展的大势所趋，也是伴随着经济发展而来的当今迫切需要完成的任务，特别是在民族地区，这个任务将更为艰巨。

从形式上来说，城镇化将带来大量人口"居地"与"谋生方式"的变迁。黔西南州在加快城乡相互融合中面临着几个问题。首先，如何从制度上消除导致"城乡二元"对立的政策性因素，打破隔绝城乡互动和交往的藩篱；其次，如何实现城镇的发展与人们思想的现代化并重。最后，如何在生态人文主义理念的指导下进行黔西南州城镇的建设，在实现"城乡一体化"的同时，保护并传承、发展地方各民族的历史和文化。

黔西南州城镇化已经进入一个快速发展期。一般而言，城镇化的加速发展是工业化的条件，也是生产方式从以农业为主转变为以工业为主的必然结果。

---

① 吴业苗.乡村治理的城镇面向与图景——基于"人的城镇化"发展逻辑 [J].社会科学战线，2017（03）：165-173.

② 吴业苗.居村农民市民化：何以可能？——基于城乡一体化进路的理论与实证分析 [J].社会科学，2010（07）：54-62.

在工业化过程中，人类大量攫取自然资源，与此同时却快速地破坏人类赖以生存的自然环境，这一点已经为各界人士清楚地认识到。同样，城镇化的发展意味着各类建筑占用土地情况远远超出任何历史时期，而且城镇人口生产生活中产生的大量垃圾对城镇本身和周边的环境也造成了巨大的环保压力。因此，以生态人文主义理念指导黔西南州的城镇建设成为必然之举。同时，生态人文主义理念下经济社会的发展也将为更好地传承和发展地方民族历史和文化提供契机。

### （二）发展生态产业，推动脱贫事业进步

黔西南州通过发展生态产业，加快经济发展，改善城镇化发展条件和发展路径，推动区域社会发展，增加区域人口收入，在脱贫事业的推进过程中发挥了重要作用。在保持生态平衡和促进生态环境改善的过程中加强民族文化保护，增进当地少数民族人口的文化调适，取得了显著的成绩。

#### 1. 生态产业推动黔西南州经济发展

从一个方面来看，黔西南州地处偏远，州内少数民族众多，经济发展基础薄弱，经济发展速度缓慢，经济发展困难重重。这在中国不是一个特例，与此类似的欠发达地区还有很多。针对于此，国家发展改革委提出，民族工作的重中之重是促进当地经济发展，帮助少数民族地区人口摆脱贫困。倡导推行"六个优先"原则，特别规定了"优先推荐少数民族聚居区和边远山区的基础设施项目；优先推荐杂散区少数民族生活、生产急需扶持的项目"[①]。这为黔西南州经济发展提供了条件，不仅从思想上，而且从制度等各种政策性因素方面排除了干扰，指明了道路。改革开放以来，中国的城市化发展"伴随着国家陆续取消如粮食'统购统销'等计划经济时期留下的城乡不平等制度，越来越多的农民开始跨地区、跨行业流动，并形成了绵延至今的农民工大潮。城市化进程加快，城市扩张侵占土地，越来越多的城郊农民成为失地农民"[②]。这也是黔西南州城镇发展同样要面临的问题。

---

① 黔西南州民族局.黔西南州二十年的民族工作 [C]// 黔西南州委党史研究室.辉煌二十年——黔西南州改革开放二十年纪实，2002：311–312.

② 吴业苗.小农的终结与居村市民的建构——城乡一体化框架下农民的一般进路 [J].社会科学，2011（07）：62–71.

农业和工业开发对自然资源依赖的同时对环境的破坏性巨大，黔西南州经济的发展之路有诸多的限制和不利因素。在遍布崇山峻岭的黔西南州内，有南盘江和北盘江两大水系，水资源丰富。但是可耕种土地不仅面积小，而且数量也有限。大面积的山区由于独特的喀斯特熔岩地质结构而地表破碎，农田开发极易造成水土流失。为保护脆弱的山体，维护珠江水系上游地域生态环境，在不适合耕种的地区必须实行退耕还林、封山育林。在这样一种自然环境之下，黔西南州工农业发展和生态环境的保持必须面对巨大压力。

另一个方面，生态保护措施为黔西南州经济建设提供更多的途径与机遇。首先，新型的生态经济形式的兴起，为黔西南州经济发展注入活力。现代新产业中很多与环境保护密切相关，生态产业将成为我国新的经济增长点，全国各省都在积极投入。根据中国 PPP 综合信息平台 2022 年 1 月公布信息，全国 PPP 项目中，贵州省成绩斐然，成交 7 个项目，位列全国第一。PPP 这种新型合作和融资模式中，项目内容多与环境保护密切相关。在各类大小型项目的推动和实施，必然为地方经济发展带来新的机遇。而随着这种新型的经济形式的推广和发展，黔西南州地方经济建设也将获得新动力。

其次，生态环保技术的广泛开发利用使现代农业成为可能。农业生产中土地是基本条件。经过人类几千年的开发利用，有些地区的土壤资源已几近消耗殆尽。在黔西南州这个可耕土地面积极其有限的地区，对土地的保护和合理利用更具有必要性和迫切性。针对此，新型生态环境保护技术将在该地区发挥巨大的作用。例如，现代土壤污染防治和土壤修复等开始具有了相关的产业融资渠道，这将突破土地利用和管理的"单家独户"的状态。只有资金和技术在一定区域范围内广泛而且持续地投入，建立一种长效的管理和维护机制，才能在保证农业生产的同时有效地保护土地资源。随着相关项目得以顺利施行，现代农业生产成为可能并得以有效推行。随着与生态环保技术密切相关的具体措施的制定和执行，以及对生态环境损害责任追究体制的建立和落实，农业生产和环境保护将并行不悖。

再次，生态环保技术的广泛开发利用为地方工业企业良性发展提供可能。例如，大气污染防治和综合治理一直是环保部门工作的重点和难点。脱硫脱硝环保项目的具体实施，将有效地减少工业废气对当地自然环境的破坏作用。不仅使原有企业得以继续进行生产，还可以继续增加建设和投入更多的工厂，为社会创造财富，为改变黔西南州经济发展落后的状况注入活力。另外，合同能源管理这种新型的节能产业模式也将成为黔西南州工业企业良性发展的一种途径。

### 2. 生态产业推动贫困山区的城镇建设

由于历史和地理的因素，地域偏僻的黔西南州主要是布依族和苗族等多个少数民族人口的聚居地，城镇发展任务十分艰巨。历史时期，当地少数民族常常聚族而居，形成了大大小小的各类"聚落"。"这些聚落以河流为中心聚集，在河流两岸的河谷阶梯上，聚落呈条状或带状分布。"[①] 在这些条、带、块状的小块土地上，城镇发展的规模和水平十分滞后。

在全国城镇化浪潮的推动下，黔西南州的城镇建设也在如火如荼地进行中。在拆迁改建老城区、易地搬迁、建设新城区的过程中，大量农村人口进入城镇。城镇化是生产方式改变的结果，同时又将推动或者阻碍生产的发展。黔西南州的城镇建设的发展在生态扶贫理念的指导下，主要有以下三方面的特点。

第一，生态观指导城镇化建设的方向。城镇化建设是大势所趋，但是在具体执行过程中，黔西南州应该注意以下几个方面。首先，促进人与自然的和谐共处。既保障口粮生产，又促进人与自然的和谐，有计划、有步骤地推进新城区建设和乡村城镇建设。其次，完善老城区改造方案。黔西南州城镇对旧城区进行改造，主要是针对生活小区和棚户区、道路交通、城区河道等。在项目的设计和施工过程中，环保理念和环保措施是衡量城镇改造成功与否的重要标志。再次，加强对城乡接合部的改造和方式管理。随着城市的发展，紧邻城市的土地逐渐被征用并成为城市的一部分。因此，加强城乡接合部的发展和建设，对于整个城镇的发展具有相当重要的意义。

第二，环保产业推动黔西南州城镇发展。城镇建设在当下的任务是促进城乡一体化发展。"在城乡协调发展的基础上，逐步缩小城乡差距，并最终消解城乡二元结构。"[②] 为促进乡村经济的发展，国家不断完善金融政策。"2006年底，

---

① 王剑.聚落、廊道、立面：西南区域研究的流域人类学视野 [J].社会科学战线，2016（10）：270–274.

② 吴业苗.居村农民市民化：何以可能？——基于城乡一体化进路的理论与实证分析 [J].社会科学，2010（07）：54–62.

中央银监会从机构种类、资本限制等方面，大幅放宽了农村金融机构的准入政策。允许建立村镇银行、优化农村金融服务，实现经营重心下移。"① 这些财政、金融方面的优惠措施为黔西南州的城镇发展提供了有利条件。城镇环境治理项目融资，对于推进城市垃圾处理、污染环境赔偿、跨地区环保机构组建等方面都有积极作用，环保产业将对城市生活和整个自然环境产生积极影响。政府的鼓励支持还将促进民营资金进入环保产业，推动环保产业高效优质发展。例如，通过环卫服务项目招标，政府与民间资本有效结合，既为落实环保措施找到了充足的运作资金，也为民间资本提供了投入方向，还有利于对具体实施过程和效果进行有效监督。

第三，地方特色小城镇建设为州内经济社会发展铺平了道路。小城镇建设能充分利用当地的自然、历史、人文和社会资源，结合全省旅游业发展的整体态势和黔西南州现有的条件，成为地方经济发展的重要动力。"小城镇属于城市体系的最低层次，是统筹城乡发展、建设社会主义新农村、走新型城市化道路的重要载体，是就近转移农村人口的重要平台，是破解城乡统筹发展的关键。"② 以旅游业为重点的第三产业的兴起和持续发展将为黔西南州生态环境保护和城镇建设与发展注入长久的动力。

### 3. 生态产业推动贫困山区的民族文化保护

第一，生态扶贫理念有利于州内经济的发展。针对中国西南地区的研究，主要有"'区域模式''族群模式'和'跨境模式'三种研究范式"③。在这些"范式"的框架之下，不仅关注"走廊"所在区域之间人的迁徙，而且通过"通道"中物的流动来展示跨区域的经济、贸易、文化的交流与传播，也揭示不同地方政治势力的"互动"。具体而言，驿道的开拓在政治和经济两个方面都成为黔西南州发展的动力。正是这些驿道沟通了贵州与中原地区的政治、经济往来，促进了地方民族文化的发展变迁。明代以后，驿道的开通、人员信息的往来、

---

① 陈诗波.统筹城乡发展的科学内涵与实践探索 [J].经济研究导刊，2010（28）：144-146.

② 王玉玲.择优培养、重点发展中心镇和特色镇——加快黔西南州城镇化进程的路径选择 [J].中国集体经济，2012（04）：68-69.

③ 张原."走廊"与"通道"：中国西南区域研究的人类学再构思 [J].民族学刊，2014（04）：1-7、85-88.

先进生产力和思想观念的传入等，促进了黔西南州的人与外部世界的交往，也推动了当地不同民族之间的互动。

特别是改革开放以来，面对各种新的外来事物和外来文化的强烈冲击，黔西南州各民族人民原有的生产生活方式也正在迅速改变。外出务工的人员越来越多，与外界的接触和交往更为频繁。年轻一代逐渐远离了传统的村庄生活，生活方式乃至思维方式也随之改变。这不仅仅表现在饮食和服饰等方面，甚至语言和思维方式等渐渐地发生了变化。这就是现在很多人感叹和担忧的问题——民族文化的流失。针对这些问题，发掘传统生态智慧，发展生态产业，促进地方经济发展，更能有效地推动传统民族文化的保护和发展。

首先，从物质条件来说，倡导绿色环保理念和相关产业的建立，为地方经济发展提供了新的机会。"绿水青山"将成为"金山银山"，人与自然和谐相处的同时，人们的生活水平得以提高。只有在高水平的经济发展和高质量的生活水准得以实现的基础之上，这些"绿水青山"中世世代代繁衍生息的各民族人民的传统文化才会更加受到人们关注和对其价值的理解，积极投入到发展经济与保护环境同步进行的潮流之中。

其次，从精神层面来看，倡导环保理念和传统文化中对人与自然关系的理解上具有相似性，对自然的敬畏和遵从自然规律成为人们的共识。与此同时，现代科技特别是绿色环保技术的推行和产业化发展，为人们尊重自然的同时更好地满足人类的生活需求提供了可能和保障。奠定在丰厚的物质基础之上，人类对传统文化的眷恋，生态与人文和谐发展的前景将为人们精神的追求提供方向和动力。

黔西南州是以布依族和苗族为主的多民族聚居之地，水资源丰富，同时水污染防治工作的担子也很重。由于特殊的自然地理环境，有利于生态环境的产业成为首选，成为推动地方经济发展的主要动力。经济发展之后，人的生活质量提高势必将成为未来工作的重点。生态环境保护产业正是适应地方社会和经济发展的途径之一，它将成为促进黔西南州民族文化保护和传承的有效力量。

第二，生态扶贫理念有利于州内的社会发展。黔西南州是多个少数民族聚居地区，由于地理和自然的限制，也由于历史和民族文化的因素，该地域长期保存原始的生产方式，生产水平停留在较为初级阶段。经济不发达、生活条件简陋，形成了与之相适应的地域文化心态和生活方式。在这个地区，生产方式的改变、城镇化建设的推进，不仅意味着物质条件和社会财富的巨大改变，也必然引发地域内不同民族相应的文化调适。它既是谋生手段变更之后的个人生活方式和内在情感的相应变化，也是整个地域民族文化意识形态的适应过程。

发展生态产业，就是追求人与自然的和谐相处，努力既满足人的需求，又促使生态环境良性运转。当生态环境得到有效保护，自然地理对人类生活原有的束缚和限制将逐渐被人与自然的互相协作所取代。黔西南州少数民族长期赖以生存的崇山峻岭，不再是阻碍人们生活和思维的屏障，而是风景独特、环境优美的生活和旅游场所。新型环保产业的推进，使人们的生活得到物质上的满足，人类不再对自然进行掠夺式的开发利用。良性运转的自然仍然能继续源源不断地为生活在这块土地上的人们提供各类产品。良好的生态环境有利于发展特色地方经济，为当地民族的生存发展提供了优越的环境条件。而在这样的环境下，当地传统文化的延续和发展就不会面临因为年轻一代的大量流失而后继无人。

第三，生态环境保护产业将成为黔西南州民族文化的保护和传承的动力。从农业到公园的发展变化，其实质是生产方式的变更，而这种变更正在从根本上改变人类与其生存的自然环境之间的关系，生态环境保护的问题应运而生。生产方式决定了地区环保的重点和难点，是黔西南州发展经济的过程中首先要重点考虑的问题，也将成为当地民族文化保护和传承的有效力量。

环保产业是新兴高科技在实践运用中的一个成功例证。奠定在对自然环境历史变迁和现实状况的科学研究的基础之上，现代高科技环保项目主要是针对人类生存的自然环境状况的监测和保护的相关事项。例如，环境与生态监测项目利用现代科技对人与自然相互作用过程的实时观测，及时了解自然环境的变化和提出针对不利因素的各项具体措施。

现在，环保产业中出现了政府与科研单位和民营企业等多家合作项目，继而成为一个产业链条。林业自然保护区管理、野生动物保护和野生植物保护等三大领域，在生态人文主义理念的指导之下也能更有效，同时创造出更多的社会财富。此外，环境服务从业企业，例如，专业提供水污染治理、大气污染治理、环境保护监测、固体废物治理、危险废物治理务等服务的从业企业，产生的社会经济效益也将为黔西南州经济和社会发展注入新的活力。随着经济和社会的发展，人在富足而现代的生活条件下，精神上的需求必将上升，保存和发扬民族传统文化将成为人们普遍的选择。

总之，黔西南州经济社会发展滞后，城镇规模小而且发展不充分。要改变这种状态，首先要抛下城乡二元结构这个历史包袱，促进城乡一体化发展；其次要逐步转变传统的生产方式。发展工业是当今世界各国各地区主要的经济发展途径，而在工业社会中，传统文化将随之发生巨大变化。

面对历史和现实问题，黔西南州社会历史文化、经济发展和城镇建设等诸方面的发展都与当地特殊的自然生态环境密切相关。生态人文主义理念将成为指导人们在广大的乡村开展城镇化建设，推动地方经济快速发展，合理有效地保护和传承地方历史文化的指导思想。生态环境保护理念不仅契合传统文化，而且为绿色环保产业提供了广阔的天地。绿色环保产业将成为黔西南州地方经济发展和建设的特色之一。例如，因为总体耕地面积和耕地质量等方面的限制，传统农业在黔西南州发展空间十分有限。那么改变以人口口粮生产为主要种植目标的传统思维，利用当地独特的动植物资源，培育和规模种植高价值的农副产品，则能提升当地农副产品的价值，也能实现现代绿色经济发展。这是实现生态环境保护甚至优化的同时，发展地方农业经济的一条切实可行的道路。

生态扶贫理念指导下的现代绿色工业，将为黔西南州地方经济发展插上腾飞的翅膀。现代环保项目将成为黔西南州地方城镇发展的主要动力之一。它将针对人类活动，特别是为解决工业生产等已经产生的对自然环境的破坏和预防问题，对将要产生的不利因素实施控制的同时，有效利用已有资源，变废为宝，减少对自然环境的破坏作用。这些项目不仅有利于生态环境的保护，而且能创造出新的价值。现代科学技术的发展是项目投入和安全生产的基本保证，各类新型的投融资模式为项目的实际运作提供了资金的保障。而工业经济的发展必然有效地推动城镇的发展和地方社会生活文化的巨大进步。

## 三、"十三五"期间黔西南州生态文明建设的主要实践

黔西南州地处中国的大西南，具有中海拔、低纬度的独特地理优势，境内有丰富的自然地理资源和历史文化资源。喀斯特峰林、高原草场、峰林河谷、河流湖泊、瀑布峡谷、天坑地缝等都有其独特的价值，开发潜力巨大。州境内自然资源的开发和利用方式，直接决定了珠江上游的生态环境的保护状况，因此如何开发和利用生态资源，也是州党委和州政府考虑的一件大事。"十三五"期间，黔西南州努力在实践中坚持发展和生态两条底线，坚持绿色发展、铁

腕治污和生态惠民的意识，在生态环境保护和生态文明建设工作上持续发力，积极促进辖区内经济社会发展与生态文明建设协调同步。经过不懈的努力，黔西南州生态文明建设取得了丰硕的成果，围绕"山""水""土""人"四个方面做文章，在自然环境治理和生态文明思想建设等多个方面成绩显著。

### （一）黔西南州生态文明建设的主要做法

#### 1. 把生态文明建设作为工作重点

黔西南州委、州政府深入学习贯彻党的十九大及其后召开的各届中央全会的精神，深刻领会习近平生态文明思想，树立绿色政绩观，把党中央、国务院，省委、省政府关于生态环境保护的决策和部署落到实处。从 2017 年起，黔西南州把生态环境保护工作正式列入绩效考核范围，州政府与下辖的各县市等签订年度环保目标责任书。同时，州委、州政府每年也要向贵州省委、省政府以专题报告的形式汇报自身履行生态环境保护"党政同责、一岗双责"的情况，促进领导干部和机关单位带头履行环保责任。每年，州委常委会会议、州政府常务会议都要认真研究部署本年度生态环境保护工作，生态环境保护督察问题整改工作每年都有 10 次以上。

州党委、州人民政府坚持以各种形式加强干部队伍的环保意识，第一时间传达和学习贯彻党中央、贵州省委关于生态环境保护的重大决策和部署，第一时间研究解决辖区内生态环境保护存在的困难问题。此外，州委党校专门开设了生态环境保护相关课程，目的在于强化各级党政领导的环保意识，提高思想认识，清醒认识到生态文明建设的重要地位。在具体落实的过程中，黔西南州坚持问题导向，坚持"四铁（即在治污过程、环保目标、环保责任、环保手段等四个方面，以'铁'的坚硬态度和手腕，绝不松懈）"做好督查整改工作；杜绝"四不能（思想松懈、标准降低、力度减弱、责任推卸这四种情况绝不能出现）"的精神，严格落实中央、省委的环保要求。

#### 2. 加快经济转型，推动生态产业

（1）针对环保产业，增加财政资金投入量。在"绿水青山就是金山银山"理念指引下，黔西南州坚持绿色发展的执政观、政绩观和实践观，统筹处理发展和保护的关系，践行保护优先原则，领导干部亲自推动生态产业优先发展。

（2）推行"四大工程"建设，推动生态产业发展。黔西南州推行"青山蓄

财、绿水纳财、蓝天添财、净土生财"，即针对山、水、天、地这四大环保工作要素，实施"四大工程"，结合地方实际，加快地方经济转型的步伐，把扶贫事业与生态建设相结合，努力实现产业生态化。在实践过程中，黔西南州严格项目准入这道关口，加快淘汰落后产能，杜绝污染行业，严格控制低水平低能效、高能耗、高污染和高排放行业的发展，积极发展新能源和低碳循环经济，大力推进环保产业发展。

（3）领导干部带头，重视发展生态产业。在环保问题上，每年召开的州委常委会会议、州政府常务会议、专题会议等党政会议都有数十次。州党政一把手率先垂范，做出榜样，各级主要领导亲手抓环保整改工作。例如，州委书记刘文新 2017 年 8 月刚到黔西南任职，立即针对兴义市的万峰湖调研督导问题整改，随后多次到基层调研生态环境问题整改工作。州政府州长杨永英同志亲自挂帅开展黔西南州十大行业治污减排专项治理行动。

### 3. 明确发展思路，推进环保策略

2015 年，黔西南州委、州政府公开发布《关于加强生态文明建设促进经济社会又好又快发展的意见》。在这个意见里，黔西南州把基础设施建设、生态环境建设作为工作的重点，确立了基本指导思想，积极推进"环境立州"战略。2018 年，黔西南州确立生态文明示范区建设基调，严格监督生态工程建设，通过年度绩效考核体系与制度，优先发展生态绿色产业，保护好辖区内的蓝天、碧水和净土，做好固废排放和乡村环境治理工作。在治理污染的过程中，突出铁腕意识，坚持短期治标与长期治本相结合的策略，既积极处理眼前的紧迫事务，又放眼未来，加快构建生态"五大体系"[①]，将生态环境安全纳入政府部门的常态化管理之中。

### 4. 努力践行四大生态工程

在当今时代，黔西南州强化机遇意识和使命担当，狠抓改革，严格环境准入，倡导绿色生活，为加快实现百姓富与生态美的有机统一而努力。近年来，黔西南州以生态文明理念为引领，积极发展经济，努力践行"青山蓄财、碧水纳财、

---

① "五大体系"具体包括生态文化、生态经济、目标责任、生态文明制度、生态安全的体系。

蓝天添财、净土生财"的"四大生态工程"①。

（1）青山蓄财工程。一是退耕还林和特色林果业基地建设同步进行。黔西南州计划到 2020 年年底实施退耕还林 400 万亩，这个工作仍在努力推行。在退耕还林和荒山造林的过程中，黔西南州着重发展山地特色优质经果林和经济林。例如，山底河谷种芒果和澳大利亚坚果，山腰种核桃、板栗和油茶，高山上种茶。最终形成高、中、低三条优质林果产业带，通过"坡地退下来，产业搞上去"，使青山成为财富积蓄之地。二是发展石漠化区域的特色产业，达到治理效果。从贵州省情来看，黔西南州 8 个县、市均处在滇、桂、黔三省石漠化片区的核心区域，是贵州省内石漠化最为集中区域，治理任务十分艰巨。面临如此严峻的环境条件，黔西南州将石漠化治理与培育特色生态产业两者结合起来，着重发展适合石漠化地区生长的花椒、金银花等特色产业，从而实现"石漠化减少，产业化扩大"的目标。三是治理水土流失，发展特色畜牧业。黔西南州山高坡陡，黔西南州的水土流失严重，治理任务迫在眉睫。计划到 2020 年年底，黔西南州实施 1500 平方千米水土流失的治理。在这个治理过程中，黔西南州努力发展晴隆县的种草养畜模式。种草，能够促进水土保持，也能为牲畜提供食料，一举两得。总之，黔西南州在生态文明建设的实施过程中，将林果产业、石漠化特色产业、特色畜牧业这三大产业培育成为支柱性产业，辖境内的一座座"青山"，成了取之不尽、用之不竭的蓄积绿色财富宝库。

（2）碧水纳财工程。黔西南州境内河流均属于珠江上游水系，长度在 10 千米以上的河流共有 144 条，其中最大的河流有 3 条：南盘江、北盘江和红水河。随着工业化和城镇化进程的加快，原有水源保护的综合措施的更新不及时，水污染问题逐渐凸显。治理水污染，既是黔西南州保护珠江流域上游水生态环境的必然要求，也是培育黔西南州经济后发优势的时代使命。

黔西南州主要从几个方面着手：一是治理水污染。南盘江、北盘江、红水河（即"两江一河"）资源丰富，自然山水风光秀丽，民族风情浓郁，区域文化特色

---

① 青山蓄财工程，是指适度发展优质高效林木，提高优质林果业的有效供给；碧水纳财工程，是指发挥水资源优势，努力发展涉水产业，提高优质水产品的有效供给；蓝天添财工程，是指发挥优质空气优势，努力发展康养产业，提高优质健康产品的有效供给；净土生财工程，是指发展优质高效农业，提高绿色有机农产品的有效供给。

鲜明，开发前景广阔。铁腕推行"五水共治"①清除水污染，展望"两江一河"美好愿景。对污染实行严防严控，绝不手软。例如，网箱养鱼对水质影响特别大，黔西南州将南盘江、红水河、万峰林水库的网箱养鱼纳入铁腕治理的范围之中。此外，疏通就业渠道，加快旅游业发展。加快"两江一河"流域旅游资源开发，打造特色旅游线路。二是保护溪流，发展水疗康养产业。黔西南地区山多溪流多，发展水疗康养产业具有得天独厚的优势。近些年来，为做好环境治理，黔西南州逐渐开始在辖区内推进农村污水处理设施建设，逐步建立生活垃圾收运系统，对以往常见的"污水乱排、垃圾乱倒"问题，执法部门重拳出击，加大打击力度。三是保护地下水资源和山泉水资源。黔西南州地下水资源丰富，地下矿泉含有多种人体所需的稀有矿物质，开发矿泉水产业空间很大。坚持在保护中开发、在开发中保护，培育了"涉水产业"，打造矿泉水品牌，立足黔西南，开始走出贵州，市场越做越大。

（3）蓝天添财工程。由于工业少，污染小，黔西南州空气质量优良率在贵州省内地州排名第一，在全国也是大名鼎鼎。利用好空气优势发展康养产业，是黔西南州生态文明建设中考虑的重点之一。首先，大力发展康养业。近年来，黔西南州辖区各县市严控污染物空中排放量，严控高能耗、高污染行业项目准入，以优质的空气增强城市吸引外来人口的能力。在优美的环境中，加快天然食材、民族医疗、运动健身等产业的发展。其次，建设康养小镇。在黔西南州的各个农业乡镇，努力发展独具特色的康养小镇，进而形成区域特色浓郁的康养城镇品牌。黔西南州内乡村空气清新甜润，现在的乡村道路交通建设发生了翻天覆地的变化，美丽乡村、新农村建设为风景秀丽的村寨注入了新的活力。农耕养生、素食养生、休闲度假等自然养生产业的发展，奠定了养生产业与乡村旅游相结合的基础，为未来黔西南州生态经济发展提供了广阔的空间。

（4）净土生财工程。优质的土壤资源是百姓致富的重要渠道，是城市的"菜篮子""果盘子"和"粮袋子"的基础。黔西南州一方面整治农业污染，发展优质的地方特色大米。严格限制化肥、农药、农膜等的使用，加大农田保护力度，切实提升可耕地肥力。在主要产粮大坝，实施集约化经营，种植无公害优质大米，全面提升品质，打造绿色大米品牌。另一方面用好土地资源，规模化种植有机

---

① 五水，指污水、洪水、涝水、供水、节水。

蔬菜。靠近城镇的地段，把耕作条件较好的片区，规划为蔬菜种植基地，可以增加销售量，大幅提升经营土地的经济效益。根据有机蔬菜种植的土壤标准改良土壤，合理科学地发展有机蔬菜，着力打造黔西南州特有的盘江有机蔬菜品牌。最后，注重修复损毁土地，发展优质水果。在黔西南州辖区内，由于煤矿、金矿等矿业的发展，有不少可耕地受到污染而无法种植农作物。通过修复被污染损毁的可耕地，完全可以发展出适合的林果业，从而培育出盘江绿色水果品牌。

**5. 着力解决危害群众健康的环境污染问题**

在黔西南州党委、州政府的坚强领导下，环境保护和生态文明建设取得了实效，环境整改工作与经济社会发展、产业结构调整有机地结合起来，一些长期以来需要解决而没有解决、想解决而未解决的老大难问题得到解决。例如，全面禁止南北盘江、红水河和万峰湖内的网箱养鱼；整改治理矿山（兴仁远程煤矿、金兴公司尾矿库）污染；针对医疗废物的专项处理等。为巩固提升整改成效，还出台了一系列工作方案。其中，包括《黔西南州培育发展环境治理和生态保护市场主体实施方案》《万峰湖环境污染综合整治和开发利用工作方案》《黔西南州风景名胜区综合整治提质升级工作方案》《黔西南州群众举报处理问题常态化机制工作方案》等。这些政策措施为黔西南州环保督察工作走上常态化和长效化提供了有力支撑。

（二）黔西南州生态文明建设典型案例

**1. 抓住"山"字做文章**

留住"绿水青山"是当今林业生产的重点。黔西南州将林业工作纳入地方经济社会发到的框架中。在林权方面，坚持不与民争利，彻底还权于民，还利于民，促进林农增收。2018 年 10 月，黔西南州召开了生态环境保护大会，这是黔西南州绿色生态法治的重要里程碑。截至 2019 年年底，黔西南州森林覆盖率已上升至 61.17%，提前一年完成州林业发展"十三五"规划目标，且高于贵州省平均值。森林覆盖率的提升，是黔西南州加强生态文明建设的重要内容，"绿水青山就是金山银山"的理念，在黔西南州得以有效落实和推行。

林业发展同时为黔西南州带来了明显的生态效益。有的是农户经营林业带动周围群众致富，带来了显著的生态效益。例如，杨正林从 2000 年开始，在兴义市农村通过土地流转的渠道获得了 1000 余亩的荒山开发权来种植杉树。2013

年，他又通过同样的方式获得土地，开展荒山植被恢复项目。他通过"农户＋企业"的模式为村民做示范并免费为村民提供苗木，共带动周边村组群众栽植杉木1万多亩。他的林场不仅可以得到丰厚的收益，还能保障当地生态环境的改善。还有的是以公司为法人主体，带动林业规模发展，在实现经济效益的同时，促进生态环境的改善。例如，在安龙县万峰湖镇，万峰农汇种养业有限公司流转土地，通过基地种植带动200余户农户种植大叶枇杷树700余亩，发展规模产业。枇杷树种植以后，山头绿了，群众也有了致富门路。

借助珠江防护林建设工程、退耕还林工程、石漠化治理工程等林业重点项目，黔西南州林业生态建设与保护能力明显提升。目前，黔西南州已拥有3个森林公园 [①] 和数十个自然保护区 [②]，林业生态面积达100余万亩。以黔西南州册亨县为例，册亨县种植桉树的面积高达30万亩，册亨县森林覆盖率上升为68.62%，居黔西南州首位。在仓更、沧江等乡镇，当地通过种植杉木林、松木林、板栗林等，森林覆盖率不断提升，做到了保护生态和致富增收两不误。境内的各大森林公园及林场，也做到了生态保护和致富增收两不误。

从20世纪90年代的"十年基本绿化贵州"，到21世纪初提出的第一个十年要实施林业生态工程，再到党的十八大以来开启的新一轮退耕还林工程，黔西南州开展了"绿色贵州三年行动""让石漠化山头绿起来""以树为纲，绿色小康"、生态文明先行示范区建设等。通过植树造林，黔西南州森林覆盖率现已上升到58.5%，林业经济产值近300亿元。实践证明，黔西南州在工作中

---

① 3个森林公园是指仙鹤坪国家级森林公园、普安普白省级森林公园、普晴林场省级森林公园。

② 黔西南州境内的自然保护区大致为：兴义坡岗喀斯特植被自然保护区、兴仁清水河自然保护区、贞丰龙头大山自然保护区、安龙仙鹤坪自然保护区、晴隆花贡镇竹塘县级自然保护区、册亨赖子山自然保护区、普安沙子塘自然保护区、普安风火砖水库水源林自然保护区、普安旧屋基自然保护区、普安关索岭自然保护区、普安油沙地灌木林自然保护区、普安莲花山十里杜鹃自然保护区、普安牛角山自然保护区、普安仙人洞自然保护区、普安幸福水库自然保护区、普安水箐自然保护区、普安汪家河自然保护区、普安五个坡自然保护区、普安下厂河自然保护区、普安一把伞恒河猴自然保护区、普安布岭箐自然保护区、普安鲁沟古大珍稀资源保护区、望谟渡邑自然保护区、望谟乐宽苏铁自然保护区、册亨落凡自然保护区、册亨者冲口自然保护区、安龙莲花山自然保护区、安龙扳烟自然保护区、安龙王燕喀斯特植被自然保护区、安龙青山绿塘自然保护区、安龙停西自然保护区等。

真正践行了"既要绿水青山又要金山银山"的发展理念，而且实现了生态环境保护与群众增收致富的双赢局面。

### 2. 围绕"水"字有行动

（1）治理湖泊。万峰湖及其周边地区曾经是网箱养鱼、水上渔家餐厅以及水边钓鱼棚等浮动设施的云集之地。养鱼的饲料、民众的生产生活污水、游客的各类垃圾直接排入湖中，对水体污染很大。2017年下半年，黔西南州开展"清网行动"，重拳出击，退渔还湖。经过10个月攻坚行动，到2018年4月中旬，清理1367户网箱养殖户，467万平方米网箱，2612个水上棚屋和1227个钓鱼棚，关闭40余家水上餐厅，清理湖岸垃圾636.9吨，万峰湖水体得到明显改善。此外，为彻底治理湖泊污染，严防整治之后死灰复燃，政府为原来的"渔民"谋生路。在安龙县和兴义市建立16个湖湾养殖基地，建立陆基循环水养殖箱，建设16个精品水果种植基地，帮助这些原来"靠水吃水"的人实现谋生渠道的转型。

（2）河流治理。黔西南州确立的是两级河长制，自"河长制"开展以来，黔西南州对境内的红水河、马别河等大小河流确立了多级"河长"管护制度，410条河流有了河长，河长对水体保护负有特定的责任。自设立好河长制以后，黔西南州境内的水域生态环境得到了较好的改善，水体质量得到优化，河道治理取得了新突破。截至目前，黔西南州的410名河长中，有州级河长35名、县级河长316名、乡级河长606名、村级河长1096名。与此同时，还聘请了1480名河湖民间义务监督员和环境保洁员，在适当位置安装河长公示牌1637块。针对河流的治理，黔西南州已建成河长云平台。这个平台利用云计算、物联网传感器、移动监测等新科技，打造"黔西南州河长云"平台。黔西南州河长制组织工作的规和高效，为贵州省河长制信息化建设提供了必要的实践经验。

### 3. 立足"土"字有作为

以土地为根本生产资料的地区，管好"土"、用好"土"是生存的需要，更是绿色发展的基础条件。同时，在乡村振兴战略下，农村产业发展倡导尊重市场规律、强调环保的同时，也要考虑经济效益，进而达到增收与环保的双重目标。立足土地条件，发展特色产业，是黔西南州各级地方党委和政府落实乡村振兴战略的重要举措。在各项优惠政策的刺激下，一些原本打算到外地务工的群众和一些在外地发展受挫的群众都愿意回乡创业。以村寨为中心，以农户为主体，各类产业开始逐渐兴盛，乡村振兴事业注入了新活力。例如，贞丰种烤烟、普安采茶叶、望谟摘板栗、册亨收香蕉、晴隆喂羊、安龙培育食用菌、兴仁发展薏仁米、兴义培育矮脚鸡等，各地发挥优势，丰富市场，创造了显著的经济效益。再如，册亨县内"册南模式"发展生态畜牧，养殖产业、养殖合作社与农户之间有了一座健康的桥梁，土地得以有效利用，地区经济走上了快速发展之路。

在乡村经济蓬勃发展的过程中，普安县的特色种植业和晴隆县的养殖业成绩尤为突出。在各类优惠政策的指引下，茶叶产量迅速增加，红茶产业形成规模。普安是中国古茶树之乡，对这个地方历史与自然资源加以充分利用和开发，能形成特色产业，也能为劳动力就业提供了更好的平台和更多的机会。2011年开始，普安县大力发展茶产业，将茶产业作为民生产业精心打造。在"普安红茶"的品牌培育和宣传推介的过程中，地方政府起了关键作用。在政府大力的资金扶持和政策性奖励的推动下，普安县的茶产业发展迅猛，各地茶园迅速增加，现有茶园总面积达12.5万亩。

晴隆羊是全国名优品种羊，具有原生态的特征，晴隆羊肉是具有地理标志性特征的优质肉类。早在2001年，晴隆县就结合本县地方实际，确定了"种草养土，养畜增收"的晴隆模式。时至今日，晴隆的羊产业上了一个新台阶，不仅羊的数量大量增加，而且生态化养殖的晴隆羊已经被列入中国"地理标志性"农牧产品之一。遍地的草、遍山的羊、成为晴隆新景象。围绕着羊产业兴办起来的标准化养殖场、养羊合作社、羊肉加工厂，成为当地吸纳当地群众就业的重要渠道。

黔西南州推行"一县一业"，扩宽致富增收渠道。各县迅速发展的特色产业，使得当地社会客观上呈现出"以业聚人"的繁荣状态。例如，安龙县的生态红米、兴市的精品蔬菜、贞丰县的有机火龙果都发展得很好。规模化农业产业的推进过程中，以环保项目的形式来治理农药残留、综合利用秸秆、修复重金属污染地区、防治地膜污染、修复改良土壤、集中统一处理禽畜粪便等，一系列环保"老大难"问题得以有效解决。产业兴，人气旺，民族团结，经济繁荣发展，正是民族地区乡村振兴战略所要努力的奋斗目标。

### 4. 把握"人"字创和谐

生态建设以人为中心，是一项关系民生、影响全局的系统工程。为了促进人与自然、人与人、人身心的全面和谐，黔西南州以对人的关心和爱护为核心理念，创造和谐，特别注重在生态文明建设中体现人文关怀。在以"青山、碧水、蓝天、净土"为核心的四大工程建设过程中，时刻以"人"为中心。推进青山工程，种草、种茶、中板栗，林草产业收益最大化。推进碧水工程，处理污水，集中式饮水全面实现水质自动监测，生产生活用水有保障；推进蓝天工程，建设民政养老产业示范园、康养中心、养老服务基地，康养产业带来的不仅仅是消除当地百姓的后顾之忧，而且能发展成面对全省乃至全国的康养产业。以人为中心，打好污染防治攻坚战，全州生态文明建设成效进一步得以彰显。此外，黔西南州还重视舆论与宣传作用，宣传先进事迹和表彰先进个人。例如，州生态环境安龙分局环境监测站技术员周国旭，在防治环境污染的精准普查上，工作认真，是环保行业中难得的人才。

## 四、"十三五"期间黔西南州生态文明建设助推扶贫事业的经验总结

"十三五"期间，黔西南州生态文明建设有力推动了地方经济、社会和文化的全面进步。之所以取得如此斐然的成绩，首先是州委、州政府深刻领会习近平生态文明思想，树立绿色政绩观。其次是把生态环境保护的决策和部署落实到位。把生态文明建设落到实处，从宣传动员、重点"战役"、体制机制建设等各个方面都进行了精心的安排布置，保证生态文明设想和脱贫事业同步推进，并取得了丰硕的成绩。

### （一）黔西南州生态文明建设主要成效

#### 1. 生态文明思想推广有声有色

（1）生态文明素养明显提高。在生态文明的宣传过程中，黔西南州结合"世界地球日""世界环境日""世界水日"，积极开展群众喜闻乐见的生态科普教育活动，增强老百姓生态环境保护意识，提升群众的生态文明素养。

（2）生态文明理念深入人心。黔西南州有森林、草地、湿地，野生动物、花鸟虫鱼、石山竹茶，这些大自然赐予的东西在漫长的历史岁月中被赋予了特定的文化内涵。在推广生态文化理念中，突出文化与生态的相互融合，宣传形式更为丰富多彩。生态文明建设，倡导人与自然、人与社会、人与人的全面和谐，帮助生态文化理念在普通百姓心中扎根，进而形成热爱自然、尊重自然、保护

自然的总体氛围。

（3）生态文明活动注重成效。从2008年起，黔西南州每个年度都要搞一次生态文明创建活动，评选出一批创建单位，其中包括党政机关、工矿企业、街道乡镇、社区和村组。在各级党委、政府的不断努力下，城镇生活垃圾定点分类堆放全面铺开。例如，不定期的环保志愿者活动、每年定期的植树造林义务活动等，都是培育普通百姓生态意识、形成生态文明风气、促进生态意识建立、推进生态文明建设机制的有效举措。

（4）生态文明建设见到实效。当前，黔西南州建立"河长云作战指挥平台"机制，探索了一套自然资源资产的审计制度，因此，生态工程实施效果良好。在2017年省内评比中，黔西南州地方绿色发展指数[①]位居全省第二，绿色发展指导获得83.35分，群众满意度测评中也排名靠前。

**2. "四大保卫战"取得优异成绩**

为了有效推进生态文明建设，全州上下严肃认真，以应对"战役"的方式，确保生态文明总体设计的具体实施，并取得了优异的成绩。在2018年贵州省生态文明建设考核评估中，黔西南州获得了"优秀"。之所以能取得这样优异的成绩，是因为黔西南州打好了"四大保卫战"。

（1）碧水保卫战取得令人欣喜的成绩。在水资源保护与开发中，黔西南州水环境质量连续7年稳定保持100%达标；16个重点河流地表水检测中，水质优良率100%，水源地水质100%达标。针对大面积的湖面，通过专项行动，集中治理水体污染和水土恶化问题。例如，在万峰湖展开"清网行动"，取缔湖面网箱养鱼，恢复了湖水原有的面貌。为了改善和保障水资源，重点抓污水排放口和污水处理。对排污口的排查、清理和整治，就是"堵住口子"，关键是要严格执行，还要不时"回头看"确保水源质量。加快污水处理，改善水体状况，主要包括几个方面：及时检测、实时治理，恢复已经被污染水体，加快处理污染物。具体措施也有多重：污水收集处理建立台账，加快污水收集网的建设和分流改造及深度处理，改造和新增污水处理站等。如今，黔西南州生活污水处理基础设施不断完善，无论是城镇还是农村，生活污水都得到了很好的处

---

① 绿色发展指数，包括资源利用、环境治理、环境质量、生态保护、增长质量和绿色生活6个方面、49项指标。黔西南州实际参与评价的指标共有48项，总分98分。

理。"两江一河"治理成效得以巩固，河长制全面推行，境内江河的上下游、干支流得以全面综合整治。截至 2019 年年底，全州完成水源环境突出问题整治 28 个，农村饮用水源规范化建设 100 个，地表水考核断面水质检测优良 16 个。进入 2020 年，虽有疫情的影响，但是黔西南州深入推进的珠江上游生态屏障保护修复工作、黄泥河流域污染治理项目、"两江一河"入河排污口的排查整治工作、工业园区污水治理设施整治工作等一直都在有序进行中。

（2）蓝天保卫战守住了一片洁净的蓝天。首先，严格控制空气中的 PM 值；其次，对工矿企业、住建交通等各项生产和建设过程中产生的废气、扬尘等，通过定任务、减排量、落实责任等多种方法，保住了美丽的蓝天。截至目前，黔西南州环境空气质量优良率高于国家考核标准 4.2 个百分点。在治理大气污染方面，黔西南州落实防污治污规章制度，目前已完成对义龙新区 42 家煤焦货场、12 家企业共计 18 台工业炉（窑）、19 家高危重点行业企业开展常态化执法检查。在这个过程中，政府的治理行为得到了相关企业的支持与配合，赢得了百姓好评。

（3）青山保卫战变荒山秃岭为森林公园。开展"绿盾"行动，保护自然生态保护区，治理水土流失。加快自然生态群落的科学观测和研究，制定审查审批机制，规范林业建设，减少相关产业对林业的影响。具体推进路径有多种：加大投入、专项行动、勘界立标、规范建设等。通过林业工程推进防护林建设，退耕还林方案减少农业耕作对山体的破坏，因地制宜发展经果林、建设生态林，建立森林公园，提高森林覆盖率。目前，已经完成了 50 万亩造林任务，建设 107.1 万亩国家储备林，森林覆盖率大幅度提高。全州有省级的森林公园 2 个，森林城市 2 个，森林乡镇 13 个，此外还有更多的森林村寨和森林人家。

（4）净土保卫战还百姓健康优美的生产生活环境。主要从防治土壤污染、清除固废垃圾、整治乡村环境这几个方面入手。通过清理垃圾、疏通沟渠，清除生产生活废物等，推动废物的转化利用，节约资源，再生财富。在乡村普遍推行"厕所革命"，改善人居环境，改变农村粪肥搜集使用路径并提高利用率，减少农药和化肥的使用，发展生态农业。截至 2019 年年底，黔西南州已对 404 个农副产品样品和 483 个土壤样品完成了采集、流转和检测分析，对 225 个重点行业企业地块的土壤污染状况进行调查，强化了风险管控。目前，黔西南州的建设用地土壤环境管理得到全面加强，公共管理和公共服务的用地环境监管进一步强化，以确保污染地块安全利用率不低于90%。与此同时，黔西南州的废物处置能力也大幅提升，每年可处理11万吨危险废物和1.1万吨医疗废物，土壤污染治理工作在矿区有序展开。

### 3. 生态文明保障体制机制得以建立

（1）完善生态文明建设的专项制度。为了达到信息共享、协调联动、形成合力的目标，各级党委以问题为明确的导向，强化生态环境保护和生态文明建设的目标，落实具体责任。确保干部"知责尽责"，整改"真抓实改"，工作"实干巧干"，追责"较真动真"。在州党委的坚强领导下，《黔西南州环境质量月报》制度得以建立。环境质量月报定期通报各类监测数据，为环境保护提供科学数据作为参考。与此同时，黔西南州制定州内的空气质量和水质情况每日通报制度；州内主要生活必需品市场动态也纳入政府的检测范围之中。通过对全州辖境内重要生活必需品的市场动态综合分析，政府部门可以及时了解诱发境内生态环境发生突变的各种可能性因素。

（2）建立生态文明建设的系列机制。第一，审查制。整理、审查现有制度，修改或废止原来不完善的规章制度，制定并落实相应的实施细则，研究出台相应的方案。例如，自然资源有偿使用、生态环境补偿、水资源和森林资源保护等方面的地方性法规和规章。各级干部的年度绩效目标中，生态文明建设的考核是其中一项必备的内容。第二，问责制。在实践中把7种情况纳入问责范畴，加强各级部门的责任意识，有效推动生态文明建设各项制度的施行。第三，区域制。2008年，制定并推行《黔西南州主体功能区规划》，确定工作重点和与生态建设密切相关的区域功能定位：优先区、重点区、限制区、禁止区。第四，补偿制。明确规定谁开发谁负责，把生态恢复和生态补偿职责落到实处。第五，督查制。州委、州政府确立了相应的督查措施，成立督查组，对环保问题和群众信访案件反复跟踪，加强督查，州级督察组有责任和义务对中央和省委环保督察交办的信访投诉案件予以回访。

总之，黔西南州各地党委和政府，在生态文明建设的进程中，积极作为，迎难而上，认真落实省委省政府的决策部署，积极探索，为贵州省生态文明建设做出了重要的贡献。

### （二）黔西南州生态文明建设的主要经验

#### 1. 搞好基础设施建设，夯实生态文明基础

（1）基础设施是生态文明的保障条件。在道路交通、河流水利、城镇乡村的基础设施建设规划中，生态文明的理念必须贯穿其中并渗透建设项目设计的诸多环节。在这个过程中，要参照国家有关建设的规定来做，一定要两者并重，规范建设程序，注意保护环境。

（2）道路交通为生态文明保驾护航。要想富，先修路。近些年来，黔西南州加快高速公路建设，建设四通八达的二级公路，着重修建矿区路、旅游景区路和农村公路，支持南昆铁路的扩能改造，为西南水运出海通道建设出力，依托兴义机场积极培育航空市场，提升综合运输网络建设能力和运营效益。

（3）水利建设推动生态文明发展。水能兴利，也能致患。围绕着防洪减灾和生态保护目标，黔西南州境内一批大中型水库得以建成或开建，兴中灌区续建配套工程正在加快建设，盘江灌区和贞龙灌区也在加快建设之中。各县市基本农田水利建设项目进展顺利，农田有效灌溉有了保障。

（4）缩小城乡差异，彰显生态文明建设成果。黔西南州以"州市共建"的方式，推进兴义市区的城市基础设施建设，与此同时，加强县城和重点集镇的公路网、水网电网建设。在黔西南州各级党委和政府的努力下，城乡地区的污水和垃圾处理设施、消防基础设施、公共基础设施建设、信息基础设施建设都有很大改观。尤其是多媒体网络平台的建设，宽带通信网的建设以及数字电信网的建设，在信息沟通方面已经消弭了城乡差异。基础设施完善的传统的小城镇、小村寨，风景更美，更具魅力。

#### 2. 推进新型工业化，拓展生态文明建设路径

（1）生态文明理念引领工业发展方向。与传统工业化发展道路相比，发展新型工业化可以做到同等资源消耗量能够带来最大化的经济效益。黔西南州根据"护我环境、惜我资源、利我地方、惠我群众"的内在要求，处理好开发与保护的关系，开辟新型工业化道路。科技创新可以提升资源的利用率，所以依靠科技创新，促进工业结构调整，努力从根本上解决黔西南州轻、重工业发展都不佳的现实问题。在工业发展规划中，贯穿生态文明理念，着重思考发展循环经济，延长产业链，提高附加值的有效策略。努力转变经济发展方式，走可

持续发展道路，从根本上改变现有的工业发展状况，促进轻、重工业的协调健康发展，环境保护与现代新型工业开发并行不悖，实现人与自然的和谐相处，经济、社会和环境效益的协调统一。

（2）工矿业发展必须贯彻环保理念。发展循环经济，延长产业链，提高产品附加值，最终目标是实现人与自然的和谐，促进社会效益、环境效益和经济效益相统一。首先，开展试点工作。在重点产业中，推广循环经济先进技术、宣传循环经济典型经验和案例，鼓励工业、农业和加工业企业采用循环式生产方式，形成企业内部的"小循环"。其次，政府着眼宏观，构建相关产业的生态化经济"大循环"。不同产业之间相互协调和相互促进，大小结合，最终形成一套高效环保的循环经济发展体系。例如，黔西南州在煤炭业中，加强下游产业开发，统一规划煤化工和重化工，形成循环经济产业集群；在电业发展，加快电源点建设，完善现有的输电网络，培育和扩大电力市场；针对建材工业，围绕水泥调整和优化高耗能产业下功夫，适度发展金属冶炼业。此外，不断培育劳动密集型的加工业，以保障本地的劳动力在不出家门的情况下也能赚钱。

（3）轻工业发展以绿色生态为核心。烟草、白酒、红白糖、茶叶，是黔西南州的传统产业，也是近年来重点发展特色食品加工业之一。集中打造一批地方品牌，培养和培育一批具有黔西南地方特色的食品企业。例如，在制糖工业上，着力扩大制糖工业规模，给予了很多政策扶持；在茶叶生产和加工方面，集中扶持一批信誉好的茶厂，鼓励创立茶叶品牌，在全国打开销路；在民族特色医药方面，政府大力支持，已经出现了有产品优势的大中型制药企业和中药饮片加工企业；在烟草和白酒行业，支持兴义烟厂和贵州醇酒厂。

### 3. 发展绿色生态旅游业，凸显生态文明建设优势

（1）建设生态旅游景区。生态旅游是旅游的一种特殊形式，黔西南州各县市的自然和人文资源丰富，建立生态旅游景区是很好的选择。如此一来，生态旅游景区，既有生态教育的素材，也有生态科普的内容，让有生态保护的作用。黔西南州的旅游景区，既可以是生态示范区，也可以是科普实验基地，生态旅游基地将具有多重功效。

（2）实施旅游精品战略。黔西南州自然风光秀丽，有着丰富的自然与人文遗产。民族风情丰富、人文景观特色鲜明、红色文化资源众多，是极佳的旅游度假地。黔西南州以国家级风景名胜和省级风景名胜区为重点，对外加大宣传

推介，可以在不远的将来建设成为贵州省内的旅游大州。在这个建设过程中，发展特色旅游和乡村生态旅游，打造旅游精品，是不可或缺的内容。

（3）积极发展服务业。黔西南州大量发展服务业，繁荣旅游经济。首先，政府积极引导。在政府通过一系列指导性和优惠性措施，为服务业发展明确了方向，同时强化了政府对地方服务业发展的规划管理功能。其次，提高服务业水平。加快交通运输业的发展，保障商业贸易、宾馆餐饮等传统的服务业紧紧跟上现代旅游业的发展进程，为生态旅游业的发展提供基础条件。再次，拓展新兴服务业。制定现代物流业、中介服务业、电子商务以及通信服务等新兴服务业的规范，加快娱乐业的发展，与旅游业的发展基本保持同向同行，为旅游业的发展服务。

### 4. 全方位治理环境污染，落实生态文明建设举措

（1）落实环境评价制度。黔西南州在新增工业项目审批中，实行严格的"一票否决制"，严禁高能耗、高污染项目开工。针对州内高耗能的三大行业[①]，做好节能降耗减排工作，严格监督检查，保证工作落到实处。对企业的能源消耗、材料、土地、水等等的使用制定标准和规范，加快淘汰落后产能的步伐，促使高能耗、高污染、低效益的项目尽快退出。对现有企业，严格控制排污量，对有毒有害原料和废料加强控制，依法追究违规行为。特别是以控制二氧化硫排放量为突破口，全面整治空气污染问题。从源头上控制煤炭、建材等行业的工业废气，实行自动监测，发动群众检举揭发，及时发现问题、及时整改。其中环境评价差的就是重点对象，时时敲响警钟，迫使其主动配合节能降耗减排的工作。

（2）提高城镇居民环境质量，控制噪声污染和固废污染。在城镇，公共场所、集贸市场等地方，集中整治乱摆乱放、占道经营、废弃物和废水随处倾倒等脏乱差现象。加强城市噪声污染管理，特别是各类企业对生产过程中形成的超过一定限度的噪声，执法部门进行严厉惩罚。在现实生产生活中形成的固体废物、危险废物、医疗废物、生活垃圾，努力进行无害化处理，尽量使其转化为资源，从而达到综合利用的效果。

（3）加强农村防污工作，降低各类污染。首先，保护农村饮用水的水源地，

---

① 三大行业，是指化工行业、冶金行业、煤炭行业。

保障饮用水质量；其次是推行农村厕所改造、人畜粪便管理、生活污水以及垃圾处理；最后是注重农村的自然生态保护，加强引导农民科学使用化肥、农药和农膜等农用生产资料，从根源上减少农村生产生活污染。

### 5. 发展生态农林业经济，推动扶贫事业发展

（1）建设农产基地，有效帮助农户脱贫致富。在黔西南州，除了传统的粮、油等品种，茶叶和烤烟、甘蔗和油桐等也是本地的主要产品和农户的重要经济来源。现在，针对特色水果和蔬菜、中药材、金银花、花椒、油茶等，以及花卉、优质畜禽等的生产，也在大力调整农业产业结构，形成规模优势。近些年来，已经在中草药、茶叶、食用菌、草地畜牧业等方面取得了很好的成绩。黔西南州现有茶叶种植面积20万亩以上，各类中药材的种植面积总量在50万亩以上，草地面积在250万亩以上，其中人工草地种植面积在100万亩以上。

（2）发展生态农业，利用产业助农脱贫。生态农业，既能照顾到生态环境的保护，也能兼顾当地农民的致富增收。在黔西南州，生态农业的建设在结合实际、因地制宜的情况下，发展态势一向很好。经过近些年的持续发展，在黔西南州境内现已出现了多种较为成功的系列模式："晴隆模式"①、"顶坛模式"②、"坪上模式"③、"者楼模式"④。围绕着市场需要，各地农民结合本地的实际情况，发展出了一批绿色有机农产品的生产基地。

（3）发展生态林业，生态发展与脱贫事业同步发展。黔西南州努力实施天然林、生态公益林保护和退耕还林工作，加强石漠化治理，着力抓好生态建设，遏制现有水土流失，防止石漠化面积扩大，扩大封山育林面积和增加荒山造林

---

① 晴隆模式，是指晴隆县发展与农民群众增收致富相结合的高海拔喀斯特岩溶山区草地畜牧业模式。

② 顶坛模式，是指在低海拔喀斯特岩溶山区花椒种植业模式。顶坛花椒，是贞丰县北盘江镇顶坛村及其周边地区特有的高效经济植物品种。

③ 坪上模式，是指在中海拔喀斯特岩溶山区金银花种植业模式。贞丰县坪上村的"坪上模式"，是继"顶坛模式"之后治理石漠化的新做法。这种模式同样出现了"生态有保障、产业有发展、农民有增收"的三赢局面。

④ 者楼模式，是指低热河谷地区种植早熟蔬菜的模式。者楼镇隶属册亨县，当地农民因经营早熟蔬菜种植走上了富裕路。沿者楼河流域72千米长的范围内，是经营早熟蔬菜种植形成的绿色长廊。

规模。在日常森林管护上，加强防火，防治有害生物，同时做好林地用途管制，对森林采伐进行限额管理，下大力气保护野生动植物资源。贫困农户通过转变生计方式，成为林业工作人员，获得稳定收入，开始全新生活。

### （三）黔西南州生态文明建设的主要问题

当前，黔西南州生态环境总体质量优良，但是境内石漠化严重、生态脆弱，环保"短板"问题仍较突出。由于新型工业化、农业现代化、新型城镇化还在进行之中，境内的产业结构和能源结构在短期内难以取得质变。除此之外，一些地方的绿色发展观还没有牢固树立起来，环保责任感薄弱、执法监管不到位、基层能力弱等问题，环境保护的任务仍然繁重。问题主要有以下几点：

**1. 绿色发展的理念还有待更为全面地推广**

在黔西南州，还存在一些干部对生态环境的质量盲目自信、盲目乐观、缺乏警惕性的问题。境内一些企业的守法意识弱，在环境污染治理上投入的人力、财力都很不够；一些企业为了节约成本，偷偷排放污染物，擅自关停环保设施。基层在某种程度上这些违法行为仍然禁而不止，环境监管的压力很大。对公民个人来说，全民节约能源的意识、环境保护的意识普遍不强，环保宣传教育还有很长一段路要走。

**2. 环境保护的基础设施建设还有待继续加强**

黔西南州属于西南地区典型的"老、少、边、穷"地区，基础设施历史欠账多、地方财政底子薄，环境保护设施更新资金投入不足。尤其是基层乡镇农村民众的生活污水处理，长期不在环保的范围之内。例如，在黔西南州辖区内，各县、市的城镇污水收集管网不完善，雨水污水不分流，导致雨季出现内涝现象。部分基层乡镇污水处理厂的配套设施形同虚设，管理和运行也不正常。

此外，在州辖区内的工业园区，基础设施建设跟不上，入驻企业数量少，园区里的污水防治没有配套设施，基本上都要依靠所在城镇的污水处理厂来处理。在农村一些地区，环境污染问题还有很多，各类生活垃圾乱堆乱放、生活污水乱排等得不到有效处置。同时，在农业生产生活中，农业种植和家畜养殖的污染点多，面广，农药、化肥、地膜用量大，深层次的环境污染问题，还没有得到解决。

### 3. 环境监管责任的落实力度还有待提升

从专业监管力量来看，黔西南州专业的环境监察执法人员少，业务素质高低不一，办理环境违法案件的能力有限。与此同时，环境监管的合力不够，在一些问题上容易犯"政出多门"的毛病，执法机关之间的联合执法能力还有待进一步提升。此外，由于以往的工作不到位，黔西南州尚存许多历史遗留问题需要解决。譬如，在官方划定的保护区内，各类违法违规的建设项目还有不同程度地存在；以往遗留下来的废弃矿山环境修复问题，只能靠政府解决，但因财政资金有限，投入力度小，废弃矿区的生态恢复难度大，生态修复任务艰巨等等问题，都还有待解决。

### （四）推进黔西南州生态文明建设的对策建议

### 1. 加快生态文明建设步伐，打造"美丽黔西南"

（1）全面治理石漠化，防止水土流失。石漠化治理是一项长期而艰巨的任务。现在州下辖的8个县、市，全部属于国家级石漠化综合治理的试点地区。在这些重点地区进行综合试点，如何结合水源涵养区、江河源头地区、城乡饮用水源保护区的环境保护建设，需要懂科学、用科学。建议组织省内外，或者邀请国内有名专家到黔西南实地交流经验，把脉问诊，把治理工程落到实处，具有长期性和可验证性。

（2）利用生态特色，构建山地绿色产业链。首先，要理顺关系。环境保护与生产发展两者都不可偏废，两者协调共进是形成良性循环的基础。严格环保法律法规，同时充分调动当地农户的积极性，发挥其基层监督的作用。打消农户的顾虑，保障信息沟通渠道的畅通。其次，要有的放矢。产业"模式"模仿和学习要有针对性，不能一哄而上。黔西南州倡导各乡各村发展特色生态经济，州内现有的几大模式（"晴隆模式""顶坛模式""坪上模式""者楼模式"）主要是针对"畜牧发展""经济作物栽培""规模化农业生产"这几个方面，是成功的范例，但是不能仅仅照抄照搬。理论来源于实践，还必须回到实践，在实践过程中接受检验，再进一步得以提升，这才是遵循马克思主义辩证唯物主义原则，也是未来各类"模式"形成和推广应当遵循的准则。再次，要健全管理制度。在现在农村产业发展的过程中，多个地方的生态产业形式上"红红火火"几年，一旦政府的扶持资金耗尽就偃旗息鼓。建议对规模性农林牧业生产企业、公司等建立长期追责制度，因为短期的不负责任的行为，不但对当地经济社会长期稳定发展带来负面效应，为生态文明良性发展制造障碍，而且会导致农户对今后产业政策推广等产生抵触情绪。最后，生态产业发展要避免"近亲繁殖"。创造条件引入外省市的公司企业，带来产业发展的新思路，更多的是拓宽产品的稳定销路。现有的"扶贫商业"，产品有地方特色，也很好，但是价格虚高，脱离市场实际价格水平，在经济发达地区的推广尚且依靠各种"帮扶"才勉强存在，不具有长期发展的可持续性。

（3）发展生态林业，有"红线"守底线。首先，林业生态红线有9条"红线"，是林业建设的底线。其次，增加植树造林面积，扩大林业总储量是林业发展的保障。植树造林是一项长期的工作，把生态林业和民生林业结合起来；把林业产业带的建设和景观绿化带的建设结合起来，保障林业成为黔西南州未来经济稳定发展的绿色生态屏障。其次，建立长效机制保障生态与发展同步进行。现在州内主要发展的是如核桃、枇杷等的经果林和杉木、柏木等速生经济林，也将是今后发展的重点。但是在具体的操作过程中，为公司和农户提供长期稳定平台和渠道，以及相关的市场和技术信息服务至关重要。最后，林业发展要动员多方力量。黔西南州努力构建山地特有的绿色生态产业体系，推动绿色经济发展，推进生态建设与经济发展互动，努力实现"生态美"与"百姓富"的统一。但是，产业推广常常是政府一头热、公司企业等待观望是否有利可图、普通百姓则是一头雾水不知所措，自上而下的发展规划与实际操作难免形成脱节。一旦土地流转合同签订，公司的运作规划和推进路径农户无从知晓。公司承诺不能兑现，农户马上对基层政府工作人员产生不信任，使得后续政策的推动难上加难。面对这种情况，不妨多开调查会，无论是公司还是个人承租土地，事关每个农户的产业规划和具体细节都应该公开透明，帮助农户对公司流转和经营的状况及时了解。

### 2. 生态文明与发展民生同步，促进社会和谐

（1）坚持教育优先发展，促进生态文明全面提升。首先，继续推动生态文明教育。针对学前教育、中小学基础教育、高等教育、职业教育等阶段的学生，加强推广生态文明教育。丰富校本教材和读本，挖掘生态文明教育资源，丰富生态文明教育方式。同时，拓宽生态文明教育宣传的途径，通过平台、利用节庆活动，运用丰富多彩的形式和内容，或者组织专门人员，或者动员年轻学生，

开展业余或者课外活动，走进千家万户做生态文明的宣传员。其次，要充分利用现代科技，强化科技人才对生态文明教育的引领作用。加快自我创新步伐，进而优化配置现有的卫生资源，加强在公共卫生基础设施上的投入，突出改善农村地区的医疗卫生条件。在与群众最切身利益相关的各项事业的建设过程中，注入生态文明的元素和构思，让生态文明教育、生态文明理念潜移默化地进入每个人的生活。

（2）扩大生态产业规模，解决就业问题。在一些高污染、高耗能的企业关停之后，短时期内会有一些失业工人。为此，在生态文明建设过程中，政府要努力创造更多的本地就业机会，增加城市居民工作机会和收入渠道，帮助改善低收入群体的生活质量。尤其在城市治理上，要将失业率控制在社会可承受的范围之内。对农村来说，发展生态文明，更要进一步拓宽当地农民群众的增收致富渠道，尽最大努力逐步缩小城乡居民之间的收入差距，从物质上为生态文明建设打下坚实的基础。

### 3. 循序渐进，环境保护工作再上新台阶

（1）让环保理念深入人心。经过不懈的努力，黔西南农民家庭普遍用上了电力、煤炭、沼气等能源，人们生活不再依赖薪柴，减少了对森林资源的索取，促进了森林中植被的自我修复和自然生长，这在物质层面为绿色发展奠定了良好的基础。下一步的工作重点可以在精神层面多做文章，让绿色生态观在普通百姓中逐渐获得普遍的认可和支持。一方面，政府各部门继续加大宣传力度，制定和推行相关法律法规，订立绿色生态文明的基本准则；另一方面，推动社会各界积极参与和宣传教育，多种力量共同推动生态发展的观念进入千家万户，进入普通百姓的心中。这样才能在将来的日常生产和生活中自觉或不自觉地践行绿色发展的先进理念。

（2）科学环保，规划先行。治山、治水、治气、治土是黔西南州生态文明建设的四大基础工程。但是在具体的推进过程中，还有更多的细节有待完善和补充。

首先，针对山脉的治理规划，需要综合设计，不能只局限在某个具体的点上想问题，应该在全区的总体规划下，细化具体的步骤和措施。山地经果林的发展要注重规模经营和分片区规划，要和市场需求结合起来，有长远的眼光，注重开拓广阔的市场，保障生态建设与经济发展的长期性和稳定性。

其次，针对河流和水系治理，调整环保成效评价模式，让普通百姓都有参与权，发挥监督作用。例如，兴义市内湿地公园沿岸楼盘林立，居住生活的市民众多。虽然沿岸种植了各类植物帮助净化河水，定期有园工对水面进行清理和对水中及两岸的植物进行管理，但是水中刺鼻的味道仍然十分明显，不用任何检测工具，仅仅靠人的嗅觉都能明显闻到化学物质的异味。做好每一条河流、每一条沟渠和每一个湖泊的"水"的文章，关系到千家万户的生产生活，"水"的建设仍然任重而道远。

再次，大气治理以镇域为中心全盘考虑，更要注重相关措施的落实到位。例如，兴义市桔山片区受工厂废气的污染虽然明显减少，但是在夜间，甚至有时在白天仍然能闻到刺鼻的气味。虽然有"投诉电话"，而且市民打电话反映之后，一两个小时内工厂废气的味道很快有缓解，似乎有"专门渠道"通知到该厂，但是，治标不治本，这终究是安放在黔西南州州府所在地兴义市心脏旁的一颗定时炸弹。桔山片区不仅居民住宅云集，也是接待各地游客的酒店汇集之地，是大型体育赛事活动场地的所在地，是兴义市也是黔西南州的一个重要窗口，发展绿色黔西南，"气"的治理可以说迫在眉睫。

最后，农田治理在按坝区分块规划土壤治理的基础上，加强土壤科学研究，把现代科学技术更多融入田地管理的实践工作中。分好了"片区"，紧接着要多考虑如何发展每个"片区"。投入更多的人力物力保障写好这一章。

（3）创新产业发展模式。首先，拓展产业发展思路，夯实产业发展基础。黔西南州产业发展不仅仅是种好、养好，更应该管好、卖好各类农副、畜牧和渔业产品。根据市场决定种养业的发展方向、产品品种，而不是凭空规划。过去的经验教训有很多，常常是短时间内同类产品大量涌现，卖不上价格，又统统下马，在一次又一次的"赶潮"运动中，农户、合作社、公司都是伤痕累累。倡议建立商品供销市场信息服务中心，中心不是一级行政组织，运营也不依靠财政经费，而是要和农户、农产品的利益相互联系，产品获益，信息服务机构分成，作为维持机构正常运营的经费和发展的基础。通过信息服务中心和平台，为黔西南州产品出州、出黔，在省内、国内乃至国际市场中找到位置，而不是仅仅通过"扶贫商店"实现自身的利润。在市场的引领下发展创新创业模式，推动生态产业发展，最终使生态文明理念深入人心。

其次，发展山地生态农林特色产业。今后，黔西南州应该继续按照绿色协调发展的基本原则，因地制宜地发展四大生态产业。根据自然环境和距离市区的远近，宜农则农，宜林则林，打造地域特色产品，规模化经营管理，突出市场地位，构建黔西南州特有的山地生态产业体系。

再次，建立生态康养产业模式。充分发挥黔西南州的山地资源优势和气候环境优势，康养业发展规划和发展目标。充分发挥黔西南州内空气质量优势和城镇空间布局和环境的优势，发展壮大康养产业。把康养与民族医药和旅游产业相结合，建立生态康养的新型产业模式。

最后，推动特色生物资源的科学研究。加大州内特色生物资源的搜集、整理和分类工作，聘请生物科学类专家，组建专业研究团队，发掘生物资源，创立未来生态产业基因库和培育基地，让科技之光照亮黔西南州生态产业发展的未来道路，为黔西南州生态产业未来的创新式发展奠定牢固的基础。

对黔西南州而言，无论遇到怎样的困难，发展生态经济必须一以贯之坚持下去，生态经济是地区经济高质量发展的特色所在。在这个动态发展的过程中，黔西南州将发挥自身特殊的优势继续推进生态文明建设。在国家重视生态的时代大背景下，黔西南州在经济发展过程中努力将发展与生态两者协调统一起来，取得了很好的成效。其中，不仅有政府强势主导的"四大工程"，还有群众在生产生活中的创造。譬如顶坛模式的形成，最初来自顶坛村袁家伦的偶然发现。他家有棵花椒树，算下账来，如果大面积种植，比其他作物获得的收入多，既能增收又保护了生态。因此，我们在生态文明建设的道路上，今后还需要多接地气，俯下身来，多去听民间的群众声音，多去发掘民间的群众智慧。

# 第五章　扶贫事业与社会发展同步进行

## 一、农村合作社参与社会治理的黔西南州案例

针对农村合作社国内学界早已关注，其中针对贵州地区的农业合作社，有的是与其他省份进行参照对比，探讨"农民专业合作社对贫困农户收入及其稳定性的影响"①，根据中国扶贫开发建档立卡数据库中的省级农户信息为样本进行研究，指出农民专业合作社是帮助贫困农户脱贫的主要载体。总结了专业合作社的"益贫性"特征，分析和探讨合作社的发展模式和贫困户可能获得的"合作互助"与"政策扶持"的双重红利。有的则以合作社自身的发展作为研究的对象，从整体、从全局探讨"农民专业合作社发展现状"②，认为农民专业合作社的发展较好，不仅有效推动了农村的产业发展、提高了农民的职业技能水平，而且增加了农民的收入。但是农民专业合作社在运行过程中必须面对来自合作社内部和外部的重重困难。有的从"公共服务供给模式"③着眼，针对贵州省的坡地经济发展情况进行了专门考察，进而探究专业合作社成为多元主体参与供给模式的纽带这一现象。

贵州省内各地的农村合作社有很多特色鲜明、成效显著的案例。例如，在茶叶合作社中，"隐形合约"对合作社产权产生的影响作用；在苎麻合作社中，农民专业合作社的经济、社会和生态"三位一体"功能。合作社中的农户，由

---

① 刘俊文.农民专业合作社对贫困农户收入及其稳定性的影响——以山东、贵州两省为例[J].中国农村经济，2017（02）：44-55.

② 黎桂先.贵阳市农民专业合作社发展现状与对策建议[J].贵州农业科学，2015，43（01）：216-219.

③ 万伟.多元协同视角下贵州坡地经济发展中的公共服务供给模式研究[D].贵阳：贵州大学，2015.

于经济实力有强有弱,加入合作社的意愿动机、参与方式和参与深度等各不相同,成员的类型和发挥的功能也有很大差别。例如，核心社员积极控社、普通社员有限参与、实力雄厚社员自我发展式参与。

就黔西南州的情况而言，合作社在近些年来不仅数量大增，而且规模也上了一个新的台阶。以现实需要为导向，黔西南州内农村合作社的有序发展为脱贫事业，也为乡村经济社会发展做出了贡献。

## （一）农村合作社发展概况

虽然农村合作社并不是一个新概念，但是，现在的农村合作社对于黔西南州却是新时代农村建设和发展的新生力量。作为中国西南地区的一个少数民族自治州，黔西南州内的农村合作社有其发展的历史脉络和地域特性，也与国内其他地区农村合作社的发展起伏过程具有共性。

### 1. 农村合作社的发展历程

黔西南州农村合作社从最初成立至今，可以说由来已久，但其发展历程却较为曲折。新中国成立初期，在党中央积极倡导"农民合作"的大背景下，到1958 年在黔西南地区范围内"政社合一"的人民公社已经普遍建立起来。

改革开放初期,在市场配置的客观推动下,农村社会各类资源得以重新整合,合作社也随着人民公社的全面解体而进入低潮阶段。但是,随着改革开放的深化,农村经济发展模式的变更，合作社再次展现出优势并逐渐呈现优化趋势。从全国范围看，在市场经济的活动中，合作劳动节约成本、扩大经营范围、保障收益等优势重新得以体现,因此,一些具有协作意义的民间经济组织开始重新出现,在农产品的生产、加工、运输等诸多活动中，开始扮演积极的角色。这些合作性质的民间组织，搞活了农村经济，增加了农民收入，为农村发展注入了活力。

从长远来说，当前和今后相当长一段时间内，积极发展农民专业合作社和农村服务组织，是社会主义新农村建设的重要内容。2006 年开始经过 10 年时间，《中华人民共和国农民专业合作社法》从制定到完善，经过了多次修订，成立合作社和合作社的规范运作有了专门的法律依据和基本准则。农民专业合作社作为农村家庭承包经营制基础上成立的经济组织形式，是农业产品的生产者、经营者，也是农业相关产品服务的提供者或利用者，以互助形式组织起来，自愿联合、民主管理。这种角色定位，从法律层面为农民专业合作社提供了保障，确立方向。也正是在这样的大环境下，黔西南地区的农民专业合作社逐步发展并进入了一个新时期。

**2. 农村合作社的数量和规模**

在国家政策的激励和支持下，近些年来黔西南州的农村合作社大批出现，无论是整体的数量还是单体的规模，都不容小觑。

（1）总体数量大幅度上升。

在各类优惠政策的促进作用下，自2017年开始，合作社与公司如雨后春笋般涌现出来。到2018年，黔西南州内的合作社组织的注册资金达87.43亿元，销售收入达15.47亿元。2019年州内农民专业合作社已达4484家，其中国家级示范社14家，省级示范社15家，州级示范社10家。带动农户16.1万户，农业人口53.88万人。这些农村合作社主要分布在各乡镇的"农村产业化示范区"内，涉及农牧业、水产业，以及围绕这些产业而新兴的乡村观光旅游业。

州内农村合作社经营产品涵盖蔬菜、食用菌、茶叶、精品水果、中药材、薏仁米、花卉、香料、芭蕉芋、生态畜禽十大特色产业。而且全州加强对农村合作社经营管理人才的培训，采取州级示范班与县级普通版的形式，以全州农村合作社经营管理人才为培训对象，培训内容涵盖种、养、管、收、包装、分解、销售等各个环节的技术标准和技术规程等，开展全方位理论学习和实训，进一步发挥农业专业合作社在连接市场、组织农户、发展生产、助农增收上的重要作用。

（2）合作社规模不断壮大。

第一，合作社发展确定了年度目标。根据州委、州政府的规划，确定产业发展方向，针对州内的165个深度贫困村，打造具有特色的合作社，促进农产品的销售，提高合作社成员的收入。2017年年底，实现贫困村合作社全覆盖。带动农户24.35万户89.1万人，其中建档立卡贫困户97557户34.8万人，人均增收1000元。2018年，实现贫困村中的合作社数量比2017年增长50%，成员60%以上的农产品通过合作社销售，收入要高于当地非合作社成员25%。带动农户30.4万户109.8万人，其中建档立卡贫困户78757户26.2万人，人均增收1600元。2019年，合作社数量比2018年再增长30%，成员生产农产品总量的70%以上通过合作社销售；收入比当地给合作社成员高出近33%。带动农户36.3万户131.7万人，其中建档立卡贫困户45725户15.5万人，人均增收2000元。

第二，争取省级项目，促进农村合作社发展。黔西南州利用贵州省的农机项目发展农业和农机农民合作社，于 2016 年迎来各级的检查。项目验收组到普安县尤开种养殖农机专业合作社建设（新建）、新店乡大丰农民农机专业合作社建设（续建）、青山镇畜牧养殖机械化试验示范点和普安县农机抗旱应急服务队等地验收项目，逐台核实机具数量、厂家、型号、出厂编号、机架号、发动机编号、拖拉机落户上牌情况、经销企业开具的售机发票，查看验收材料，并通过了这四个项目的验收。对尚在建设和准备申请验收的项目，州农委副主任、项目验收组组长徐发俊要求一定要想方设法、克服困难，确保机具按期到位，尽快完善验收相关材料。

第三，利用政策和资金扩大农村合作社规模。兴仁市李关坝子兴仁县屯脚志远农机专业合作社利用国家农机示范项目的扶持，购置联合收割机 8 台，培养专职驾驶员操作手 10 余人。合作社规模扩大后，除了在本县周边收割外，还到四川、广西等地跨区作业。此外，合作社还想方设法增加农机机械，特别是耕整地机械，让机手大部分时间有事干，成为从事农机驾驶（操作）的新型职业农民，稳步脱贫奔小康，也为提高黔西南州的农机化水平做出了贡献。

第四，发挥产业带动作用，促使合作社规模上台阶。合作社的复兴是响应时代的需要，与黔西南州乡村振兴事业紧密相连。在具体的运作过程中，合作社与农业产业的发展密切相关。产业发展推动了各类合作社的成立与壮大，上规模增效益；与此同时，合作社也成为农业产业发展中的一支生力军。例如，以贵州汇珠薏仁集团为龙头，完成产业总投资 4.1 亿元，以洒雨、海子、普坪、钱相、笃山等镇（街道）为核心区，全域发展薏仁米种植 15 万亩，其中有机示范创建 1 万亩，发展专业合作社（大户）60 户，带动 2.2 万户农户增收。以合作社为主体单位，大力推行治理石漠化的工程，确定退耕—还草—还林的基本步骤，在以石山和半石山为主的喀斯特地貌区域内推行生态保护，因地制宜，种植适宜当地水土的金银花；在北部西北部丘陵山地茶叶、南盘江河谷区域发展亚热带水果。合作社流转龙广镇五台村的土地，农户种植甜玉米，全部由合作社统一销售。

又如，普安县楼下镇在试点区率先引导贫困户 145 户 405 人通过土地或"小额信贷"资金入股合作社抱团发展，增强了抗风险能力，实现了全镇贫困户户均有 1 个以上增收项目。专业合作社及养殖大户 50 户养殖盘江小黄牛，辐射带动2600户精准贫困户增收。再如，为加快推进全州现代烟草农业发展，促进农业、农民和财政分别实现增效、增收和增长的目标，全州采取"公司＋合作社＋基地＋烟农"模式进行市场运作，从烤烟生产最初的育苗阶段开始，经过种植、采摘、烘烤到最后的销售等各个环节，都有专业技术人员进行技术指导，组建育苗、机耕、植保、烘烤、收购等各个环节的专业队，建立和健全了整个烤烟专业队伍。

（3）合作社类型特色各异。

第一，种养为主，特色各异。在特色种植方面，有的合作社专注于地方特色产品种植。例如，在兴义市经营芭蕉芋的就有安城、菁茂、乐升、桥安、桥顺、新苗、满仓、海子湾等多家芭蕉芋种植农民专业合作社。有的合作社主要种植某一类作物。例如，兴义市宝丰农民专业合作社专门种植食用菌、丰晟农民专业合作社专营竹荪。而有的合作社则把特色种植与其他产业相融合进行综合发展。例如，思恋农民专业合作社和锦成农民专业合作社等主要发展花卉种植。

有的合作社建立专门的示范区，展示合作社发展种植业的基本思路，提供样板模式。例如，兴义市万屯镇金叶烤烟农民专业合作社，建立现代烟草农业试验示范区。有的合作社发展特色养殖和配套相关项目。例如，义龙新区贵宝种养殖农民专业合作社养殖蓝孔雀、珍珠鸡、兔、竹鼠、野猪、香猪、蝎子、土元、鸵鸟、蚂蚱等，同时提供餐饮和生态观光旅游服务，兼营土特产、民族服饰。又如，友才农副产品销售农民专业合作社养殖竹鼠、贞丰县长田乡晓玉种养殖农民专业合作社驯养繁殖梅花鹿。

在种植养殖之外，充分发挥地方传统和民间工艺、民族文化特色，经营地方特色产品。例如，兴义玉秀刺绣农民专业合作社提供民族服饰刺绣、织布、制衣、蜡染；布依族服饰设计、制作；民族工艺品生产销售和相关咨询服务。

第二，关注技术引进，重视推广和培训工作。在新技术与新品种的引进方面，有大量的农民专业合作社积极开展相关专业技术的培训、交流和咨询等方面的服务。例如，兴义市的昌煜和晨轩两家种植养殖农民专业合作社，着力于畜禽繁殖和种植种苗新品种培育、研发、推广与使用等相关技术；好花红生态种植农民专业合作社在种植、纺织、印染、刺绣工艺品与服装的加工销售过程中不断引进新技术、新品种，开展技术培训、交流和咨询服务；宏顺源种植养殖农民专业合作社把握种植养殖信息，积极推进新技术、新品种。

总体而言，在黔西南州有很多合作社，不仅专注于农业新技术和新品种的推广，而且积极推进成员合理组织生产，增进合作社的整体效益。例如，兴义市内从事种植方面专业生产的就有吉一、家家富、金果果、黔一芦笋、七捧、欣圣、田园、鑫丰裕、鑫锐、兴林、振农、众信等多个种植农民专业合作社；从事养殖专业生产的有金洲荣盛、浓源等多家养殖农民专业合作社；此外，还有很多合作社同时发展种植和养殖业，例如，兴义市内的民益、农管家、仁和堂、榕峰等农民专业合作社。此外，义龙新区麒麟有机种植农民专业合作社、黔西南州龙腾果蔬种植农民专业合作社、定发牧业农民专业合作社；兴仁市清水龙湾生态产业农民专业合作社、山惠养殖农民专业合作社；安龙县顺民种植养殖农民专业合作社、新发现种植农民专业合作社、盈丰种植农民专业合作社、中黔红成种植农民专业合作社、庄雷食用菌菌草循环农民专业合作社、航莱源种植养殖农民专业合作社等都有自己的特色。

第三，着力于生产资料等农业生产重要物资的生产、运输与销售。合作社可以有效克服单个农户生产经营的弱点，在农业生产物资的生产、运输和销售中表现出独特的优势，充分推动了现代化大规模农业的发展。例如，兴义市惠农农民专业合作社针对红缨子高粱种植，昆海农民专业合作社针对玫瑰种植，黔西南州联众农民专业合作社针对桐籽和魔芋的种植、收购、初加工及销售过程中，合作社统一组织采购、供应成员所需的农业生产资料，组织收购、销售成员及同类生产经营者种植的产品，体现出高效现代农业的优势。

有的合作社专注于种植，例如，兴义市有金鑫、百草园、茗农、长霖、继豪、天宇、户外人家、福全、佳兴、惠农、智强等多家农民专业合作社。其中，继豪农民专业合作社和安龙县多家种植农民专业合作社，主要从事种植、加工和销售魔芋；天宇经果林农民专业合作社和裕民种植农民专业合作社种植、销售经果林；户兴义市外人家农民专业合作社和兴仁市顺丰农民专业合作社提供绿化苗木，进行绿化施工，造林苗、经济林苗、城镇绿化苗、花卉和种植培育及批发销售和相关的农产品研发；兴义市敬南镇福全农民专业合作社、佳兴农民专业合作社种植金银花；惠农农民专业合作社种植蓖麻；智强农民专业合作社种植及销售食用菌、蔬菜、中草药、水果；刘哥种植农民专业合作社种梨、卖梨。州内各县也有各种各样的农民专业合作社。例如，晴隆县内有金彩、老坪、富益、托福等农民专业合作社种植、加工和销售中药材。但是与兴义市辖区内的农民专业合作社相比较，有所谓的"平台小"的特点，不仅数量少，资源有限，而且业务规模和范围也相对较小。

有的合作社则把养殖放在首位，例如，兴义市辖区内，晟睿农民专业合作社营销鸭子等活禽，峰峦种植养殖农民专业合作社、鸿行祥养殖农民专业合作社养殖与销售家禽家畜；亨江农民专业合作社、崛胜农民专业合作社、罗家湾农民专业合作社、翔森农民专业合作社养殖和销售水产。兴仁县辖区内，创新种农民专业合作社养牛、马、羊、猪、鸡、鸭、鹅；全兴农民专业合作社饲养及销售牛。还有的合作社兼顾种植和养殖，各具自身特色。例如，中大、创丰、大山、汇农、祈顺等多家农民专业合作社，都兼顾种植和养殖两个行业。

第四，推动生态旅游，发挥资源潜力。例如，兴义市百果王、醉玩街、野生堂、花之雨、聚瑞达等多家农民专业合作社，专门从事旅游产品开发、设计、加工及销售、发展与营运乡村旅游、提供休闲农业与农业旅游观光服务和配套的餐饮服务等。或者在发展种植业的同时打造餐饮服务、农业体验、乡村旅游开发等一条龙服务链，例如，朋成农民专业合作社等。此外，坡桑桑蚕养殖农民专业合作社养蚕养并且加工及销售蚕丝制品和农特产品的同时，提供农家乐服务；麒麟有机种植农民专业合作社种植和销售诸如红豆杉、榧木等珍稀经济苗木之外，提供园林绿化设计及施工服务，发展生态养生与旅居养老服务；娅春生态养殖农民专业合作社种养并举，不断探索餐饮服务、旅游观光和乡村旅游开发的结合点。普安县灵雾山古茶农民专业合作社和雅能茶叶农民专业合作社，拓展产业发展空间，种植、加工及销售茶苗，发展茶产业的同时也利用本地自然环境优势提供特色服务，推动旅游观光服务。

### （二）农村合作社在脱贫事业中的角色定位

随着市场经济的发展，在基层社会中利益分化越来越细、利益主体越来越多。在利益多元化的时代背景下，基层的社会治理工作显得千头万绪，似乎杂乱无章。在新时期出现的农村合作社，是基层社会治理中的不可忽视的重要利益主体。

**1. 经济层面——农村经济发展的领跑者**

（1）壮大合作社经济实力。作为一种适应时代需要和反映农业发展方向的经济组织，农村合作社发挥了积极的作用，成为乡村振兴和农业现代化的建设过程中的排头兵，发挥农村经济发展领跑者的作用。例如，2018年义龙新区平坝村三聚种养合作社发展种植的凤珠樱桃番茄，由州农委牵头，由黔西南州农委立项，并投入项目建设经费 100 万元，由义龙新区平坝三聚种养农民专业合作社实施，宁波市农业局、宁波凌晨农业科技公司提供种子和技术支持，通过示范基地，黔西南州与宁波市东西部协作产业扶贫的重要合作项目，义龙新区农业局、鲁屯镇人民政府负责项目监管。实践证明，合作社在这个过程中意义重大。

（2）带动地区经济发展。合作社立足于农业，牵涉不同的利益群体和众多的产业门类。合作社这种新生的农村生产和经营主体，有效带动了规模化经营，促进了地区经济的发展。例如，安龙在发展农业产业化的过程中，采取"公司＋合作社＋基地＋农户"模式，按照种植 3000 亩野生铁皮石斛的发展目标，将铁皮石斛附生在野外树干上进行种植。该县积极培育新医药大健康产业，引资建成全国最大野生铁皮石斛种植基地。以合作社为纽带，将充分利用公司资金和生产及销售的优势条件，促进了铁皮石斛的生产和最终的利润实现，也从根本上保障了农户最终利益的获得。

**2. 政治层面——社会主义制度优越性的体现者**

（1）推行合作社组织的全方位覆盖。

黔西南州推广企业、合作社和农户"三结合"方式，动员村民全部参加合作社，实现了系列的"全覆盖"。涵盖农户、合作社、龙头企业、合作社内党组织、生产基地等多个方面，保障相应的组织模式、培训对象和新市民"就业险"等的全部到位。

（2）强化合作社的影响力。

主要表现在三个方面：第一，推动信息技术与农业深度融合。落实全省和全州脱贫工作要求以及"大数据精准扶贫"工作对农村专业合作社管理的指示与要求，引领农业现代化发展方向。第二，政府建立平台，加强对合作社的有效监管、提供便民服务和后期项目申报工作的管理。第三，合作社成为连接基地—产品—市场的中心纽带，确保农民增收。黔西南州在 2017 年获得贵州省第二批省级农民专业合作社示范社荣誉的有多家，例如，兴义市有 8 家，即平宇（中药材种植）、绿缘（中药材种植）、清源（茶叶种植）、贵长（猕猴桃种植）、大坡（茶叶种植）、富群（魔芋种植）、天瑞（核桃种植），以及兴仁市家富（薏仁种植）、安龙县农望等多家农民专业合作社。

（3）通过云平台实现合作社的扶贫效益。

在进一步推动农业产业与信息技术的全面深度融合，促进农业信息化发展和实现农村的现代化，引领农业发展方向，发掘农业发展动力，落实贵州省及黔西南州关于"扶贫事业"重要工作以及大数据精准扶贫工作中对于农村专业合作社管理的指示与要求，加强对有项目支持的合作社的有效监管，黔西南州农业委员会同中信大数据公司到州内各县开展农民专业合作社云培训。提出了合作社云的工作要求：一是认真做好合作社云系统操作；二是按时完成系统数据填报；三是按照国家规定和流程使用好项目资金。培训会上，中信大数据开发有限公司实施顾问陈愉就农业合作社云背景、框架、意义进行介绍，并就合作云系统操作进行讲解，对系统的每一个操作步骤进行一一解说，现场对参训人员提出的问题进行解答。

"合作社云"是产业扶贫的重要组成部分。该平台不仅要为合作社提供各类服务资源，还要通过技术培训，培育新时代新型职业农民，为乡村振兴奠定基础，为扶贫事业的成功提供重要保障。各县（市、区）农业部门负责同志要亲自抓落实，担任好项目建设第一责任人的职责，统筹推进本单位"合作社云"建设，做好项目建设期间的日常调度等工作。保证既有专班负责工作的具体执行，又有切实可行的工作计划和实施方案，最终保障项目建设规范的内容依次开展。州、县农业、工信（大数据）部门认真履职尽责，各县以有项目扶持的合作社为重点，扎实推进和保障项目试点示范工作任务的顺利完成。

**3. 生态文化层面——地区经济文化协调发展的代表者**

从生态文化的角度来看，合作社发挥的作用还比较有限，但是已经有一个良好的开头，而且备受关注。例如，2018年经过申报、遴选、农业部专家评审等阶段，黔西南州册亨县的羊博园、义龙农望合作社（食用菌）成功申报了农业综合开发区域生态循环农业项目。项目获得财政投资多达2800万元（每个项目中央1000万元、省级400万元）。项目的落地实施，有效带动了黔西南州生态循环农业的发展。随着这些项目顺利推进，经济和社会效益明显得以体现，必将带动整个地区农户的精神文化发展。农户对农村现代化、农业生态化发展的方向更有信心，与生产生活的变化相伴随的文化变迁也在不知不觉中深入每个人的生活。

从现有的趋势来看，可以相信在未来的发展中，合作社一定能为地区文化传承与发展做贡献，与生态和谐和生产发展共进退，推进农村基层社会治理，推动地区经济发展，在实现脱贫致富目标中发挥应有的作用。

（三）农村合作社助推脱贫事业的现状分析

农村合作社的自身定位，确定了其必须参与到基层乡村治理的过程中来。需要明确的是，农村合作社是参与者，不是主导者，换言之，农村合作社是基层社会治理中的配角，主角依然是基层党委和政府。从参与过程而言，我们可以从参与方式、参与路径、参与效能三个方面加以审视。

**1. 参与方式**

（1）促进合作社内部运行机制的完善，保障合作社参与基层乡村治理。

首先，明晰产权。界定成员资格、确定理事长或者实际控制人。记录成员出资额、公积金份额、合作社交易额，建立严格的相互监督制度。其次，规范财务管理。严格执行相关财务制度，明确记账或代账的专业人员或机构。合作社财务报表定期公开，保障成员的监督权。最后，平均量化财政扶持资金，形成的资产要计入成员的个人账户。

（2）通过云平台建设，促进农村合作社积极参与基层乡村治理。

兴义市作为农业合作社云平台项目建设试点于 2018 年 5 月 17 日上午，由市农委组织召开了黔西南州农业合作社云平台应用第一期培训会。黔西南州农业合作社云平台建设和推广运用工作，经州农委协调、各县（市）农业局组织、黔西南州中信大数据开发有限公司配合，从 8 月 13 日义龙新区农业合作社云平台应用培训开始，到 9 月 6 日安龙县农业合作社云平台应用培训结束，黔西南州农业合作社云平台推广应用培训工作已顺利完成。各县（市）农业局做好农业合作社云平台推广应用的日常调度工作，主要负责人亲自部署抓落实，统筹做好本地区农业合作社云平台推广应用工作。加强合作社信息化建设和政府扶持资金的有效监管，提高服务水平。例如，借助扶贫事业春季攻势行动，进一步推进合作社的发展与带动农民的增收，2017 年 4 月，望谟县特邀贵州省农业委员会农村经营经济管理站相关专家对全县 115 个农民专业合作社的 115 名骨干进行了专题培训，并在此次专题培训取得的成效的基础上，继续分类、分专题对全县 292 个农民专业合作社相关人员分期开展培训。

（3）结合"园区"建设，推动合作社自身发展。

黔西南州在推动农业园区建设的过程中，不断探索发展山地高效农业的路径。建设44个省级高效农业示范园区[①]，493家企业顺利入驻。[②]同时，积极争取各类涉农资金，加大招商引资力度，例如，仅在2017年，全州农业示范园区招商引资签约的资金就达到46.6亿元。在品牌战略实施上，集中力量推进农业"三品"建设，完成无公害农产品产地认定98.75万亩，无公害农产品认证86个；申报3项绿色食品和15个有机食品认证。培育农业龙头企业、发展专业化种养大户和组建多元新型农业经营主体，适度发展规模经营，至今已经取得了显著的经济收益和相应的社会效益，为摆脱贫困创造了物质基础，也为农户脱贫致富开辟了一条切实可行的道路。

现在，黔西南州内已经建成一系列的合作社生产园区。例如，兴义市现代高效农业示范园区（以十里坪蔬菜基地为核心）、安龙食用菌园区（以安庆菌公司为核心）、义龙新区珍稀食用菌园区（以农望合作社为核心）、望谟县郊纳镇（全省20个极贫乡镇之一）蔬菜基地、册亨县蔬菜园区（以者楼蔬菜基地为核心）等，在蔬菜（及食用菌）的生产、销售等方面建立带动农户和贫困户增收模式，在推进市场流通体系、质量安全、品牌建设等方面都发挥了积极的作用。生产园区内，贫困户有更多、更便捷的就业途径和稳定的收益，既有利于农户摆脱贫困，也为后续发展生产、增加收入提供了一种新的可能。

（4）脚踏实地保障合作社经济效益与社会效益同步发展。

合作社作为一个特殊的经济组织，必须兼顾经济效益和社会效益两个方面。这方面有很多成功的例子，例如，强久肉牛养殖合作社带动贫困户发展养牛情况与利益链接机制，实行科学布局实行种养结合，发展循环养殖。在合作社发展过程中，按照适度规模的家庭牧场养殖模式，利用粪肥资源降低生产成本。把草地项目、贫困户养牛和生态农业相结合，打造出一二三产融合发展农旅一体化产业发展规划。

兴仁市李关坝子的兴仁市屯脚志远农机专业合作社，现拥有联合收割机8台，每台联合收割机可达10万元左右的毛收入。例如，在本市收了1万亩左右

---

① 其中种植类园区35个，养殖类园区9个。

② 其中省级及以上重点龙头企业60家、农民专业合作社554个，实现总产值155.8亿元。

的小麦、水稻及薏仁米，既为农户（合作社、园区）抢了时间，又为他们节约了生产成本。每台机子平均每天收割 25 亩，以薏仁米的收割为例，人工收割每亩 400 元（秸秆还不能还田），机收每亩 130 元，每亩机收为农民节约 270 元，仅这一笔，就为服务对象节约生产成本 200 万元以上。合作社真正地起了示范作用，促进农业生产提速增效，节约农业生产成本，还培养了从事农机驾驶（操作）的新型职业农民，有效提高了黔西南州内农机化的水平。

### 2. 参与路径

合作社在运行过程中，偏重发展农村经济，在做好农业经济的客观基础上，作为基层社会治理的参与者，主动加入基层社会治理之中。

（1）发展和壮大集体经济。

农村集体经济，是农村实现整体发展的重要依靠，是农户脱贫致富的重要资源之一。集体经济在基层社会治理中具有不可替代的作用，也是农村经济社会发展的重要基础。如果农村集体经济体量大而强，基层社会治理能力自然会随之增强，农村整体经济状况改善和农户增收有保障；反之，若农村集体经济体量小而弱，基层的社会治理能力就会衰弱，没有多少回旋的余地，缺乏对村民的凝聚力，各自为政的农户发展的空间有限，风险也会随之增加。集体经济对于农村产业经济发展，对于村民各家各户的经济收益都具有重要作用。

合作社具有明显的益贫机制。合作社与农户（特别是贫困户）建立紧密的利益联结机制，在利润分配过程中实行二次结算，确保合作社成员的收益。农民合作社参股龙头企业，进行合作生产，联合经营。农户用生产要素来入股，特别是贫困户的入股，政策性扶贫资金也可以进行集中折股量化投入到合作社，共同发展前景好的产业和按股分红，并通过示范带动作用推进合作社的经营。在这个过程中，龙头企业、合作社与农户形成了共同发展格局。

例如，鲁容乡探索出"136"百香果、"135"芒果的推广种植模式，助推产业结构调整，实现助农增收。科技企业与平台公司已经农户共同搭建起发展平台。在具体操作过程中，按照 8000 元/亩的标准对种植百香果、芒果的农户进行投资，以合作社作为中心，负责承接、指导、回收百香果、芒果。龙头企业免费指导、培训合作社，再由合作社指导农户，以保障技术衔接，同时由龙头企业对合作社按照 4000 元/亩产值进行保底回收。作为运转中心的合作社，待百香果、芒果丰产后，每亩提取 6%，其中的一半归合作社管理人员所有，另一半作为村集体公益基金用于壮大村集体经济。

（2）延伸现代高效能农业产业链。

农业生产是传统基础社会治理的一个难点。实践证明，在基层传统社会治理中，政府力量若强行介入农业生产，容易陷入计划经济的窠臼，无法释放农村的发展活力。与此同时，政府若放任不管农业生产，以家庭为单位的经营主体又难以克服小农经济的诸多弊端。而合作社的角色，在基层社会恰恰可以弥补传统社会治理的短板，能有效整合农村资源，现代农业生产才有发展起来的希望。

农业产业链能最大限度地实现农产品价值，帮助农户实现预期收益。现代农业生产中，加强产业链建设就是要强调合作社的服务功能。从农产品的生产、加工和销售等一系列过程中，合作社作为一个独立的经济主体，对现代化农业生产标准的执行，农业产品质量的追溯和监督检测等相关制度的执行等具有重要作用，其发挥的功能是单个的农户无法完成的，产生的经济和社会效应更是农民依靠个体完全无法实现的。合作社制定生产技术规程、建设生产基地、申报和维护产品品牌，提高农业产品生产的规模、标准和品牌的水平，是现代农业生产的时代标志，是最终最大限度实现农产品价值的基础保障。此外，通过自办或者参与经营加工物流企业等方式，确保农业产品在生产加工和冷链物流等配套设施的规范性和有效性，提高农产品及其附属产业的经济价值，提高整体的收益，推动农业产业经济发展的同时，保障每个成员获得更高的经济回报。

此外，合作社有助于发展特色产业。针对某类农特产品的主产区和集聚区，快速建立必需的批发市场，确保农特产品跨区域的流通，保障基础设施的建设，增强优势农产品的营销能力。在市场经济的大潮下，选准目标市场，产销关系的准确定位、相互促进与相互衔接是大势所趋。因此，充分实现农业技术的研发机构、农业生产安全的保障部门、农业产品的生产和经营以及销售主体，甚至包括农业政策的制定与推进和监督机关等与农业生产过程的有效对接，确保减少中间环节，降低生产成本，推进高效、绿色、品牌农产品商品价值的实现。例如，设立直销店（点），举办农产品推介展销会；实现合作社与农业龙头企业共享传统营销渠道的同时推进电子商务，搭建信息平台，促进产品供求对接。通过市场信息的集中、分析和预测，确保合作社生产经营的高效率。

（3）推进农业人口组织形式的现代化。

在基层社会治理中，人口的管理与服务是其中最为重要的内容。如今，合作社的发展，在发展农业的同时，可有效促进基层农业人口的管理和服务，推进农业人口组织形式的现代化，帮助村民在摆脱贫困的同时，实现生存方式的转变，过上更加富足的现代化生活。

首先，培养和提高合作社成员素质。培训重点围绕种植养殖技术、国家扶持政策、财务知识、合作社现状及如何壮大和运行管理等内容进行讲解开展。通过培训，使受训的农民专业合作社骨干对国家政策的了解、种植养殖技术的掌握、合作社的运营管理等方面有了不同程度的提升，为合作社科学化管理、规模化发展、成效化经营夯实了基础，有效促进合作社良性发展，壮大农村产业，加速农业人口转型。

其次，在发展产业的过程中推进农业人口组织形式的现代化。作为新型的且规模较大的经营主体，合作社不仅能够推动农业转变生产和营销方式、调整产业结构，实现农产品的高水平供需平衡，发挥着引领作用，其自身的发展也带动了整个农业人口组织模式向专业化、规模化、市场化方向发展。在这个过程中，也推动实现了农业人口日常的生产模式乃至生活模式的变迁。例如，晴隆县三宝乡以旗帜山畜牧养殖农民专业合作社、干塘畜牧养殖农民专业合作社、新兴农畜牧养殖农民专业合作社等为核心，在发展农业生产经营的过程中，提高了农业人口的组织化程度。

此外，需要说明的是，合作社早期具有专业性、地方性和个体性等特征，但是发展至今，不同地域和行业合作社联合发展联合社的趋势明显，而且已经有不少成功的实践经验。联合社的发展主要着眼于三个方面：一是制定发展总体规划；二是各成员社树立抱团经营的理念，互帮互助共同壮大联合社，加强多种产业发展，使联合社的发展在黔西南州起到引领示范作用；三是适应中国国内市场经济模式，合作社帮助小农户与大市场进行对接，改变传统农户的单个经营模式，农业生产向规模化方向发展。作为一个重要的平台，合作社带动了农民的增收，加快了农业人口组织形式变迁的过程。

### 3. 参与效能

合作社参与基层社会治理的效能，主要体现在农民增收、农村的乡村振兴以及现代农业发展上，解决新时代的"三农"问题，合作社发挥着特殊的作用。

（1）帮助农户增收脱困。

通过优化乡村产业结构，合作社为农户增加收入提供了可能；提高农户抗风险能力，实现农户脱贫目标，保障农户不再返贫，合作社具有不可替代的作用；拓展了农户的增收渠道，增加了农户的整体收入，合作社开拓了农户增收的渠道。

第一，优化乡村产业结构。例如，贞丰县鲁容乡推进种养一体化，全面调整产业结构、调减玉米面积、引进龙头企业、创新产业发展模式，获得更高的经济回报。充分利用乡镇基金，一是按8000元/亩投资到村级合作社，由合作社牵头，龙头企业提供技术，带动全乡群众大力发展百香果、芒果产业，最终由龙头企业按4000元/亩产值进行保底回收。二是大力发展养殖业，通过与万牛牧业、富之源集团等龙头企业合作，建好村级养殖基地，做好家庭养殖单元，肉牛高于市场价2元保底收购，牛犊5000元/头保底回收，生猪保底养殖利润180元/头，养殖统筹发展，互补发展。

第二，增强农户抗风险能力。例如，普安县楼下镇深入实施"村社合一"提高农户抗风险能力，尽量减少农户贫困的可能性，即按照"3个100%"要求，在试点区率先引导贫困户145户405人通过土地或"小额信贷"资金入股合作社抱团发展，增强了抗风险能力，实现了全镇贫困户户均有1个以上增收项目。又如，义龙新区龙广镇五台村由合作社流转土地、农户种植、公司收购并销售，共种植甜玉米库普拉82亩，于2017年4月20日播种，播种方式为直播，采用地膜覆盖，缩短了从育苗到收获的时间，增加了单位面积的产量，获得了更好的经济效益。兴仁市黔仁茶白茶种植过程中，农民专业合作社吸纳30多户茶农入社，在采茶期聘请周边农户采茶，解决农村剩余劳力和贫困群众就业问题带动了农户增收。各地具体的做法虽然有差异，但是农村合作社在实现农副产品商业价值、带动农户增收、实现农业产业的益贫效应等方面发挥巨大作用都是有目共睹的事实。

第三，拓展农户增收渠道。多途径获得经济收入，增强农户抗风险能力，是帮助农户脱贫致富的重要渠道。例如，贞丰县鲁容乡的合作社为农户建立了6种增收渠道。一是土地入股增收。农户以自己拥有使用权的土地来入股，按300元/亩计价，年底参加保底分红，此项为每个农户年均增加了1500元以上的收入。二是就地就业增收。合作社产业园区吸纳贫困户就业，80余户贫困户就此增加年收入2.4万元以上。三是保障后续收入。为了让农户在入股期满后还有收益，合作社与农户签订合约，在农户入股8年后，惠农公司免费将合作社经营期间栽种的果树等土地附着物移交给农户，农户自主经营，公司对其产品保底收购，保证农户持续增收。四是自主种植增收。公司提供技术指导，农户自己选择，投入资金和劳动力开展种植活动，公司承诺对其生产的产品按保底价收购。五是开发庭院经济，即农户利用自家的房顶或者庭院院坝等空间进行种植，发展庭院经济。六是按照股份进行利润再分配。乡平台公司以合作社整体最终的盈利状况为基础，根据参与农户所持股份的多少在年底进行二次分配，把合作社的收益最终进行精准量化分配。

（2）创新乡村振兴模式。

推动乡村振兴事业发展，要相信科学、依靠科学，农业产业的现代化基本思路；加强农村基层社会组织建设，建立新型农村治理体系，是推动乡村振兴的重要保障；发展现代农业，从组织规划、服务管理、创新模式到探索发展道路，发掘生产要素，开启动力机制、实现产业融合，乡村振兴的实现需要多方发力，找契机、上规模、有特色。

第一，科学制定方向，不断发展壮大合作社。例如，在黔西南州，结合现在推行的"一县一业""一乡一特""一村一品"，围绕传统特色优势产业，组建相关产业的合作社并加大支持力度。专业种植薏仁、烟叶、食用菌、蔬菜、茶叶、精品水果、中药材等的合作社和养殖生态畜禽的合作社。合作社严格规划生产的各个环节，保障原料供应、产品加工、农机服务、市场营销以及生产区域的休闲旅游等，发展第三产业，推进三产融合。农业技术机构和科研单位提供机械设备，推广科技产品与信息的推广，支持并促进合作社向联合社方向的发展。

第二，建立新型农村治理体系，推动农业现代化发展。鼓励农业企业、合作社、种植大户等各种力量参与农村"三变"改革，推动产业发展。例如，安龙县引导动员把村集体名下的荒山和农户的土地、林地等资源投入企业作为股份，现已利用的土地面积达8200亩；试点村参与"三变"改革经营主体共44个，其中企业38个、农民合作社6个，开展合作项目30项，累计投入财政资金2440.5万元；22个试点村共实现农民变股东12655户，其中贫困农户1199户，实现了试点村集体经济组织成员和贫困农户全覆盖。产业利益连接机制实现对全县60个贫困村贫困人口4145户14359人全覆盖，全县贫困人口7016户23585人全覆盖，覆盖率达100%。总之，在新型农村治理体系的建立过程中，合作社发挥了积极的作用。例如，安龙县引导农户特别是贫困农户与企业、农民合作社等经营主体建立合理的联系机制，放大贫困群众生产空间、生活空间和发展空间。在这个过程中通过不断规划建设脱贫小区、产业小区、山地管理模式社区等方式，努力构建新型农村治理体系。

（3）推动现代化农业的发展。

第一，组织形式的转变。首先，围绕市场需求，建立农业发展新模式。例如，兴义市泥凼镇老寨村采取"公司＋合作社＋农户"的经营模式发展苦丁茶种植；普安县楼下镇深入推进"村社合一"，推动产业发展新模式，采取"基地（公司）＋合作社＋抱团发展组（贫困户）＋农户"；安龙县龙广镇采用"农户＋合作社＋公司"的模式发展种植养殖；兴仁市白茶种植农民专业合作社采取"合作社＋公司＋基地＋农户"的经营管理模式发展。

其次，采用服务模式，创新农业人口管理形式。例如，兴义市泥凼镇老寨村农户以平均每亩 300 元的价格将土地流转到合作社发展苦丁茶规模化种植，并在茶叶基地进行务工，负责茶叶种植、基地建设和管理。合作社集中流转农户土地，负责对农户进行培训，向农户免费发放茶苗，推广苦丁茶种植和加工技术，提高农户生产技术和管理水平，让土里刨食的传统农民变成"产业工人"。与天麒绿色产业开发有限公司合作，开拓茶产业销售市场。随着产业的发展，老寨村苦丁茶叶种植吸引了大量外出务工青年返乡创业，共同发展苦丁茶叶产业。

再次，结合扶贫政策，创造乡村优势产业发展新模式。根据黔府办发〔2017〕50 号文件[①]要求，黔西南州大力发展农民专业合作社，坚持农民主体地位和市场导向、分类指导、示范引领等基本原则，发展地方特色优势产业，例如，培育精品水果、中药材、薏仁米、烟叶、茶叶、蔬菜、食用菌、生态畜禽等八大山地特色农业，推进三大产业的融合式发展，推动农业转变方式、调整结构等，帮助合作社的生产上规模，人员组织化、质量标准化、产品品牌化、营销网络化建设上台阶，提升合作社运营效率，借助扶贫事业农业可持续发展模式，探索合作社主导产业发展的路径，引导县、乡、村等各级专业合作社的集群式发展，夯实农业增效、农民增收与农村发展的基础。

最后，结合多种现代农业产业要素，促进农业规模发展，确保农业现代化方向。例如，贞丰县鲁容乡建立"科技＋企业＋村平台公司＋农户"的形式，

---

① 即《省人民政府办公厅关于印发贵州省发展农民专业合作社助推扶贫事业三年行动方案（2017—2019 年）的通知》。

促进农业规模发展壮大，确保农业的现代化发展方向。兴义市泥凼镇老寨村，合作社运营机制健全、销售网络遍布全国，已全面实现生产、加工、销售一体化。

第二，推行方式的转变。各地结合自身条件和发展方向，采取切实可行的方式推行新型农业生产组织模式。例如，安龙县通过政府领导、部门推动、银政合作、科技支撑、合作社组织等有效措施和方式，在发展盘江小黄牛产业的过程中，集中育肥、散养母牛，带动贫困户实现脱贫增收。在生态家禽产业中，以华—公司等为龙头，采用订单收购模式，发展专业合作社和养殖大户。

此外，以合作社为桥梁，加快退耕还林、石漠化治理，喀斯特山区经济发展。在不同区域的特色产品的种植、加工和销售的过程中，充分利用合作社推广规模化经营。例如，茶叶、亚热带水果、烟草的种植和加工过程中加强资金、技术等方面的投入，确保质量、减工降本、提质增效、促进增收。

第三，动力机制的转变。首先，激发农户内生动力，形成企业、合作社和农户的利益联合体。例如，兴义市泥凼镇老寨村是泥凼全石山最边远最落后的贫困村，农户以平均每亩 300 元的价格将土地流转到合作社发展苦丁茶规模化种植，并在茶叶基地进行务工，负责茶叶种植、基地建设和管理。在"公司＋合作社＋农户"发展模式中，让利益联结把贫困户被动参与变为主动脱贫，使贫困群众在获得土地租金、股息利润等被动收入的同时，获得更多的经营收入等主动收入，调动了贫困群众参与、支持产业发展的主动性、积极性和创造性。又如，兴义市绿缘中药材种植农民专业合作社，利用利益联结机制，把贫困户被动参与变为主动脱贫，在获得土地租金、股息利润等被动收入的同时，获得更多的经营收入等主动收入，鼓励贫困群众参与、调动农户的主动性和积极性、促进产业的高速发展与农民创造性的充分发挥。

其次，建立产业融合机制，促进合作社规模化发展。例如，兴义市绿缘中药材种植农民专业合作社最初是由 10 名苦丁茶种植大户联合发起成立的，在发展产业的过程中，不仅使合作社自身不断壮大，生产经营上规模，而且将"规模经营"转变为"特色产业"和"脱贫产业"。2016 年合作社社员 355 户 1523 人，带动农户 750 户 3800 余人，其中贫困户 130 余户 500 余人，种植苦丁茶 12000 亩。2016 年，人均可支配收入达 13250 元，比兴义市农民人均可支配收入 6343 元高 6907 元，超过 108.89%。至 2022 年 2 月，集体经济仍然继续壮大，全州范围内有 1224 个村建立股份经济合作社或经济合作社，184 家股份经济合作示范社已得到省级认定。通过三产融合，实现特色农业规模化发展，树立区域特色品牌，把产业与脱贫事业紧密结合，完成了既定的经济目标，也提高了农户的生活水平，并最终实现了扶贫的社会效益。

### （四）农村合作社在参与基层乡村治理中存在的问题

如前所述，在农村社会发展过程中，农村合作社再次兴起，成为基层社会治理中新出现的利益主体之一。在黔西南州，农村合作社的发展虽然取得了一些成绩，但在当前的角色定位下，黔西南州农村合作社参与基层社会治理的情况，仍处于不容乐观的状态。

#### 1. 农民专业合作社参差不齐，整体发育水平有待提高

根据 2015 年的统计数据，在黔西南州所辖县市里，由于经济发展程度不一，合作社发展数量和规模有很大差异。其中，兴义市的农村合作社数量最多，资金额度最高。册亨县的农村合作社数量最少，资金额度也最低。

具体情况如表 5-1 所示：

表 5-1　黔西南州农民专业合作社分布区域统计表

| 县、市 | 户数（户） | 注册金额（万元） | 户数占全州比重 | 注册资本占全州比重 | 排名 |
|---|---|---|---|---|---|
| 兴义市 | 463 | 109369.1 | 26.56% | 38.49% | 1 |
| 安龙县 | 317 | 69122.78 | 18.19% | 24.32% | 2 |
| 兴仁县 | 235 | 31499.18 | 13.48% | 11.08% | 3 |
| 望谟县 | 224 | 20963.15 | 12.85% | 7.38% | 4 |
| 普安县 | 163 | 21104.85 | 9.35% | 7.43% | 5 |
| 晴隆县 | 156 | 9411.2 | 8.95% | 3.31% | 6 |
| 贞丰县 | 146 | 16860.38 | 8.38% | 5.93% | 7 |
| 册亨县 | 94 | 8705.06 | 5.39% | 3.06% | 8 |
| 顶效（单列） | 55 | 14829 | 3.16% | 5.22% | 9 |
| 合计 | 1853 | 301864.7 | | | |

（注：黔西南州工商局官方统计数字，2015 年 5 月 22 日）

从行业分布情况来看，黔西南州农民专业合作社行业分布不均衡，经营范围主要集中于种植业，其次为养殖业，尤其是种植业的合作社户数高达 1206 户，占全州的比重超过半数，存在明显的扎堆现象。而在农产品储藏、加工和销售等后续环节，合作社参与情况较少。在某种程度上说，目前黔西南州农民专业合作社的整体发育情况，参差不齐。

此外，对合作社进行的专业培训方面也存在问题，不仅培训机会少，而且培训覆盖面也有限。例如，至2018年，黔西南州内已有农民专业合作社4080家。然而，在2018年黔西南州为建设和推广农业合作社云平台活动中，经州农委协调、各县（市）农业局组织、黔西南州中信大数据开发有限公司配合，从8月13日开始的各区县农业合作社云平台应用培训中一共有456家合作社参加了培训。① 可见，即便有政府相关部门的积极推动、大力支持和组织安排，合作社专业培训的覆盖面还是非常有限。

**2. 合作社在不同行业中分布不均，参与乡村治理的渠道有限**

具体情况如表5-2所示：

**表5-2　黔西南州农民专业合作社行业分布情况表**

| 序号 | 业务范围 | 户数（户） | 所占全州比例 |
|------|----------|-----------|-------------|
| 1 | 种植业 | 1206 | 65% |
| 2 | 养殖业 | 387 | 21% |
| 3 | 与农业经营相关的技术、信息等服务 | 47 | 3% |
| 4 | 农产品储藏 | 18 | 1% |
| 5 | 农产品加工 | 8 | 0.5% |
| 6 | 农产品销售 | 82 | 4% |
| 7 | 农业生产资料的购买 | 65 | 3.5% |
| 8 | 其他 | 40 | 2% |
| 9 | 合计 | 1853 | |

（注：黔西南州工商局官方统计数字，2015年5月22日）

可以清楚看到，从事种养殖业的农业专业合作社在合作社中占将近九成。这说明，合作社承担的职责还主要停留在传统农业耕作方式的范畴之内。相反，现代农业体系中至关重要的技术进步和生产资料与劳动者的组织管理方面占比极少，明显乏力。因此，在乡村现代化经济建设的过程中，合作社不仅规模、实力、竞争力等方面有待提升的空间还很大，在参与社会治理的过程中还有很大的潜

---

① 义龙新区农林水务和移民局（2018年8月13日上午，13家农民专业合作社）；晴隆县农业局（8月17日上午，35家农民专业合作社）；望谟县农业局（8月21日下午，47家农业专业合作社）；贞丰农业局（8月24日下午，85家农业专业合作社）；兴仁市农业局（9月4日上午，134家农业专业合作社）；册亨县农业局（9月4日下午，46家农业专业合作社）；普安县农业局（9月5日下午，42家农业专业合作社）；安龙县农业局（9月6日下午，68家农业专业合作社）。

力有待发挥。

**3. 合作社自身水平高低参差，制约其在基层乡村治理中的作用发挥**

合作社是一个独立的经济实体，自身内部建设也至关重要。如果合作社内部出现问题，不仅对合作社的发展，乃至对正常的运营都可能造成破坏，而且对其在整个社会中的形象和乡村治理的作用产生极坏的影响。出现的问题主要有两类：

第一，合作社内部成员分裂，合作社无法正常运营。例如，黔西南州内中大种植农民合作社内部出现矛盾，魏昌金等人要求退伙，但权益和债务处理方式不能取得一致意见，导致矛盾不可调和并最终诉诸法庭。经兴义市人民法院调解，达成〔2016〕黔 23301 民初 1727 号民事调解书。但是大中种植农民合作社拒绝执行该调解文书，因此经魏昌金、其余略申请，法院审核后发布"魏昌金与黔西南州中大种植农民专业合作社退伙纠纷一案执行裁定书"（〔2017〕黔 230 执 1678 号），并于 2017 年 6 月 2 日，向被执行人黔西南州中大种植农民专业合作社发出执行通知书、限制高消费令、报告财产令，责令其自执行通知书送达之日即履行支付申请执行人本金人民币 50000 元，利息 26960 元，共计人民币 76960 元，承担案件受理费 862 元、申请执行费 91 元的义务。

被执行人黔西南州中大种植农民专业合作社既不向法院申报财产状况，也不履行法院的裁决。法院在对其采取强制执行的过程中，向不动产登记、公安、银行、工商等部门查询被执行人黔西南州中大种植农民专业合作社的财产状况，并将被执行人名下银行账户依法冻结，于 2017 年 9 月 18 日依法将被执行人黔西南州中大种植农民专业合作社纳入失信被执行人名单。虽然登记在中大种植农民专业合作社法定代表人周志伦名下共有 4 家企业（兴义市金州人均餐馆等），但是因为被执行人黔西南州中大种植农民专业合作社的资产无法评估，而申请执行人也不同意以物抵债，所以本案最终还是不具备执行条件而暂时无法执行。

第二，合作社经营不善，形成所谓"空壳"现象。也就是说，有的合作社已经名存实亡，虽然具备正常的工商注册信息，实际上已经停止运作。经过近十年时间发展，合作社经历了再次兴起、蓬勃发展、转型升级等一系列变化过程，在激烈的市场竞争和自身体质机制的调整过程中，优胜劣汰，一部分合作社发展壮大做出了令人瞩目的成绩，另一部分合作社因为经营不善或者其他原因而濒临倒闭，成为有名无实的"空壳社"。这里"空壳社"的存在不仅无助于乡村事业、农业的现代化建设和国家农业政策的贯彻执行，反而成为乡村社会治理的隐患。对此，地方政府及时发现问题，并制定相关措施，开始着手对这类合作社的"清理"工作。

例如，为了确保农民专业合作社服务扶贫事业，深入贯彻落实上级文件精神，推进普安县农民专业合作社"空壳社"集中清理工作，维护普安农民专业合作社健康发展，普安县市场监管局按照县政府安排，围绕高棉乡、兴中镇、白沙乡、龙吟镇这四个乡镇集中开展"空壳社"专项清理工作。在清理工作中，普安县市场监督管理局联合所在乡镇农业服务中心和所属各村委会、社区，逐户走访核实各合作社的具体情况，包括成员信息、经营情况、管理制度、财务制度建立、获得财政资金扶持、企业信息公示等，针对合作社数量不实、质量不高，部分合作社长期未正常经营，未在扶贫事业中发挥作用等问题进行了排查。对部分未进行年报、有名无实、空壳空转的合作社，执法人员现场做好台账登记，引导督促这类"空壳社"及时申请注销退出。

截至目前，仅仅在普安县范围内就已对150余户农民专业合作社进行了"空壳社"清理工作。下一步，普安县市场监管局将加强与有关部门及乡镇部门间联动和数据交换，确保及时有效清理"空壳社"，加强合作社规范管理，提升整体素质，依法规范合作社组织，确保合作社产业健康、规范地推进，助力扶贫事业和乡村振兴战略的发展。

（五）农村合作社参与基层乡村治理的可行之策

发展农村合作社，是乡村实现振兴的关键环节，其发展程度与基层农村的现代农业发展紧密相连。在黔西南州，农村合作社深度参与基层乡村治理的方式，大致是从以下三个方面持续发力。

### 1. 从合作社的规范和建设角度

（1）加强合作社的现代化建设。合作社不是一个简单的独立经济单位，它关系到众多贫困户的生存与发展。规范合作社的运作，强化合作社与贫困户的利益联系机制，促进合作社规范、良性、持续运转，增强其服务社会的能力，需要不断加强对合作社发展方向和运行过程进行规范化管理。

首先，加强对合作社的管理。对合作社相关工作提出具体要求：一是认真做好合作社云系统操作；二是按时填报合作社云系统数据；三是使用好项目资金。通过现代技术手段，及时了解合作社的运作情况，理顺关系，规范操作。

其次，强化合作社的益贫效应。促进"三变"改革，推动农村合作组织的正常运行和有序发展。通过合作社组织农户进行现代化生产，提高整体收益，最终实现农户脱贫、农业发展、农村繁荣的社会成效。例如，州农委指导晴隆县三宝乡成立农民专业合作社。按照州委州政府要求，州农委组织人员到晴隆县三宝乡指导组建农民专业合作社，以"三变"改革推动农村合作组织建设，推进规模化种养，开展特色农业产业扶贫，拓展扶贫事业路子。三宝乡属于极贫乡镇之一，2016 年 11 月 14 日至 17 日，业务人员进村入户与村组干部和群众接触交流，广泛了解情况并听取对发展农业产业的想法，18 日指导成立 3 个农民专业合作社，发展以养殖羊、牛、鸡、猪等禽畜与生态农业结合的特色产业，扩大种植养殖规模，鼓励贫困户以土地、劳动力等生产要素入股参与合作社分红，采取"公司 + 合作社 + 农户"的运作模式，实现贫困群众增收。合作社投资 1300 万元，于 11 月中旬完成项目规划选址、土地流转、场平、实施方案等，按程序选定施工队伍，正式开始建设。从动工建设到竣工投产仅用了 5 个月时间，新建了 3 个集中养牛场，其中圈舍占地 20500 平方米，配套养殖设施完善，饲养母牛 1300 头。通过合作社统一规划、精心运作，养殖场获得的收益既保证了合作社的正常运作，也为贫困户提供了稳定的收入。

（2）规范合作社的建设路径。合作社自身的发展和建设，要在政策制度允许的范围内展开，在具体的操作过程中，有各种人为因素的影响。因此，合作社的规范化这一基本要求，既需要加以重视，更需要各项措施具体落实到位。

第一，重视合作社的规范化建设。例如，针对合作社在农业建设方面的成绩，农业农村部农机推广总站调研组一行先后深入屯脚致远机械收获农民专业合作社及双龙成诚农机专业合作社开展实地调研。首先，调研组听取了相关负责人对整个合作社建设、发展的简要介绍，初步了解了当前合作社的发展情况；其次，调研组与合作社负责人进行了交谈，提出了有效加快农机专业合作社发展的意见和建议，同时对合作社提到的困难进行了对策研究；最后，调研组对兴仁市近几年来农机专业合作社发展取得的成绩给予肯定，并对市农机技术推广部门在今后的总结经验、扩大创建示范、加强指导提升服务等方面指明了方向。

第二，各地积极行动起来，把合作社建设的相关举措落实到位。例如，2016 年 8 月 31 日，州农委农经站一行深入望谟县实地督导该县发展壮大村级集体经济组织、农村专业合作社工作情况，通过与农业局和企业相关人员进行座谈、查阅资料、实地查看合作社等方式，深入了解望谟县村级集体经济工作开展情况、存在困难及下一步工作计划，针对发展壮大村级集体经济的工作目标提出要求并进行相关指导。培育发展壮大村级集体经济是一项长期而艰巨的任务，在工作中应结合实例不断改进工作措施，指导合作社结合自己的特色优势，使合作社发展对于增加农民收入有较强的带动能力和示范作用。

（3）强化合作社的人才队伍。工作热情是动力，工作能力是关键。未来推动合作社长期稳定发展，人才队伍建设是重点。从管理、运营到技术、服务，各个环节都需要专业人才。具体方式可以有多种，比如聘请、联合、培训和引进，保障合作社的运营和规划发展有充足的人力资源。

第一，强化合作社中人才的作用。聘请业务辅导员，全方位指导合作社的经营管理，组建联合社。鼓励州内科研院校的农业科技人员到合作社担任专兼职技术顾问。支持农民工或者大中专毕业生返乡，支持村干部等创办或者领办合作社，鼓励大学生村官到合作社任（专/兼）职制度。

第二，加强技术和管理人才培养。通过培训指导等多种方式，确保合作社健康成长和后继有人。利用远程教育、黔西南州职业技术学院等平台，培养新型职业农民和合作社的负责人。通过有计划的系列专项培训，培养一批懂政策、善经营、会管理的人来经营管理合作社。

（4）提高合作社的综合服务能力。召开座谈会、建立示范点和派出验收组，不断促进合作社发挥服务社会的功能。利用互联网、大数据、高科技，各种手段及时帮助、监督和指导合作社多方面、多层次发挥服务社会的功能。

为了提升农民专业合作社的服务能力，2018年4月3日，州农委组织座谈会，邀请州工信委总经济师周胜华、企业云平台开发专家、州内民专业合作社示范社有实力的合作社开座谈会，探讨大数据管理服务于实体经济的路径，促进实体经济不断做大总量、提高质量，推动互联网、大数据和实体经济的深度融合，促进传统产业转型升级，进一步融合市场，提升竞争力，更好地助推产业脱贫。

州大数据领导和专家对企业云平台农民专业合作社板块的开发目的和功能做了说明，并通过举例对大数据概念进行讲解；合作社代表则针对当前的发展模式、存在的问题及需要互联网、大数据帮助提升工作效率、市场竞争力等问题进行发言，企业云平台开发专家认真听取了合作社代表们提出的建议和意见。

通过座谈培训会,不仅提升了合作社对当前助推产业扶贫事业的思想认识高度,还让合作社认识和了解到其他发展模式,取长补短,开阔了合作社的发展眼界,也为黔西南州企业云平台开发建设提供了更具针对性和实用性的基础资料。

严格对合作社项目的验收工作,监督促进合作社服务能力的提高。例如,2016年5月19日,州农委党组成员、副主任徐发俊组织州、县农口、财务等相关工作人员,对兴仁市屯脚镇致远机械收获农民专业合作社实施30万元的农机专业合作社建设项目进行州级验收。验收组成员不仅细数合作社内现有稻麦联合收割机、农机具装载运输车辆、小型服务车等的具体数量,而且关注办公室墙上张贴的农机专业合作社服务时的作业图片,合作社管理制度的匾牌和现代农业的标语,深入了解合作社各类业务运作情况、生产效益乃至技术改进、服务状况等具体的细节,记录相关数据,对合作社的工作进行了全面细致的核查。

**2. 从政府的政策和举措角度**

（1）强化组织领导和政策引导作用。分管负责人和各职能部门齐抓共管,统筹规划,制定措施,落实到位。例如,用好扶贫政策,以贫困村内的合作社或者联合社作为主体来申报项目。通过"一事一议"方式,推动生态项目发展,解决农产品的基地建设、农业产业化综合开发、农村集体经济发展和乡村旅游项目建设等过程中的具体问题。鼓励合作社申报无公害农产品、绿色有机食品、农产品的原产地认证,或者注册商标、地理标志等。鼓励金融机构加大相关信用贷款投放力度,推行各类优奖政策,例如,贷款的利率、额度、手续等方面采取优先、优惠和简化措施。在具体的帮扶措施中,还充分利用财政贴息、风险补偿、保险补贴等,帮助合作社快速发展。

（2）加大财政金融支持力度。统筹安排财政资金,调整农业专项补贴方向,鼓励合作社带动建档立卡贫困户,进行薏仁、烟叶、中药材、食用菌、茶叶、生态畜禽等价值较高的农副产品生产,扶持增收效益好、扶贫力度大、覆盖范围广的合作社。

州财政做好专项资金预算,支持合作社发展。各县市统筹农业和林业产业化经营,运用贴息资金优先,或者安排专项补助或奖励资金,帮助获中国驰名商标、国家地理标志产品、贵州省著名商标的合作社优先发展。利用财政专项扶贫资金或者适当补贴等方法,支持合作社发展扶贫项目,申报产业子基金,发展特色经营。

（3）强化宣传推广。培养合作社的典型代表。召开示范推广会、现场观摩会和工作推进会，宣传合作社典型人物、事迹、案例和工作成效。总结合作社做大做强的经验方法，辐射带动，提炼可复制经验，发挥辐射带动效应。通过营造舆论氛围，形成全社会关心合作社的成长、支持合作社的发展的局面，推动合作社在扶贫产业中发挥更大作用，带领农民走上致富路。

（4）强化督查考核。黔西南州在对各级领导干部的年度工作绩效考核中，把扶持合作社的工作政绩评估范围，把促进合作社发展作为必须完成的任务之一，并建立了相应的考核机制。不定期开展随机抽查，对工作落实到位的县市和州直部门予以表扬，对工作落实不到位的予以督促整改。加强社会监督，拓宽监督渠道，强化监督效果。

### 3. 从实践层面的具体操作步骤和措施入手

（1）推进合作社的创建和规范化管理。

第一，建体系、树典型。为了促进合作社的发展，建立涵盖省、州、县三级的合作社体系。发挥示范社的作用，带动合作社整体规范发展。发挥合作社特色，加强宣传示范、发挥典型样板作用，最终促进合作社整体服务能力提升，运行机制规范，产品质量有保障。

第二，提升合作社信息化水平。建立合作社的信息化平台，公开服务过程，规范管理程序，公开管理成效，推动合作社健康、规范、有序发展。通过平台完善合作社的动态监测机制，根据报送的信息，加强监测分析，并加强相关的应对措施。

第三，加大政府助推合作社发展的力度。为了适应合作社迅速发展的时代特色，加快统一的信息化平台建设培训工作，农业合作社云平台项目加快了建设步伐。2018 年 5 月 17 日上午，兴义市农委组织召开了黔西南州农业合作社云平台应用培训会（第一期）。紧随其后，州内系列农业合作社云平台应用培训会相继在州内各地召开：首先是 8 月 13 日在义龙，最后是 9 月 6 日在安龙县。培训工作，必须坚持不懈，久久为功，方能收到应有的成效。

（2）落实各级责任，确保合作社信息化平台的建设。

要求各建设单位各领其责、分级实施，又要统一领导、联动推进，扎实抓好项目落地落实。各县纪检监察部门要加强工作过程的监督检查，不定期对"数据铁笼""合作社云"项目的实施情况进行检查，对不作为、慢作为、乱作为的情况，要严肃追责问责，确保省、州决策部署落地落实。此外，信息化平台还将强化财政扶持和项目资金核算管理，便于定期组织开展绩效评价。

加强合作社云平台培训的目标是掌握农业合作社云平台各模块的架构和功能，提升财政扶持资金的监管和利用率，有效杜绝徇私舞弊和违规违纪行为的发生。而建立和推广合作社云平台更为深层次的目标则是希望以农业合作社云平台推广应用会为契机，加强学习、强化落实，加强过程管理，全力推进合作社信息化建设，加强对合作社政府扶持资金的有效监管，提高对合作社的服务水平。中信大数据开发有限公司实施顾问就农业合作社云建设背景、云平台功能进行介绍，并就合作云系统操作进行讲解，对系统的每一个操作步骤进行一一解说，对现场参训人员提出的问题进行解答，并就培训内容和参加培训的合作社负责人进行讨论交流，现场建微信交流群，将合作社培训文字和录屏资料转发到交流群供参与培训人员学习应用。

总之，农村合作社的发展对基层社会来说是利大于弊。在前进的过程中不断积累和总结经验教训，只有如此方能保持自省，做到自新。当前和今后，在农村合作社参与基层社会治理方面，仍需要把握以下三个维度。

一是理论认识的维度。在中国革命与建设过程中，解放思想、实事求是，是中国共产党人取得诸多胜利的关键所在，因此我们需要实事求是地看待农村合作社的存在。总体而言，农村合作社适应了基层农村社会经济发展的客观需要，是促进基层农村社会生产建设和人员组织管理中出现的新事物、新动力，与以往计划经济时期的合作社，性质不同，不可等量齐观，必须正确面对。

二是经济发展的维度。黔西南州内农村合作社的成立和发展，是农村社会发展进步的表现。它响应农业生产和社会发展的时代号召、适应乡村振兴和农业现代化的时代需要而蓬勃发展，至今已经取得了丰硕的成就。但是，由于合作社内部建设尚且不足的内在因素和制度设计、市场竞争等外在因素的共同影响，州内农业合作社的整体发展情况在某种程度上已经开始有后续乏力的迹象。但是，随着时代的发展，在党和政府的领导下，农村合作社一定能克服诸多障碍，不断完善，从而有效地发挥其在基层经济社会和生态文明建设等多方面的特殊作用。

三是综合治理的维度。在基层社会治理中，人是最关键的因素，这是不可争辩的事实。随着农村合作社的发展，人口管理形式也相应地出现了一些的新变化。但从综合治理的角度看，农村合作社这种经济组织的出现，使得基层社会里人与人之间的关系不是疏远了，而是更加紧密了。从这个角度来说，农村合作社在从事生产和经营的同时，无意中强化了自身服务社会的能力。一个自然人，既可以是政府行政管辖下的公民，也可以是经济组织中的员工，两种身份既不矛盾，也不冲突，处于兼容状态。从长远来看，合作社规模经济的优势得以发挥以后，乡村振兴以及乡村综合治理必定会上升到一个新台阶。

## 二、农村劳动力流动与乡村治理的黔西南州案例

### （一）贵州省劳动力转移的背景

贵州省内劳动力大军的转移，富有时代特色和地域特性。流动人口最初多为男性青壮年，后来，女性人口也越来越多地加入流动人口的大军中。从流动的范围来看，初期以省内流动为主，统计数据显示，"2000年贵州省农业人口3212.63万，农村实有劳动力1802.63万，劳动力参与率57.7%。第一产业就业1519.6万，就地非农转移283万"[①]。但是到了后期，劳动力转为向省外流动为主，省内区域之间的流动处于相对次要位置。对此，有学者也有过归纳："2013年，贵州省农民工共有1005.7万人，其中80%以上是到省外务工。2014年，流动人口900余万人。转移主体年轻化、男性多于女性，以青壮年劳动力为主。"[②]

从流动劳动力从事的行业来看，主要是第二产业。贵州劳动力在流动之前，就业人口分布不均，主要从事农业，而从事其他产业的人口占比极少。投入一二三产的劳动力分别占84.3%、9.40%和9.40%，可见从事农业生产的劳动力占劳动力总量的八成以上。但是，这些农村剩余劳动力离开乡村之后，大多选择了第二产业中的就业岗位，而且主要集中在煤炭行业、矿业、电业和烟草行业等几个门类，其他行业中就业的人员则较为稀少。例如，根据第三次经济普查结果，"贵州省内2013年第二产业从业人员139.49万人，其中：煤炭开采和洗选业从业人员最多，近36万人；其次，非金属矿物制品业约14万人，电

---

① 丁仁船，张弘.略论贵州农村剩余劳动力转移的障碍因素及其对策[J].贵州农业科学，2002（02）：64-67.

② 王兴骥，王珏.贵州省剩余劳动力流动转移情况分析[J].中国人力资源社会保障，2015（8）：35-36.

力及相关产业约 14 万人，烟草制品业约 10 万人"[1]。

从农民工的组织形式来看，贵州外出务工人员大体仍处于自发组织、自谋职业、自由流动的无序状态。外出的农民工寻找就业机会的方式总体比较单一，主要通过老乡、亲戚、朋友的介绍，在技术含量不高的劳动密集型中小企业中务工。贵州农村外出务工人员整体文化层次低，劳动技能缺乏，综合素质低。由于大多没有接受过专业的劳动技能培训，主要依靠出卖体力，所以倾向于在制造业和建筑业中寻找工作。劳动强度大、缺乏生产和生活安全保障、工作不稳定。此外，还有各种"打短工"，收入普遍偏低。近些年来，外出务工群体的文化程度、技能水平虽有一些提高，但总体上仍处于较低水平，而且这种现状在短时间内很难得以有效改观。

贵州劳动力转移存在很多困境，成因也较为复杂。贵州省内现有的城镇化率低，劳动力发展水平一直处于低水平状态。一方面表现为第二产业和第三产业发展滞后，不能有效吸纳农村剩余劳动力；另一方面则是现有青壮年劳动力缺乏相应的技术和能力训练，所以能够选择的行业比较有限。外出务工的人口"主要流入广东、浙江和福建，其他地区则相对较少。劳务服务体系不健全，劳务需求信息渠道不畅"[2] 等因素都直接或间接地导致了贵州劳动力转移困难。

之所以表现为现在这种状态，除了个人的因素之外，还有更为深层次的原因。第一，制度因素。由于户籍管理的限制尚未完全突破，农村劳动力在向外流动之时，在社会保障制度方面还无法与流入地居民享受完全同等的待遇。这些客观因素严重影响了剩余劳动外出务工的选择范围和活动空间。第二，组织因素。由于缺乏专业的劳务中介组织和政府的有力支持，贵州省至今尚未形成自身的"劳务品牌"，在劳动力市场竞争中处于弱势地位。第三，文化因素。贵州省是一个典型的多民族省份，受人文和地理条件的限制较多。在农村环境里，农本思想与其他传统守旧思想仍有市场，农民对外界事物的接受能力较弱。在外出务工人员的文化素质和传统心理因素等的共同作用下，这些外出务工人员虽

---

[1]　贵州省统计局国家统计局贵州调查总队.贵州省第三次全国农业普查主要数据公报（第二号）[EB/OL].（2019-11-18）. http://stjj.guizhou.gov.cn/lmbf/nctj/pcgbnctj/201911/t20191128_25891266.html.

[2]　曹明华.贵州农村剩余劳动力转移的困境与出路 [J].理论与当代，2005（09）：27-28.

然已经走出大山，但是思想意识的转变还是较为缓慢。第四，其他因素。外出务工带来较大的收入差异，"在外收入越高，在家务农收入越低，对于剩余劳动力外出的影响是积极的，越愿意向外流动"[①]，而且男性外出打工的愿望和动机比女性更强烈。

总之，"贵州省地处典型的喀斯特山区，属多民族的省份，也是全国著名的集中连片贫困区之一，无论从深度还是广度看，这里的贫困状况都是十分引人注目的"[②]。因此，为保障扶贫攻坚战役的胜利，也为了保障扶贫成效的长久，加强对贵州省内农村劳动力资源储备，更好地利用本省人力资源，有组织合理地转移农村剩余劳动力，解决好这些问题对现在、对将来都具有重要的意义。

### 1. 时代背景

中国广大的农村地区劳动力向城市和东南沿海发达地区转移，这是自改革开放以来中国劳动力转移的主要趋势，劳动力主要是从农业转向工业，从事第三产业的人数较少。农村劳动力流动也是学界关注的重点话题，探讨主要集中在经济学和社会学这两个领域。有学者采用定性分析方法，结合相关文献对访谈性调查所得的资料进行典型性分析，探讨劳动力流动对村庄秩序的影响，分析劳动力外流造成的村庄内主体缺失、资源外流、传统价值观念弱化等社会问题，指出这种现象可能导致传统村庄秩序失调并逐渐解体，村内曾经的亲密社群的消失和村民对本土文化价值认知的丧失等都是劳动力流动形成的副产品。

黔西南州地处黔桂滇三省接合部，属"老、少、边、穷"地区，对于当地的农户而言，劳动力转移是一个"理性的家庭决策，转移的根本动因是收入差距，包括部门间的收入差距和城乡收入差距"[③]。在当前时代背景下，理解农村劳动力流动的制度因素、经济动因、文化与心理动因，分析劳动力流动对乡村治理和农村、农业、农民发展的重要性，寻求和维护农村劳动力流动与乡村治理之间的动态平衡，对促进本地的经济发展和社会稳定有着突出的政治意义和现实价值。

---

① 冯军．基于 logistic 的民族地区剩余劳动力转移决策的因素分析——以贵州省惠水县为例 [J]．知识经济，2012（14）：60+64.

② 马红梅．贵州省农村劳动力转移的社会资本研究 [D]．北京：北京林业大学，2009.

③ 石磊，向其凤，陈飞．多水平模型及其在经济领域中的应用 [M]．北京：科学出版社，2013：166-167.

### 2. 优化农村劳动力转移模式，助力贵州农村现代化步伐

（1）劳动力转移总体概貌。

产业发展是农村实现现代化的关键，而劳动力的转移数量和转移方式则是现代化实现程度的标志。"贵州省农业现代化水平每增加 1 分，农村剩余劳动力转移率将提高 1.2345%。这说明，贵州省农业现代化水平的提高，促进了贵州省农村剩余劳动力的转移。"[①] 由此可以看到农业现代化水平与农村剩余劳动力之间的密切关系。具体而言，贵州农村的现代化，就是转变传统的低效能、粗放型、以口粮生产为主的农业，提高传统农业中现代科学技术的含量，建立集约型、多元化、高效能的现代农业生产方式，是以较小的人地代价换取更多成效的现代化农业生产。而只有建立现代产业体系，才能保证农业"在现代激烈的市场竞争条件下取胜"[②]。为了促使传统农业向现代农业转化，贵州省努力改变农业生产的基础条件和生产模式，加快农业产品加工过程和加工产品的现代化，在农业生产地深度开发生态乡村旅游等系列相关产业，建立新型农业生产体系，这也是贵州农业现代化发展过程中的显著特征。

（2）贵州农村劳动力转移模式中的弊端。

总体而言，农村劳动力合理流动可以增加农户收入，促进社会整体劳动生产率的提高，推进工业化与城镇化的发展进程，推动社会和经济的发展。"贵州农村劳动力也紧跟时代的脚步，加快了转移就业的步伐，但是贵州农村劳动力的流动，结果产生的经济增长效应主要作用到了经济发达地区"[③]。因为在贵州农村现有劳动力流动人口比例中，大部分都是流向省外，对贵州省经济增长的作用非常有限。因此，需要从宏观着眼，抓住产业结构这个关键因素；从微观入手，抓好地方劳动力流动的细节工作。

调整产业结构，加强对输出劳动力的培训和组织，贵州省各地人民政府的这些举措引导新时期农村劳动力转移的数量、质量、方向和途径，以适应现代

---

① 葛菁华.贵州省农业现代化对农村剩余劳动力转移影响的计量经济分析 [J]. 贵州农业科学，2013，41（08）：232–234.

② 王永平，刘良灿，金莲，刘希磊.贵州现代农业产业体系构建的基本思路 [J]. 贵州农业科学，2009，37（04）：158–162.

③ 季勤，赵子铱.贵州农村劳动力流动对经济增长的贡献研究 [J]. 贵州农业科学，2010，38（05）：219–223.

化生产的需要。新型产业结构的形成意味着部分老旧工作岗位的消失，为适应新的工作岗位，新的工作技能培训工作、基础教育工作、人员重组和资源的配置等一系列工作就被提上日程。

### （二）农村劳动力流动现状

#### 1. 农村劳动力整体情况

黔西南州面积 1.68 平方千米，据 2017 年《黔西南年鉴》显示，2016 年年末，黔西南州常住人口为 283.82 万人，全州总人口为 357.63 万人。全州人口汉族占 60.3%，各少数民族占 39.7%；城镇人口占 28.15%，乡村人口占 71.85%。这 70% 以上的人口分布在 1280 个行政村里，在市场经济的大环境下，走出乡村实现就业的人口占很大比例。[①] 可以说，农村流动劳动力群体，影响了当前农村生活的方方面面。这些流动的农村劳动力，在外务工时间长短不一，在外务工地域也远近不同，因此，农村流动劳动力的群体数量，无法做动态的、准确的统计。第二次农业普查数据显示，黔西南州 2006—2007 年农业从业人员为 127.08 万人[②]。外出从业劳动力数量为 29.66 万人。[③] 然而，在第三次农业普查中，黔西南州农业从业人员数量的变化最快。2016 年年末的农业生产人员为 104.79 万人，已经明显减少。在这十年的发展过程中，全州人口总量、城乡人口比例、生产力发展现状、扶贫政策扶持等因素也在悄然地发挥作用。尤其是在精准扶贫政策的推动下，农村外出就业人数呈扩大趋势。仅 2016 年，黔西南州"精准贫困户劳动力转移就业工作实施方案"中就确定了转移就业 11 万人。[④] 总体而言，目前黔西南州农村外出从业劳动力数量应在 30 万人以上。

#### 2. 省外流动情况

黔西南州农村劳动力主要流向东部沿海省市，整体流动情况还有以下几

---

① 黔西南州史志办公室.黔西南年鉴（2017）[M].昆明：云南出版集团，2017：40-44.

② 黔西南州统计局.黔西南州第二次农业普查主要数据公报（第二号）[EB/OL].（2008-04-22）.http://www.qxn.gov.cn/zwgk/tzgg/zfgg/200804/t20080425_10656664.html.

③ 黔西南州统计局.黔西南州农村劳动力现状及转移分析[EB/OL].（2018-07-31）.http://www.qxn.gov.cn/zwxx/jzyw/200807/t20080731_10422879.html.

④ 黔西南州政府办.关于印发黔西南州精准贫困户劳动力转移就业工作实施方案的通知[EB/OL].（2016-07-08）.http://www.qxn.gov.cn/.

个特点：首先，大部分是自发无序流动。在劳动力市场发育不成熟的情况下，长期以来黔西南州农村劳动力的转移以自发为主，缺乏统一组织，而且公共的信息平台建设也严重落后，因而表现为无序状态。其次，市场信息渠道有限。农村劳动力外出务工时，市场信息基本来源于传统血缘和地缘关系网，以私下相互传递消息为主，缺乏对政府公布信息的了解。再次，文化素质不高，职业选择空间有限。农村外出务工劳动力的文化程度偏低，以小学和初中毕业为主，因此外出务工人员可供选择的职业种类受到种种限制。最后，劳动力就业倾向明显。在省外就业人员，以建筑业、加工制造业和服务业为主，还"处于靠劳动强度大、技术含量低、安全保障差、收入相对少的'体力型'岗位挣钱阶段"[①]。

### 3. 扶贫政策推行以来的流动情况

把转移就业作为脱贫的重要手段，现在地方各级政府加强了对农村剩余劳动力的组织工作，指导地方职业院校和培训机构开展农村劳动力技术培训工作，重点培训农民工，传授工业生产基本技能。同时，州人社部门围绕转移就业工作，组织农业、扶贫、工信等部门开展"雨露计划"培训、"新型职业农民"培训以及外出务工"岗前培训"。通过这些培训活动，劳动力的技能水平得以提高，黔西南州的劳务输出能力得以增强。

为做好劳务信息的收集和沟通，黔西南州派出干部到劳务集中输入的东南沿海省区市挂职，掌握用工信息，同时州人社系统以县市为单位，做好各乡镇的务工信息的收集、分类和整理，积极为农村剩余劳动力外出流动提供服务。

在政府有关部门的推动下，有组织、有计划地转移就业，在黔西南州推行开来。此外，地方各级党委、政府、人大、政协各系统都充分调动起来，围绕着扶贫事业的战略目标，为劳动力的合理和有效转移发挥着自身应有的能量。

### （三）影响劳动力流动的主要因素

自改革开放以来，农村劳动力一直处于外流状态。与此同时，一些影响劳动力流动的因素长期存在。在市场经济深化发展的大环境里，影响黔西南州农

---

① 王兴骥、王珏.贵州剩余劳动力流动转移情况分析 [J].中国人力资源社会保障，2015（08）：35-36.

村劳动力流动的因素有很多，大致可以归为两种类型：一种是原本就存在的传统因素，另一种是扶贫政策执行以来的新因素。

### 1. 城镇化发展程度较低

黔西南州城镇化水平不高，因此主要是农村劳动力向外流动，而外地劳动力流入得较少。在黔西南州辖区内，各地的城镇化水平也有很大差异。兴义市及其周边城镇化发展相对较好，各县区城镇化程度各有差异，总体较低。因此，在黔西南州，在劳动力外流总体趋向明显的同时，还存在州内劳动力从城镇化水平低的地方向城镇化水平较高的地方流动的显著特征。

### 2. 城乡户籍管理制度的差异

中国现有的城乡二元机制和相关的户籍管理制度，在无形中造成了城乡的分割，进而对农村劳动力的流动产生了严重影响。长期以来，由于农村投资不足，土地又以家庭承包的形式小块经营，使得传统农业的发展无法向现代农业转化，农村的闲散劳动力必须向外发展才能生存下来。而户籍管理的城乡二元化，使外出农民无法融入城市社会中，很难得到公平对待。尤其是在医疗、教育等社会保障性福利方面，农民无法与城市的市民平等享受，甚至在一些岗位的招聘上，进城农民因户口的限制而无法与城市人竞争。近年来，随着农村的社会保障制度不断完善，城乡差距在不断缩小，农村土地承包制度也有松动，但是城乡户籍、用工等多方面二元制管理的情况仍然普遍存在，限制农村劳动力自由流动的主要桎梏尚未得到根本性的破解。

### 3. 民族文化因素

黔西南州是一个多民族聚居的自治州，山川地貌纵横交错，各族人民生活在较为封闭的人文地理环境中，形成了"重土少迁"的心理认知。劳动力向外流动，对少数民族群体来说，不是一件容易的事，这是其一。城市与乡村的生活环境反差巨大，农村人口适应城市环境较难，这是其二。很多在传统乡村中成长起来的人，在地域文化和民族心理等多种因素的共同作用下，接受外界新鲜事物的意识不强，也不愿到外地谋生。当然，这种不愿外出的心理也在逐渐改变。自改革开放以来，黔西南州的少数民族群体在市场经济大环境的影响下，许多年轻人逐渐走出大山，去接触外面的世界，开始体会别样的生活。

## （四）劳动力的省内流动情况

黔西南州内农业人口是主体，农业生产季节性强。在农忙季节，劳动力短缺；而在农闲时节，农村劳动力大多处于闲散的半失业状态，农村剩余劳动力自发外出务工是常态。在传统农本意识的主导下，加上照顾家庭和兼顾田地管护的现实需要，一般来说，农民外出打工不会走得太远，倾向于选择在州内、省内流动，务工也以短期务工居多。

### 1. 产业扶贫的因素

在现有扶贫政策下，产业扶贫倡导尊重市场规律，强调经济效益，促进产业发展，进而达到促进贫困地区发展和农民增收的目标。随着政府倡导的产业扶贫政策逐步落实，对农村劳动力流动产生了影响。一些原本打算到省外务工的农民，如今在家门口就可以打工赚钱。一些在外地发展得并不理想的农民，也有意愿回乡就业创业。黔西南州积极贯彻扶贫政策，充分利用地方资源开展产业扶贫，为劳动力提供了本地就业的机会，为乡村振兴事业留住了人才、注入了新的活力，也为农村劳动力就业开辟了新的天地。其中，茶业、烟业、薏仁米和香蕉等特色种植业成绩尤为突出。

普安红茶。普安被誉为"中国古茶树之乡"，在产业扶贫政策的推动下，地方历史与自然资源得以充分利用和开发，特色产业得以发展的同时也为劳动力就业提供了更好的平台和更多的机会。2011 年，普安县开始大力发展茶产业，将茶产业作为民生产业加以打造。在"普安红茶"的品牌培育和宣传推介的过程中，政府起了关键作用。例如，在保护"地理标志性产品"①品质，打造品牌，加强监管和推广品牌效应等方面，在政府的资金扶持和奖励性政策的推动下，普安县的茶产业发展迅猛。

贞丰烤烟。烟叶在贞丰属于传统经济作物，有较长的种植历史。近年来，贞丰县通过调整优化农业产业结构，有计划地调整烤烟种植面积，推动烟产业发展，拓宽了基层百姓的增收渠道，加快了群众脱贫致富的步伐。2018 年，贞丰县实际种植烤烟面积达 3.2 万亩，略微超出原计划种植任务的 2.8 万亩。

兴仁薏米仁。2017 年，兴仁市出台"薏仁米产业扶贫作战方案"，全县 15

---

① 现在拥有地理标志专用标识生产的企业有 19 家，地理标志保护产品 2 个，注册茶叶地理标志商标 3 件。

个乡镇（街道），薏仁米种植面积达到 35 万亩，总产量达 73500 吨，总产值达 46000 万元。种植农户 42000 户（其中贫困户 9000 多户），户均增收 7350 元。政府提倡和扶持薏仁米企业和种植大户，引导建档立卡贫困户到相关企业打工，仅在 2017 年，薏仁米相关企业吸纳就业人数就达 5000 余人。薏仁米作为兴仁市的一项特色产业，在扶贫领域发挥了积极作用。①

册亨糯米蕉。近年来，册亨县发展香蕉大数据，通过现代信息技术推动产业发展。目前，册亨县种植香蕉 3.8 万亩，受益农户 1600 余户（其中贫困户 619 户），产量达 3 万余吨，产值达 6000 万余元。一些农民在种植糯米蕉的探索中，尝到了甜头，实现了农户的本地就业。

在黔西南州，通过推行"一县一业"的方式，特色产业发展较为迅速。除以上县市的特色产业外，晴隆的羊产业、兴义的矮脚鸡、望谟的板栗、安龙的食用菌等特色产业，也为当地农民的就地脱贫致富做出了重要贡献。

**2. 易地扶贫搬迁的因素**

易地扶贫搬迁政策执行以来，劳动力就业途径和就业模式发生很大改变，劳动力流动方式也随之变迁，给整个乡村治理带来了巨大影响。贵州省在"十三五"规划中易地扶贫搬迁总量为 188 万人，其中黔西南州计划易地搬迁 30 余万人，任务量占全省总量的 18%，是贵州易地搬迁任务最重的市州。

针对每一个移民搬迁安置点，政府推动各类优惠政策，联合安置点周边的企业、公司和合作社，为移民提供"在家门口的就业机会"，或者专门投资，发展新兴产业，增加就业岗位，为搬迁移民提供基本生活来源，稳定搬迁扶贫成效。因为一系列优惠措施，加上子女教育和老年人医疗服务等因素，虽然劳动力整体的外流倾向没有变，但是吸引了部分劳动力留在州内，在一定范围内加强了劳动力省内流动的情况。

**3. 工作经验总结**

（1）理清易地扶贫搬迁工作思路。黔西南州易地搬迁工作的基本思路是按照贵州省的统一要求，结合地方实际，从搬迁资金、搬迁方式、安置方式、安置点建设、安置保障和安置后续工作六个方面展开。事实证明，效果十分明显。

---

① 李发耀，石明，秦礼康. 薏仁米产业蓝皮书：中国薏仁米产业发展报告 NO.2（2018）[M].
北京：社会科学文献出版社，2018：278.

由省级统贷统还搬迁资金、搬迁以自然村寨整体为主、进行集中安置、以县为单位集中建设安置点、不增加搬迁户经济负担、为移民设定工作岗位等做法，为搬迁工作的顺利推行，也为移民生活提供了基础保障，消除后顾之忧。截至2019年上半年，黔西南州易地扶贫搬迁成果显著，338506人全部搬迁入住。

（2）抓好安置服务体系建设。安置该搬迁移民是易地扶贫搬迁后续工作中的难题。为做好易地扶贫搬迁的后续工作，贵州省委、省政府已经做了部署和安排，提出了公共服务、就业服务、文化服务、小区治理和基层党组织这"五大体系"的建设构想。

具体而言，就是公共教育、社会保障、医疗卫生的配套建设等方面加大资金投入，强化安置点公共服务功能、服务体系和公共服务资源。政府根据安置区条件，为搬迁群众提供就业创业机会，转变生计方式，搭建就业服务体系。定期或不定期为搬迁群众宣传党的政策，落实感恩教育，不断丰富搬迁群众的文化活动内容。按照"三化（即机构设置科学化、安置小区管理网格化、居民自治规范化）"的要求，把易地扶贫搬迁安置点建设成为搬迁群众新的幸福家园。加强党的领导，健全党的组织体系，发挥安置点内基层党组织的战斗堡垒作用。同时，大力在安置区内发挥先锋模范作用和发展新党员。

在"五大体系"建设中，加强培训和就业服务体系建设，力争实现群众就地就业，是各级地方政府工作中的关键环节。在这个过程中，一些原本要外出务工的农村流动人口会留在居住地，在组织的安排下走上脱贫之路。

### （五）劳动力流动对农村社会治理的影响

在市场经济深化发展的社会环境下，黔西南州农村劳动力跨地域流动仍是社会潮流。产业扶贫也好，易地搬迁也罢，这些举措都潜含着地方各级党委和政府希望农村百姓在居住地实现就业创业的意愿。无论是自发和无序状态下劳动力的流动，还是农村劳动力的外流和新形势下的劳动力内流等，都对乡村社会治理造成了巨大影响。

#### 1.当前农村社会户籍管理存在的现象

在乡村社会治理中，户籍管理虽然存在许多弊端，但是在目前的社会发展状态下，各级地方党委和政府还无法弃之不用。换言之，户籍管理依然是乡村社会治理过程中不可或缺的管理办法。在黔西南州农村劳动力转移的状态下，户籍管理中存在以下客观的现象。

（1）户在人不在的现象。户在人不在，即公安系统中户籍不变，而当事人在外地居住，不在户籍地的"人户分离"现象。这一点在当前乡村社会中十分普遍。当事人遵纪守法时，在户籍地之外从事各种社会活动，不会对他人和社会造成多少妨害。但这种"人户分离"状态，给乡村社会治理增大了难度。

（2）人在户不在的现象。人在户不在，即当事人在居住地的公安系统中没有户籍，因各种原因当事人无法办理户籍迁移的"人户分离"现象。由于区域经济发展的不平衡，户口对于当事人的而言所代表的利益存在大小之别。在人们普遍的趋利避害心理作用下，"人在户不在"的情况在乡村社会治理中亦十分常见。

（3）特殊空挂户现象。特殊空挂户，即当事人的户口落入某地，而在户口落入地既没有房产也没有土地，同时又不在户口落入地居住的"人户分离"现象。特殊空挂户的存在，给乡村社会治理带来了许多障碍。

（4）死亡户现象。死亡户现象，即"户在人不在"，这是一种特殊现象。它是指当事人因各种原因已去世，而公安系统中户籍没有及时销户的情况。这在乡村社会治理过程中存在，但不多见。

户籍管理中的以上现象，多年以来一直存在。在近些年的扶贫过程中，地方各级党委和政府不得不沉下心来面对这些客观现象并加以处理。这对当前基层乡村治理能力来说，在某种程度上是一种检验和提升。

从户籍管理的性质而言，以往的户籍管理，以"地缘"为主线。然而，在农村劳动力流动的大环境下，仅仅以"地缘"为主线，已不能满足现实需要。在市场经济中，人以业聚。当前，各级地方党委和政府倡导的"产业扶贫"，实际上可以看成是"以业聚人"的努力。因此，以地缘定人是基础，辅之以业缘聚人，是乡村社会治理的主要方式。

## 2. 当前农村社会发展动力不足的现象

黔西南州大量劳动力外出给农村带来的负面影响的具体表现是多方面的。从宏观的角度来讲，针对农村社会发展缓慢的现象，国家提出了乡村振兴战略。但从目前的情形看，农村社会发展动力不足的现象仍然普遍存在，没有得到根本性改观。

（1）农业经济的发展不受重视。在国家农产品价格政策的制定上，工农业产品长期以来一直存在政策性的剪刀差。工业产品价格涨长较快，而农业产品的价格长期处于稳定状态，严重打击了农民从事农业生产的积极性。另外，在土地政策上，家庭承包制以家庭为单位的小规模经营模式在当前的社会发展情况下处于无利可图的境地。虽然国家在一些农产品的生产上给予了粮食补贴政策，但农业生产不受重视的状况依然没有改变。

农业生产大多由留守老人承担。现代粮食作物的生产虽然很多环节可以由机器来代替人力，但村民若没有足够的体力支撑，仍无法完成。而且使用农业机器也会增加农业生产的成本。如果是种植经济作物，就不仅需要村民有足够的体力，还需要掌握一定的农业技术，其要求比种植粮食作物高得多。令人感到担忧的是，许多年轻人不愿意从事农业生产。他们认为，农业生产既苦又累，经营周期长，投入与产出不成比例，划不来。一些农户种植粮食，仅能满足自家食用，而大多数农户的粮食常年靠超市或市场采买。从"以粮为纲"的年代发展到现在的"买卖主义"，人们对土地的感情越发淡漠，对粮食也缺少了以往的尊重感，农业生产融入更多的现代元素，农业经济发展越来越依靠现代科学技术，农业产业发展必须开拓新的发展空间。

（2）农村传统家庭道德观念的维系较为艰难。家庭是社会的细胞。在农村，普通家庭中的老人赡养与幼年子女的管教成为外出年轻劳动力的心病。从心理文化的角度来看，传统家庭道德观念普遍弱化，对老人的赡养缺乏传统乡土社会中的相互监督和道德约束，对老人的照顾普遍减少。从物质因素的角度来看，老人和子女的日常生活空间分别处于遥远的乡村和喧嚣的城市，原本紧密联系的血缘家族成员无论是在物理空间上还是在心理空间上，都渐渐被隔离开来。现在，如何赡养老人已经成为一个普遍而且不可忽视的社会问题。

针对未成年子女的教育问题，留守的老人在自顾之余，不得不承担起孙辈们的管教义务，以维系家庭的正常运转。对子女来说，外出劳动力与子女的关系，平时靠电话沟通，所起的实际效果较弱。同时，老人在照顾年幼的孙辈们方面，存在着代际隔阂，在家庭教育的环节，留守的老人也很难给予孙辈们良好的教育。从家庭细胞的微观角度而言，劳动力的外出尤其是青年劳动力的外出，对普通家庭的影响是潜在的，也是深远的。

（3）农村社会公共道德意识较为淡化。在相对封闭的乡村环境下，公共道德意识在维系村庄内部和谐与安宁的过程中至关重要。可以说，互助、忍让、谦恭、友爱等，是乡村公共道德的核心内容。青壮年本应是乡村公共道德的遵守者和示范者，但是当农村劳动力大量外流之后，承载主体就出现了缺位现象，乡村公共道德的传承出现了困难。

与此同时，在外出谋生群体里，由于能力和机遇上的差异，赚取的经济收入自然存在差异。这表现在家庭实力对比上，原有的平衡被打破。一些较为成功的人士，甚至以城市人自居，不愿再遵守原有的公共道德。如此一来，乡村原有的家族邻里间不和谐的气氛在滋长，原先友爱互助的习俗渐趋表面化，农村社会公共道德淡漠的趋势明显。

（4）农村乡土文化的传承受到外界影响。在黔西南州的农村社会里，外出流动劳动力中有布依族、苗族等多个少数民族。这些少数民族群体中的一些人在现代化城市文明的影响下，对本民族的文化特质失去了自觉传承的兴趣，甚至认为本民族的文化是落后的，对之失去了应有的敬畏心。从某种意义上说，少数民族群体中的青年劳动力的外出流动，使得本民族文化的代际传承出现了断层。在当前农村的生活中，留守的老人仍守候着本民族的乡土文化气息，随着时间的推移，少数民族乡土文化的发展动力呈减弱态势。

近些年，在黔西南州的农村，由于交通条件的改善和外来人员的增多，传统的少数民族村寨的乡土文化气息，在外来世俗文化的影响下逐渐弱化。虽然在政府的支持下，民族地区的乡村旅游得到了一些发展，但是在民族文化方面，乡村旅游活动有明显的商业运作痕迹，外来旅游者大多抱着猎奇的心理，这对于民族乡土文化的传承来说，意义究竟有多大实不好估量。

（5）农村乡土社会的传统利益格局变化加快。在自然状态下，由于资源有限，特定村庄的人群里，以家庭为单位的利益关系格局一旦形成，在短期内很难发生较大变化。然而，在允许劳动力流动的大环境里，同样是外出流动劳动力，由于个人天分、能力、机遇的差异，从外界获得的各种能量自然有大小之别。这反映在各自代表的家庭实力上，乡土社会以往的利益关系格局自然会发生不小的变化。乡村社会的利益格局变动快，是乡村社会治理中的不确定因素。乡镇和村级管理者如果不及时了解相应的变化，很容易陷入被动的状态。

（六）流动劳动力参与乡村社会治理的现状

在基层乡村环境下，随着大量农村劳动力的流出，农村只剩下年迈的老人和年幼的儿童，农村社会里家庭"空巢"现象和村庄"空心"现象较为严重。对于农民来说，外出务工无疑可以增加家庭收入，但外出务工并不意味着放弃自身原有的乡村环境。对很多外出务工人员而言，原有乡村环境的重要性只有外出以后才有深刻的体察。

### 1. 农村流动劳动力参与乡村社会治理的内在动力

（1）经济动力。从区域社会整体的宏观层面来看，西部农村社会人气不旺。从个体家庭发展的微观角度来说，外出劳动力所带来的经济收入是许多农村家庭得以正常运转的物质基础。而农村家庭的房舍、田地以及其他生产资料，都是外出劳动力群体的归宿所在。在乡村社会治理中，集体经济中的利益分配是农民群体的重要关注点。从自身家庭利益得失考虑，外出劳动力群体也会参与到乡村社会治理中来。

（2）社会动力。由于体制方面的原因，农村外出劳动力很难融入城市生活之中，无法享受到谋生地同等的医疗、教育、住房等社会保障性福利。从另一个方面来看，外出谋生的农民依然是农村社会里真正的主人。这一点并不因其在外地谋生而改变。农村社会的发展情况与外出务工人群也是密切相关的。

对农民个人而言，农村社会的发展速度不以人的意志为转移。在外谋生，无论业绩大小，都要参与农村社会的变化中来，唯有如此才能找到自己的所属，进行社会角色的定位。可以说，寻求自身的社会定位和社会价值，是外出劳动力群体参与乡村社会治理中必须认真考虑的一个因素。

（3）文化动力。对外出劳动力而言，农村不仅仅是一块土地、一处宅院，还是自己心灵的归宿。"乡愁观""乡土观"也是外出劳动力群体在文化层面上"根意识"的另类表达。尤其是一些在外地谋生较为成功的人士，衣锦还乡意识的荣耀感只有在本乡本土的人文环境里才能获得充分的心理满足。在谋生的外地，来自农村的流动人口，仅仅是廉价的劳动力，是名副其实的"边缘人"群体。这类群体同样有喜怒哀乐的情感表达，而农村的家园则是这类群体释放内心情感的自由地。从文化层面而言，力所能及地参与乡村社会治理的意义，对外出劳动力来说就不是可有可无的闲事了。在黔西南州的农村，不乏外出务工人员捐资助学、补桥修路等实例。这些感人的举动若不从文化层面去感悟，就很难做出客观的解读。

**2. 农村流动劳动力参与乡村社会治理的实际效应**

在农村，农民享有政治权利，参与本地政治生活，可以影响乡土社会的政治运行，从而获得应有的权益。宏观而言，农村劳动力的流动影响了农民群体自身对乡村社会治理的参与。乡村社会治理过程中，外出务工群体也能发挥巨大作用。

（1）参与社会治理的兴趣。在农村，农民个体对自身的权益以及对自身参与社会治理能力的认识存在差异。自身权益的大小以及能力强弱的自我认识，与社会治理参与兴趣紧密相关。换言之，自身认识能力与行为能力是农民作为个体是否愿意参与乡村社会治理的心理基础。

从个人意愿的角度来看，农民参与社会治理的行为可以分为消极参与、被动参与、主动参与三种类型。从黔西南州农村的实际情况来说，农民群体的受教育程度偏低，个人参与社会治理程度不深，大多处于无意识和漠不关心的层面，处于消极参与的状态。从个体兴趣角度来说，对公益性的社会治理，农民往往以消极参与的状态展示出来，但在他人或政府组织的动员和劝导下，转化为被动参与，当自己意识到参与行为的重要性之后，又会进而转变成主动参与的积极状态。对自身有切身利益的社会治理，农民往往以主动参与的状态展现出来；当遇到挫折时，就会出现退缩的心理，态度也会转变为被动参与；如果参与行动完全失败或者遭受打击，又会变成消极参与。

从黔西南州农村的总体情况来看，农村劳动力流动到外地之后，增长了见识，开阔了视野，参与社会治理的兴趣有所提升，对家乡农村社会治理的关注程度，也在增强。

（2）参与社会治理的能力。就个体角度而言，农民参与社会治理的能力，受经济收入、教育程度、家庭出身、社会地位的影响较大。一般来说，农民的收入和参与社会治理的兴趣与意识成正比，受教育程度和参与社会治理的能力也成正比。在乡土社会中，家庭出身较好以及社会地位较高的人，在很多情况下往往会主动参与社会治理，其参与能力也相对较高。在黔西南州农村，外出务工的工资性收入，仍是当前许多农民家庭的主要收入。除工资之外，流动劳动力群体在外地务工之时，学习技术和管理经验，增长了才干，解放了思想，自身参与社会治理的能力也得以提升。

（3）参与社会治理的效果。在农村社会，流动劳动力群体在乡土社会管理中，已成为不可或缺的重要力量。外出务工的农民，参与乡村社会治理，可以表达自己的各种合理诉求，维护和实现自己的权益。同时，地方政府在具体的管理决策实施过程中，不得不考虑外出务工群体的感受。外出务工人员对乡土社会治理的参与，提升了乡村社会治理的民主化程度。在参与乡村社会治理过程中，外出务工人员的诉求，大多为直接的现实利益要求。地方政府作为公权力的代表，出于维护公信力的考虑，在做出相关决策时，对这些利益要求必须加以考虑、认真对待。

### （七）提升农村基层政权社会治理能力的可行之策

农村基层政权是国家的基石，基层社会治理能力关系到农村社会的稳定与发展。改革开放以来，乡镇一级的党委和政府在落实中央各项农村政策和发展地方经济方面发挥了积极作用。

近十多年里，农村劳动力跨地域流动已是一种常态。在黔西南州，农村社会的工业化和城镇化也带动了农村经济的转型，农民也开始有了多种多样的利益诉求。就社会管理角度而言，乡镇一级政府对这些利益诉求若处理不当，会引起不良的连锁反应，甚至会造成基层社会的不稳定。

#### 1. 农村基层乡镇一级政权，要不断增强服务意识

在农村社会治理的现实情境中，乡镇一级党委和政府首先要安排和处理好上级交办的各种任务。但是，一些地方对农民群众的服务意识不强，对农民群众反映的问题尤其是外出劳动力群体的权益诉求，乡镇一级党委和政府往往缺少调查研究的精神，还没有完全树立起主动解决问题的意识。

走群众路线，是我们党永葆青春活力、执政为民的关键所在。在农村社会治理过程中，党群关系若能摆正、干群关系又十分融洽，社会问题就容易解决，事半功倍。党群关系，是鱼水关系。干群关系，也是如此。

乡镇干部群体要树立为群众服务的观念。在农村社会治理过程中，各级干部的群众观十分重要。自己辖区的流动劳动力虽然在外地谋生，但依然是自己应当服务的对象。在乡镇工作的干部，只有和辖区群众打成一片，才会知道怎样贴近群众，怎样为百姓办事，怎样赢得百姓的尊重。

与以往相比，按照国家"照镜子、正衣冠、洗洗澡、治治病"的政治要求，目前黔西南州乡镇一级干部群体的服务意识有所提高，抑制形式主义和官僚主

义，杜绝享乐主义和奢靡之风。乡镇一级党委和政府的办事能力和办事效率得以提高。就外出流动劳动力而言，乡镇一级政府部门在计划生育、医疗卫生保障、就业培训方面的服务意识大大增强。同时，随着国家财政投入的不断加大，乡镇一级的教育事业发展较快，留守在家的孩子在家门口也能接受良好教育，在很大程度上消除了外出流动劳动力的后顾之忧。

### 2. 继续发展农村特色产业，力争最大限度地实现"以业聚人"

对外出劳动力个体来讲，在原有农村社会环境里无法获得应有的生存和发展资源，才会外出谋生。这是改革开放以来人们对外出劳动力群体的大体认知。走出熟悉的农村社会，进入陌生的创业环境，对劳动力个体来说，是一种无声的考验。在广大农村，这些原本相对固定在一片土地上耕作的人之所以要外出流动，原因之一就是传统的农业已经无法吸纳众多的年轻人就业，养活不了不断繁衍的人群。

近些年来，发展特色产业成为政府倡导和推动的主要脱贫致富门路。从实质上讲，发展特色产业是在新时期解决大量农业人口的就业问题，实现乡村振兴的重要途径，也是农业人口现代化发展的大势所趋。从黔西南州的实际来看，辖区内各县推行的特色产业确实带动了大批农民致富，在某种程度上出现了以业聚人的现象。

自党的十八大召开以来，国家对农村的重视程度超过以往任何时候，对农村的财政扶持力度也超过以往任何一个时期。以业聚人，最大限度地将农民留在农村，是各级地方党委和政府继续努力的方向。以黔西南州自身的自然资源条件和农村人力资源优势，发展特色产业，尚有很大的潜力可挖，前景广阔。

### 3. 完善基层人民代表大会制度，疏通各界人士反映权益诉求的合法渠道

人民代表大会是国家权力机关，其设置和机构是一套完备的系统，从中央一直延伸到乡镇一级。它的存在对改进党的领导以及落实人民当家做主的地位有着重要的政治意义。然而，在基层乡镇一级，人民代表大会的运行状态尚有待完善。例如，代表候选人的不透明现象、虚假选举现象在基层乡镇一级，还或多或少地存在。

在乡镇一级的党委和政府体系里，仅仅依靠信访和乡镇干部群体主动到群众里了解情况，已经不能满足当前农村经济社会发展的需要。而人民代表大会作为基层权力机构，需要代表人民，反映辖区人民群众的呼声。因此，在乡镇

一级人大代表的成员结构上，不妨多吸纳一些外出劳动力群体中的优秀人士，提高农民代表的比重。以外出劳动力群体而言，在农村社会治理过程中，这一群体已经成为基层社会治理决策中不得不考虑的重要因素。将这个群体纳入人民代表大会中，基层社会的民主化程度将会得到很大的提升。

### 4. 进一步完善农村的村民自治组织

在黔西南州的农村社会里，进一步加强村民自治组织的建设，需要在健全基层党组织领导的基础上进行。我们的农村实行的依然是"乡政村治"的基层治理模式，党的领导是必须坚持的核心原则。

在农村基层社会治理中，村委会以及下设的村级人民调解、治安保卫、公共卫生与计划生育等委员会还不够健全，村干部配备不够，往往身兼数职，疲于应付。此外，村务公开和民主管理方面还有待进一步强化。只有扩大村务公开的范围，提升村民的民主参与度，村民的自身合法权益才能得到最大限度的保护，农民即便外出谋生也不需要在农村的公共事务上花费太多心思。

近年来，随着国家对农村的各种财政投入不断增加，公共服务正在向农村地区延伸开来。逐渐完善村民自治组织建设，探索引导社会救助、医疗卫生、文化体育、计划生育、法律服务、劳动保障等公共服务进农村的长效机制。政府推行的公共服务覆盖农村地区以后，以往的城乡差别将大大缩小，农民的幸福感、获得感将大幅增强。

### 5. 进一步发挥农村乡规民约在乡村治理中的作用

乡规民约在中国的乡土社会里存在的时间十分久远，在乡村治理中有着重要作用。乡规民约在性质上不与国家法律、法规、政策相抵触；在内容上，保护村民的人身、财产和民主权利。在解决民间纠纷、维护社会治安、传承良善文化、保护环境卫生、推进移风易俗、管理公共事务以及发扬传统民主等方面，乡规民约都有着不可替代的作用。

乡规民约，可以随着时代的变化而变化，根据实际需要对其加以修改与变更，难度不大。因地制宜地运用好乡规民约，无论社会如何发展变化，乡村社会治理都会在可控有序的变动发展之中。对外出劳动力而言，即便受到世俗文化的熏染，回到农村后也不能是局外人，必须在乡规民约的范围内行事。从逻辑上来讲，乡规民约若能充分发挥其应有的效用，乡村社会的治理成本将大幅下降。

由于种种原因，目前无论是官方还是民间，对乡规民约的认识程度都不够深入。在黔西南州，我们发现，无论是乡镇一级的干部群体还是村民群体，很多人都认为乡规民约在实际生活中的用处不大。甚至有干部认为，乡规民约的制定仅仅是为了应付上级检查而已。殊不知，乡规民约在增强农村乡土文化的自信力以及保护农村乡土文化方面有着特殊的意义和价值。

总而言之，乡村治理是一个动态工程，也是一项复杂而系统的工程。在当前的社会环境下，做好乡村治理有许多具体事务需要各级地方政府持续不懈地努力。黔西南州作为贵州省少数民族聚居地区，其乡村治理的过程中会有民族性与地方性的特点。对黔西南州的乡村地方治理而言，在当前和今后的工作中，还需要把握以下几点。

第一，认识基础：重农固本是乡村社会稳定的基础。奠定在"三农"问题对于中国社会稳定和发展重要性的深刻认识的基础上，每年中央1号文件的内容中，"三农"问题都是一个核心。俗语中所说的"无工不富，无商不活，无农不稳"，也是对农业基础地位的充分肯定。作为国家的基础、生存的根本，农业、农村和农民都是不能忽视的。

在国家扶贫事业政策的指引下，黔西南州近些年在发展特色农业方面做出了很多努力，意在帮助更多的农民脱贫致富。从长远来看，在黔西南州，农村工作仍应把握稳中求进的步调，力争做到农业既要发展，农民也要增收。农业发展条件好了，有钱赚了，一些外出劳动力自然也会安心务农。

第二，工作原则：始终坚持"三个坚定不移"的基本工作原则。通过农村改革，促进农村社会的发展，保障社会和谐稳定，这是工作的基本原则，更是国家大计。不仅关系民生，是细节，更关系全局，关系我国改革、发展、稳定的整体局势。

在黔西南州，农村土地面积小且分布散，缺少规模经营的天然优势；户籍的城乡二元管理，束缚了人力资源的流动，等等，都是农村发展中需要改革并认真对待的大事。在今后的农村改革中，涉及"三农"方面，需要将农民利益放在首位，加强全局意识，切实推进城乡统筹，结合本地农村发展实际，积极落实中央强农、惠农、富农政策，稳扎稳打，步步为营，增加农民收入，稳固农业基础，促进农村和谐。

第三，治理目标：推动乡风文明乡村振兴。乡村是人类活动与自然密切接触的点，也是一个综合体，具有多种特征和多重功能。乡村兴衰是国运盛衰的一面镜子。农民富则国富，农村美则国美，农业强则国强。当前，乡村衰败的现象得到了国家的重视。

在黔西南州，乡村的全面振兴要结合地方历史文化，根据实践情况，遵循乡村发展规律，适应时代的发展需要。因为城镇化水平还不高，吸纳本地劳动力的能力有限，许多农民为了生计还不得不到外地谋生。就黔西南州的乡村振兴而言，建设小康社会的重点和难点仍在农村。总之，从黔西南州的整体发展情况来说，发展的希望在农村，发展的后劲和潜力也在农村。

# 第六章 贵州反贫困的实践经验和理论贡献

中国反贫困理论有统一的指导思想、具体的落实路线，具体而言就是以"六个精准"为核心的理论体系。贵州省是中国扶贫攻坚重点地区之一，为战胜贫困，积极投身于扶贫理论的探索之中，不断进行从理论到实践再到理论的提升，为整个中国反贫困理论做出了积极的贡献。

反贫困理论在贵州有两大特色：第一，围绕着中央制定的"六个精准"逐层展开。贵州省充分结合地方经济社会和文化传统的特点，在贯彻落实各项政策措施的过程中，加强反贫困理论的本地化研究与提升。第二，探索党建扶贫理论。以下便从这两个方面展开，并通过贵州扶贫理论改革的路径具体分析贵州省对中国反贫困理论的贡献。

## 一、"六个精准"核心理论在贵州的贯彻落实

### （一）多渠道保障扶持对象精准

在中国，扶贫的关键在于"精准"。关于如何准确定位帮扶的对象这一点，"从改革开放初期实行县级瞄准，2000 年开始转为村级瞄准，现在依据个体或家庭瞄准和类别瞄准相结合的方法，建立起贫困县、村和户的三级扶贫瞄准机制"①。在这个变化过程中，贵州积极主动地保持与党中央顶层设计高度一致。扶持对象的精准是整个精准扶贫理论体系出发点，也是当今扶贫政策的落脚点。

#### 1. 从政策制度层面保障扶贫对象的精准确定

第一，发挥政策制度对精准确定扶贫对象的基础性保障作用。根据国家扶贫办下发的文件，在具体落实的过程中贵州省先后颁发了一系列文件。有的关

---

① 李培林，魏后凯，吴国宝.中国扶贫开发报告（2017）[M].北京：社会科学文献出版社，2017：98–102.

于全局，例如，对重点工作责任的分工（黔府办发〔2019〕2号）、促进就业工作（黔府发〔2018〕34号）、整合涉农资金（黔府发〔2019〕4号）、农民全员培训（黔府办发〔2018〕41号）；有的只是针对某个行业或部门，例如，生态渔业（黔府办函〔2019〕47号）、绿色农产品（黔府办函〔2019〕33号），农村电子商务（黔府办函〔2019〕29号）、烤烟（黔府办发〔2018〕42号），微型企业（黔府办函〔2018〕49号）、消费（黔府办函〔2019〕58号）；有的具体到某一行业最近几年的行动方案，例如，关于基层公共卫生服务能力、医疗保障机制，以及推动茶产业、中药材产业、蔬菜产业、食用菌产业、生态家禽产业、冷链物流业、旅游业、农业大数据、农民专业合作社、龙头企业等的扶贫三年行动方案（2017—2019年）等，从制度层面保证精准扶贫工作第一步——精准识别的准确性。

第二，深入理解政策，做好精准识别工作。贵州省根据中央精准识别的总体要求和关键点，在具体落实过程中，根据国家统计局的贫困人口数据，将贫困人口分配到各县、市、区范围内，之后再由县级对贫困人口进行再分解，具体落实到乡、到镇、到行政村。从制度层面入手，确定识别政策的根据和准绳。

在具体的落实过程中，贵州省从标准、程序到管理、纠错等方面加大力度，形成规范，强调"精准"。首先，确定贫困的定量和定性的指标。从定量的角度，以2010年标准线为基础，每年根据物价和社会经济发展状况上浮确定当年的贫困标准线。例如，贵州省2017年的贫困标准线为3335元。从定性的角度，从日常生活的吃穿、住房到教育医疗等，建立了一套基本指标体系。其次，严格执行过程的公示和公告程序。保证政策落实过程中的透明度，让村民及时了解贫困户的识别过程，知晓识别结果，避免基层在具体工作中可能存在的"暗箱操作"。再次，针对贫困户建档立卡，及时跟踪贫困户信息，对后期如何"帮"和如何"管"具有重要意义。最后，随时不忘"回头看"。这是一个及时纠错的过程，把不符合贫困条件的人员从贫困户名单中及时清除。

**2. 从档案建设角度确保扶贫对象的精准定位**

第一，为扶贫户建立专门的档案。"一户一档"是基础性档案，对加强社会治理，贯彻扶贫政策，落实优惠措施，帮助农户摆脱贫困现状等各个方面都至关重要。为确保工作的顺利展开，省档案局、省扶贫办首先针对一些基础性的难点问题进行广泛而且深入的调研，联合出台了一系列文件。为了保证档案内容完整并准确地反映地区性贫困状况和贫困人口生存状况，重点放在档案的体系建设、管理制度、资源统计等方面。首先从示范乡镇开始入手，首批在"全省共建立省级试点乡镇14个、市（州）级试点乡镇24个、县（市、区）级试点乡镇75个，建立贫困户'一户一档'81420户"①。在实践过程中探索贫困户档案建设的可行性道路，摸清可能出现的问题，找到应对问题的方法和途径。档案是各项扶贫政策和措施推行的基础信息，至关重要，需要逐级落实。在村一级，扶贫领导小组办公室制作清单，统一标准，确保档案分类排列、标识明确、材料完整、内容翔实。各村第一书记、驻村干部、包片领导、包点干部、村"两委"班子及时沟通并进行现场指导。规范化整理，由贫困户提出申请，村民统一民主评议并提交材料，再由村镇县三级审核、公示、批复。产业扶持到村到户，互助资金运行和政策性补助落实等各项脱贫举措合乎规范。对贫困户脱贫、贫困村退出程序等所有资料逐一核对并及时查漏补缺，确保材料准确完整，最后按照科学原则进行分类、整理并归档。

第二，责任落实到具体的人。首先，加强组织领导和工作指导，完善领导管理人员、扶贫档案、监督检查等的工作机制，分管领导对整个工作步骤、方法、途径做出全局性安排，并将具体工作落实到人。与此同时，纪检组织加强对档案建设试点乡镇的督导，加强考核机制，确保扶贫档案建设过程的有序与有效。其次，通过联动措施保障扶贫档案建设落实到位。贵州省纵向上保持上下联动，横向上加强部门协作，把扶贫档案工作纳入扶贫工作的整体规划；纵向上加强全局性部署中不同层级和部门间的协调行动，从扶贫档案工作的具体部署到实施的全过程，以及最后对档案建设的全面检查和结果验收等依次进行。最后，逐级建立扶贫档案示范点，通过示范带头带动整体前进，从全局推动建档工作落实到位。省档案局、省扶贫办最先建立省级示范点，后来各市（州）相继安排部署，逐级落实到位，有效保障了扶贫档案的精准性。

第三，档案标准化建设的管理工作。通过评估，加强管理，贵州省以国家档案局、原国务院扶贫办的精准扶贫档案工作总体精神为指导，确保档案归档、整理和最终的流向规范化、标准化，与全国保持一致。此外，紧密结合本省的具体省情和经济社会发展状况，在管理和整理过程中提出了切合实际的实施方

---

① 欧阳峰.贵州：精准发力，"一户一档"精准扶贫[J].中国档案，2017（05）：22–23.

案，高质量完成扶贫档案资料的规范化建设。在资料规范化整理和工作人员的业务培训中，都精心规划设计并确保精准落实到位。为解决扶持对象识别过程中的各类排斥现象（例如，规模排斥、区域排斥、识别排斥等）[①]，通过"试点示范，有效化解了一些基础性、精准性难点问题"[②]。在这个过程中，贵州省充分利用现代技术帮助实现扶贫对象的精准分析。现在，精准扶贫户的资料已经全面入库，数据及时更新。

### 3. 精准识别方法上的贵州贡献

威宁彝族回族苗族自治县创造的"四看法（一看房、二看粮、三看劳动力强不强、四看家中有没有读书郎）"，富有创造性和地方特色，把政策文件的规定转换为简单而且易于操作的口诀，对具体工作具有极强的指导作用。这种地方经验可谓贵州在全国精准扶贫识别方法上的一大贡献，很快得以在全省乃至全国推广，并由此产生了很多地方性"变体"。在威宁"四看法"基础上，黔西南州加以拓展，确定了与农户生产生活密切相关的 21 个指标，结合不同的权重进行测量并根据综合得分对贫困户进行分类，确定为《贫困农户评估表》。"四看法"不仅成为贵州省内各县精准识别的基本的、行之有效的方法，而且其影响力遍及全国各地。例如，河北省的"五必看（看房、看粮、看劳动力、看有无在读学生和重病患者）"，宁夏固原的"五看十步法"标准等，可以说都是源自贵州威宁的"四看法"。"不同省区的贫困人口识别方法契合了各地的实际情况，并且相互借鉴，较为准确地反映了贫困内涵，在精准扶贫'回头看'是实践过程中取得了一定的成效。"[③]

（二）扶贫项目实施精准到位

"项目制"是当今中国精准扶贫实践过程中的一种主要运作方式，即精准扶贫过程中动用的相关人力、物力，特别是由财政统一拨付的专项扶贫资金，

---

[①] 关于精准扶贫过程中贫困户识别的这几类"排斥"现象的论述，参见：陆汉文，黄承伟.中国精准扶贫发展报告（2017）——精准扶贫的顶层设计与具体实践 [M].北京：社会科学文献出版社，2017：62–64.

[②] 欧阳峰.贵州：精准发力，"一户一档"精准扶贫 [J].中国档案，2017（05）：22–23.

[③] 李培林，魏后凯，吴国宝.中国扶贫开发报告（2017）[M].北京：社会科学文献出版社，2017：106–107.

必须在规定的时间内，投入到特定的地域范围和人群之中，以完成预期制订的减贫目标计划。这种方式始于中国分税制改革，在具体操作过程中，充分利用国家财政转移支付资金，走专业化道路，分级运作，逐层打包发包。促进"项目下乡"，是撬动脱贫解困的重要杠杆，有利于集中力量办大事，是"一种新型的国家社会联动体制和运行机制"。[①] 在扶贫项目的设定、招标、执行和验收过程中，贵州省也在"精准"上下足了功夫。

### 1. 为扶贫项目制定和执行系列贵州地方政策

第一，地方政策紧随中央指示是贵州扶贫项目的总体特征。紧跟中央扶贫政策的步伐，及时发布各项精准执行的地方政策。针对党中央和各部委连续出台的文件，贵州省也有一系列富于地方特色的落实性文件印发。新时代贵州精准扶贫政策重视发展生态经济，"深入落实'守底线、走新路、奔小康'的政策要求"[②]。依托大数据技术，以大健康为理念，充分利用贵州山地自然特征，发展立体生态农业和山地旅游业的新型发展道路。在扶贫项目的目标任务、工作重点和保障措施等方面更为明确精准。

第二，扶贫项目在贵州的推进过程。确定省内扶贫项目总目标，拟定项目总规划，做好扶贫项目的总设计，搞好贵州地方扶贫项目精准落地的体系建设。2015年，贵州省发布"1+10"精准扶贫政策问卷体系中，清晰表达了省委、省政府响应中央号召、打赢扶贫战役的决心。10个重要配套文件中，《关于扶持生产和就业推进精准扶贫的实施意见》以发展现代山地特色高效农业及其相关的加工业、流通业和农村劳务和城镇化等，推进农村改革；《关于进一步加大扶贫生态移民力度推进精准扶贫的实施意见》是落实生态脆弱区的农户实施移民搬迁的方法步骤等，以贵州省情为重点，有针对性地提出相关的步骤和要求。在扶贫项目的推进过程中，从目标设定到项目设计，从精准立项到精准实施，兼顾地域特色，注重政策措施落实获得的实效。

第三，项目推进过程中的金融举措。为了加强金融服务，保障精准扶贫系

---

① 陆汉文，黄承伟.中国精准扶贫发展报告（2017）——精准扶贫的顶层设计与具体实践[M].北京：社会科学文献出版社，2017：67.

② 秦红平，杨定玉.精准扶贫战略下贵州如何实现"突围"[J].法制与经济，2016（02）：42-43.

列项目的程序性监测，例如，贵州省发布《关于全面做好金融服务推进精准扶贫的实施意见》，强化了贫困地区融资、贷款投放等金融服务的相关措施。结合前期精准定位服务群体的基础信息、国家扶贫项目的总体要求，以及贵州省内自然地理条件和资源禀赋、经济社会发展状况等多种因素，落实项目实施的具体方案。例如，《贵州省贫困县退出实施方案》以贫困户的精准脱贫为主要目标，全面实时监控贫困户、贫困村、贫困乡（镇）、贫困县的发展程度脱贫速度。在一系列政策文件中，关于生产和就业、金融服务等文件与项目的成立、推行和实效监测等密切相关。

**2. 贵州省精准扶贫项目推进中的各项挑战**

第一，探索适应贵州地方的模式。以"模式"应对挑战是贵州精准扶贫项目推进过程中的一项经验。针对省内脆弱的生态环境，贵州省一直在探索建立一套不同于东部发达省份，也有别于西部其他省份，适应地方省情和现实发展的扶贫模式。因为摆脱贫困不是贵州省的终极目标，而是通过走可持续发展之路，着眼于未来长久的利益。要实现这个目标，需要争取处理多种关系：从社会的宏观角度来看，稳定与发展；从中观的角度来看，整体与个体；从个体成员的角度来看，物质与精神。此外，扶贫动力的发掘、扶贫路径的探索、扶贫目标的达成等，都需要在贵州地方各种"模式"的探索和形成过程中加以考虑。

第二，扶贫项目注重实效。贵州省充分发挥扶贫资金的作用，总体成效显著。至 2018 年，"完成 188 万人搬迁任务，减少农村贫困人口 110 万人"[①]。省委省政府为了拓宽扶贫项目资金来源，制定并出台了一系列相关引领政策，为项目资金提供了保障。例如，加强与东部省份的联系，通过"高层互访""协作交流"等方式，扶贫项目在贵州推行、落实，取得了斐然成绩。其中出现了各种典型的案例。例如，安顺市普定县秀水村通过扶贫项目，探索帮扶模式，把秀水村从一个典型的"三无（无产业、无集体经济、无增收来源）"村转变为"小康村"。

第三，特色扶贫项目精准实现脱贫目标。贵州省各地结合地方特色，推进特色项目，帮助精准实现扶贫效应。作为一个山地省份，贵州在历史时期被匮

---

① 数据来源：2019 年贵州省政府工作报告 [EB/OL]. (2019-02-15). https://www.guizhou. gov.cn/ztzl/2019ngzlh/yqdbg/szfgzbg/201902/t20190215_71191878.html.

乏的土地资源和闭塞的内外交通严重束缚了地方经济的发展。但是现在，山地却成为贵州省经济发展的一个重要资源。从特色旅游的总体规划开始，就对扶贫对象、旅游项目资源、社会参与平台等因素进行重点考虑，以扶贫政策为基础，加强组织体系建设，综合考虑项目的益贫性和村民的观念改变等，创新产业融合路径，以期构建具有地方少数民族特色的旅游产品，拓展精准扶贫的实现方式。

山地旅游、乡村旅游、特色旅游乃至全域旅游成为贵州经济发展的一个亮点，成为扶贫的一个重要手段。很多人投身于贵州旅游发展的大潮之中，成为"全域旅游""旅游+"产业联动实践的中坚力量。在这个过程中，注重处理好整体经济发展与贫困户经济状况改善的关系，乡土资源的产业开发与地方民族民俗文化和生态环境保护的关系，尊重市场主体地位并按市场规则行动与对经济地位处于弱势的贫困群体的帮扶和能力提高的关系，以及政府的主导作用与参与项目的社会力量的利益权衡之间的关系。通过规划、管理和充分利用当地自然和人文资源，发展全域旅游，带动整个地区的经济发展，并最终帮助贫困户顺利实现脱贫。

### （三）扶贫资金使用精打细算

精准使用扶贫资金，表现在分配、使用、管理、整合以及监管等各个方面。资金使用程序和成效的公开，是公平的基础，也是资金使用效率的保障，只有保证扶贫资金的公开透明，才能真正做到资金使用精准。

#### 1. 资金使用精准的政策总设计

针对财政专项支出的扶贫资金的分配和使用，从资金的到账、管理、核算等进行监督管理，国家对此有专门的规定。针对各类扶贫开发项目管理，财政部、扶贫办、国家发展改革委等部门先后联合出台了系列文件，例如，《财政专项扶贫资金管理办法》（财农〔2011〕312号）、《财政违法行为处罚处分条例》（国务院令第427号）、《中央财政专项扶贫资金管理办法》（财农〔2017〕8号）。以中央部委的规定为依据，贵州省在具体的执行过程中，富于地方特色。

第一，严格报账制度，保证资金精准使用。针对扶贫资金的使用和管理，在国家《财政专项扶贫资金管理办法》（财农〔2011〕312号）发布之后，贵州省对原有地方试行管理办法《贵州省财政扶贫资金报账制管理实施细则（试行）》（黔财农〔2005〕280号）进行修订，新出台《贵州省财政专项扶贫资金保障管理实施细则（试行）》（黔财农〔2014〕85号），系列文件都对扶贫资金的使用有明确详细的规定。"以项目为载体、以精准扶贫到农户为基础，资金安排到项目、支出核算到项目、监督管理和检查验收到贫困户。主管部门和财政部门严格按照要求将报账信息录入"[①]。通过报账制度的严格规定，全面准确反映扶贫资金运作过程，确保扶贫资金精准使用，有效加强了对扶贫资金的管理。

第二，制定资金运行原则，保证资金安全使用。贵州省人民政府办公厅出台了《关于建立财政专项扶贫资金安全运行机制的意见》（黔府办函〔2015〕46号）文件，将扶贫资金的审批权下放到县。为杜绝违规违纪使用扶贫资金的情况，例如，闲置、挪用、冒领、私存扶贫资金，或者设立"小金库"等，制定了系列扶贫资金使用原则，例如，集体讨论、运作管理规范、权责到位、公告公示、抓大放小、权力下放等原则。

第三，加强资金管理，推进资金精准使用。贵州省出台了《关于改革创新财政专项扶贫资金管理的指导意见》（黔扶通〔2016〕9号），建立关于分工和分配和监督管理资金使用的机制，坚持"四到县"项目审批者和资金使用者负责制原则，强调机制投入、突出重点，强化绩效管理。在财政专项扶贫资金的使用政策上，设立优惠措施，吸引企业积极参与到扶贫产业，帮助贫困户增收，鼓励各地因地制宜地探索创新资金使用方法。

**2. 金融和财政精准扶贫的具体举措**

第一，确保扶贫资金总量。精准扶贫政策推行以来，随着贵州省《关于全面做好金融服务推进精准扶贫的实施意见》（以下简称《实施意见》）的下达，各地州扶贫资金得到了保障。为了扩大融资规模，逐步建立农村产权交易平台，扩大扶贫龙头企业的融资金额，支持符合条件的企业公开发行股票，并把每年新增资金大部分投向贫困地区，在贫困县内增加贷款投放总量。例如，根据《实施意见》，从2015年开始每年大幅度增加贫困地区的贷款额度，加上直接融资、保险资金等，向农户发放用于发展生产的"特惠贷"等。通过直接把资金投向农户，降低农户贷款门槛，开辟贫困农户的融资渠道，降低融资成本，健全保障体系，

---

① 陆汉文，黄承伟.中国精准扶贫发展报告（2017）[M].北京：社会科学文献出版社，2017：88.

帮助农户在发展生产，解决子女就学等有资金需求时有能力贷款。这些举措的目标就是加大力度，从金融的角度保障精准扶贫政策的顺利执行。

第二，强化金融扶贫的力量。例如，加强村村通、农村金融服务站建设，通过"金惠工程"或者"金融夜校"等形式普及农户金融知识。与此同时，快速推进农村融资体系建设，例如，"贵农云"服务平台，综合银行、证券和保险等各类金融结构拓展农村金融综合服务平台和服务网点，方便农户咨询和使用。在这个过程中，加强金融环境检查，通过环评结果优化整体金融外部生态环境、金融服务水平，提高社会信用和农户满意度。

第三，加大扶贫政策的力度和效度。贵州省加大金融政策在扶贫上的支持力度，适度放松支农监管，促进多渠道支持精准扶贫政策取得实效。例如，中国人民银行贵阳支行支持贫困地区增加信贷的投放量，只要符合条件，可以再次降低优惠利率，增加发放支农贷款。在预算中增加贫困县扶贫小额信贷和助农取款服务等工作的奖励部分。金融机构发行金融债券支持贫困县建设，允许此类贷款不良率高出 2 个百分点。不限期收回，无限制措施，不以营利为目的的政策性和公益性贷款，放开许可限制。

第四，具体措施要接地气，符合地方实际。例如，在县级金融机构，创设金融产品，增加扶贫专项资金，其中的一半直接作为扶贫小额信贷的风险补偿储备基金，为新增"贵扶贷""惠农贷""惠工贷"等金融产品提供资金保障，为建档立卡贫困户提供"特惠贷"的贷款风险补偿等。或者设立省级农业发展基金，企业或者其他社会资本可以建立子基金，为扶贫项目注资，促进农业发展、农民增收。对市（州）级以上成效明显的龙头企业直接进行股权投资等，多种方式争取扩大基金规模，大力投入特色农业发展项目，例如，增加农业产品保险品种，保证金融资金使用到位。对扶贫金融资金实行实时监测，使用情况一目了然。扶贫资金的安全，是各项扶贫举措精准到位的安全保障，是贵州省扶贫攻坚具体战役举措中的一个重点。总之，在一系列措施的保障之下，贵州省金融和财政扶贫力度达到一个新的高度。

### 3. 扶贫资金的使用、监管和考核

第一，整合扶贫资金。2016 年国务院办公厅出台 22 号文件，同年，贵州省人民政府办公厅出台第 24 号文件，开展财政涉农资金的统筹整合试点。具体贯彻落实中央文件精神,强调充分放权,突出县级主体地位,明确划分省、市(州)、

县三级主体责任，探索改善扶贫资金使用成效的有效方式，改革创新试点，突出脱贫实效。

以贵州省的总体要求为根据，省内各地颁发具体实施方案并加以落实。例如，江口县人民政府为了充分发挥财政资金的引导作用和扶贫资金的杠杆作用，2016 年印发《江口县财政扶贫资金项目先建后补以奖代补实施方案》（江府办发〔2016〕53 号），提出"先建后补"和"以奖代补"两种方案，鼓励项目单位加大项目建设资金投入。这样，财政扶贫资金起导向作用，而在项目中资金主体却是实施单位投入的社会资金。这种方式主要是为了推进农业产业化发展，针对新型农业经营主体——龙头企业、农业专业合作社、种养大户、建档立卡贫困户、家庭农场等，从事农业产业化的种植养殖或者小型公益性基础设施建设等项目。

第二，合理分配扶贫资金。根据中央规定，财政专项扶贫资金的分配因素有三点：贫困状况、政策任务和脱贫成效。而贵州省在具体执行分配过程中遇到了一些困难。

从制度规定的角度来看，由于资金分配必须遵循严格的操作程序，所以灵活性差，县级扶贫资金长期滞留现象严重。此外，资金分配与绩效考核和脱贫成效挂钩，周期常常是一年。周期较长的生态农业项目虽然是贫困地区急需的，但是往往得不到支持。

从人为因素的角度来看，因为传统熟人社会现状和乡土文化观念的影响，扶贫资金分配时常常会出现"平均主义"，将宝贵的扶贫资金一分了之，资金无法发挥应有的作用。另外，由于农村中单个农户能够承载的资金量较小，农户作为独立的经济体，相互间的合作困难。扶贫资金下来之后，在如何分配的问题上，要使"群众满意度"这个脱贫"三率一度"中的"度"达标，干部不想"得罪人"，群众也倾向于平均分配。这样扶贫资金大部分都到不了贫困户手中，在资金分配上不能建立并实行相应的按需分配机制，其结果必然制约扶贫资金的扶贫能力。

针对这些困难，贵州省根据《国家扶贫资金管理办法》（国发办〔1997〕24 号）和有关政策，结合贵州省情，于 2019 年制定并下发了《贵州省扶贫资金管理办法》，对扶贫资金进行严格监督管理。资金重点用于发展种植养殖业、加工业和手工业，重点解决群众温饱。此外，对扶贫贷款回收和扶贫项目竣工验收等各项工作加以明确规定，以此加强管理，防止扶贫资金的流失。

在扶贫资金管理的具体落实方面，各地政府都有很多相关的举措。例如，黔东南州三穗县秉持"四个严格"管好用好财政扶贫资金，通过自查自纠实现扶贫资金效益最大化；遵义市习水县全面推行财政扶贫资金乡级报账制；贵阳市修文县组成工作组开展扶贫项目资金"三率"督导清理。此外，在铜仁市的不同县辖区内，在扶贫资金管理方面努力做出自己的特色。例如，印江土家族苗族自治县多措并举，精准发力；德江县扶贫办联合审计、农业、科技等相关单位和部门，对项目工程验收，合格后再启动报账程序等方式加强扶贫项目资金的监管；松桃县通过"四严"举措促扶贫资金监管"无死角"。

第三，建立资金使用的样板模式。扶贫资金的使用，有各种困难情况。例如，自上而下的产业项目选择机制容易导致上级规划项目与基层自然条件不适宜的风险，农业产业自身的生产周期性与农产品市场变动性存在不同频率的风险，贫困农户自我发展力弱导致项目发展的高风险，资金监管严格而基层管理缺乏正向引导和激励，这些都导致了扶贫资金被浪费或使用率低下的结果。

为了解决这些困难，贵州省创设金融扶贫新模式，充分发挥财政专项扶贫资金的杠杆作用。例如，"四平台一协会"即管理、贷款、担保和公示平台和信用协会，创设财政金融产品，政府提供扶贫贴息，农村信用社推出免担保的"特惠贷（针对贫困户，50000元内3年期）"。此类贷款为贫困户解决了生产和发展急需资金而自身又无能力担保的困境，受到农户欢迎，发展很快。

贵州省在充分利用扶贫资金的同时，设法扩大融资渠道，优化资产资源的配置方式，取得了令人瞩目的成绩，例如，农村"三变"改革推动了农户（特别是贫困户）和村集体通过资产增收，改善了扶贫资金的使用方式和使用效益，盘活了农村的土地资源，增加农户收入的同时，通过培育或引进产业的方式促进了农村土地的适度规模经营并推动了农业的现代化转型。

第四，加大扶贫资金的监管力度。贵州省在扶贫资金监管方面还做出了许多有益的尝试。通过官方网站或者"扶贫云"，及时公布资金使用的信息，接受监管。无论是第一书记和驻村工作队，还是专业的审计和监察部门，或者人大和政协，都积极参与到扶贫资金的监管工作中来，甚至新闻媒体和普通群众也可以发挥监督作用。从技术方面，运用监测系统对扶贫资金进行动态管理，在"扶贫云"上录入、补充和管理信息，进行量化评分和动态监督，客观反映资金使用成效，并根据系统的考评结果来评判领导干部的工作业绩。通过资金流水账监管资金是否到贫困户账上和项目实施进度情况。此外，在扶贫资金的考核方式上，根据中央和省级资金分配规定，在坚持专款专用原则的同时实行比例分配原则，即直接把资金分配到县，根据县、村内贫困人口和绩效考核等因素按比例进行分配。而在具体监管工作中，坚持权责一体。根据贵州省《关于改革创新财政专项扶贫资金管理的指导意见》确定的"谁审批谁负责"和"谁使用谁负责"原则，项目审批人必须跟踪和监督资金去向、用途、效应等；资金使用必须符合规定的程序。促进报账方式的规范化，资金按流程拨付和使用。与此同时简化程序、提高效率。委托县、乡镇财务监管或者咨询机构代为操作，政府购买服务，加强监管。开通"扶贫专线"，方便群众举报，纪检监察部门和审计机关结合群众反映进行检查审计，或者委托第三方进行评估。

（四）扶贫措施契合地方实际

伴随着中国扶贫对象从县到村再到贫困户，瞄准对象从地区到个体的转变，"滴灌式"扶贫成为当今扶贫的特色和精准扶贫的基本思路。那么，如何保障扶贫的政策、措施、资金、项目等及时进入贫困地区、为贫困人口所用，建立有效的衡量机制是关键。

**1. 总体方略**

为贯彻中办发〔2013〕25 号、国开办发〔2014〕30 号、国发〔2016〕64 号文件精神，2018 年贵州省 16 个部门协作共同编写《贵州省精准扶贫标准体系》。该《体系》共计 26 项贵州省地方标准，具体包括四个部分。"基础通用标准"针对贫困户的识别和退出，干部驻村和农业产业要素；"项目管理标准"针对产业、生态补偿、饮水安全；"基础设施标准"中涵盖了乡村道路、扶贫搬迁、农村危房等的建设和改造；"社会保障标准"用于教育资助、医疗救助、大病救治等方面。"该体系富有贵州地方特色，统一了精准扶贫工作基本要求、具体方法、操作流程"[①]，将具体的到户措施与"五个一批"总规划有机结合，形成具有贵州地方特色的具体措施到户精准扶贫方案。

---

① 程焕. 贵州实施精准扶贫标准体系 [J]. 今日海南，2018（09）：23.

### 2. 具体措施

贫困人口的致贫因素各不相同，如果方法措施单一，例如，为了缩小贫困人口数量，把贫困户纳入低保范围，就算是脱贫了，"这样即便是能够拥有好看的数据，但是对于贫困人口生活的真正改善，对于整个经济社会的良性发展显然是不利的"①。为了预防方法单一、低水平扶贫的弊端，贵州省不搞一刀切，也不是鲁莽蛮干，而是采取了不同的帮扶措施。

具体措施的制定要有充足的理论依据，进而采取相应举措。例如，根据参与市场交易程度，第一，对无劳动能力而贫困的人口，通过社会保障或者社会救助，直接给钱给物。第二，对无途径出售产品的贫困人口，推进产业化，加强培训提高能力，或者通过劳动力转移实现增收。第三，由于居住地点偏远，出售产品交易成本太高而导致收入低的贫困人口，则改善地区交通条件、把扶贫资金作为杠杆，撬动区域产业发展和规模经济，建立主导经济组织，改善资金、技术、物资、培训的结合和配套服务。第四，对于劳动收获少、必要开支大的贫困人口，帮助其减少部分开支，例如，在医疗、教育方面的精准扶贫措施；或者拓展财源，帮助其增加收入，例如，扩大生产规模，提升生产能力，实行"三变"把"死资产"变成"活资金"，为贫困户争取资金和资源，帮助其提高市场竞争能力。目前，贵州省不仅完成了贫困村和贫困户的建档立卡工作，而且落实了动态管理工作机制，工作成效显著，实现了从制度与开发商等扶贫向大扶贫的转变，扶贫攻坚向综合方向发展。

### 3. 成功案例

乌蒙山区的威宁彝族回族苗族自治县迤那镇的"四看法（一看房，二看粮，三看劳动力强不强，四看家中有没有读书郎）"不仅在贵州得以广泛推广，而且对全国其他省份的扶贫识别过程具有指导意义和示范效应，是"鲜活的精准扶贫贵州经验"。针对省内贫困人口，基本实现户有卡、村有册、县有档、省有数据库。六盘水市的"三变（资源变股权、资金变股金、农民变股民）"，促进了贫困地区农民资产的金融化。毕节市建立"十子工作法"，在这个很多地方得以推广。毕节市把驻村干部的工作总结成群众喜闻乐见的顺口溜形式：

① 黄水源. 贵州实施农村精准扶贫　创建国家扶贫开发攻坚示范区研究——贵州的贫困现象及经济学解读 [J]. 贵州社会主义学院学报，2016（02）：5-9.

"瞄靶子、梳辫子、结对子、理路子、想法子、找票子、甩膀子、强班子、凑份子、造册子。"[1]这是一种系统高效的工作方法，这些贫困识别与分类方法、干部驻村和帮扶工作、整体的规划和配置、具体工作的联动和管理机制等，被其他地区和省份相继列为扶贫工作程序的重要参考。

富有特色的具体方法还有很多。例如，道真县推行挂乡联村帮户制，选派机关干部、大学生村干部、农村优秀青年组建了驻村工作组，对48个贫困村开展重点帮促，3000多名机关干部结对帮扶4440户，走访农户、精准帮扶贫困人口、开展农民夜校培训会，争取项目200余个，受益农村人口31800多人。[2]此外，六盘水市为驻村干部准备的"订单"，玉屏侗族自治县的"民情信息系统"，晴隆县的生态经济等都是在实践过程中经验和智慧的结晶。上下齐心，现在贵州省内扶贫已经获得了丰硕的成果。例如，高海拔的彝族村寨毕节市海雀村，通过建立试验区，实行差别化政策，组织专家学者调研，大力协调并推进扶贫项目，找到适合当地环境的经济林木发展方向，与贵州农丰源农产投资有限公司合作，解决了资金、技术和销售等一系列问题，"不仅仅有小苹果成就大产业，在村支书的带领下还养牛、改建院坝、办蛋鸡厂、办服装厂，扶贫看海雀"[3]。村民的住房从随时可能坍塌的权权房、茅草房，到土墙房，再到现在的两层楼的典型黔西北民居；从过去的土地贫瘠、食不果腹、衣衫褴褛状态变成了现在的林海茫茫、瓜果挂满枝头、农家乐遍地。

### （五）扶贫人员的多渠道配置

根据全国整体形势，贵州省确定了扶贫战略的"顶层设计"，内容包括完善基础组织，派驻工作队和建立包保帮扶人，这是提升贫困治理实效、加快贫困人口脱贫、推进农业现代化发展的重要指针。

#### 1. 因村派人落实扶贫工作

紧跟中央决定，思想统一，工作落实及时。自精准扶贫政策执行以来，贵州省抓紧落实具体工作安排，在过去的几年时间中，因村派人精准扶贫有特色，

---

① 黄水源.贵州实施农村精准扶贫　创建国家扶贫开发攻坚示范区研究——贵州精准扶贫的成效和意义[J].贵州社会主义学院学报，2016（03）：5-9.

② 刘正强.贵州精准扶贫的历史性成效与启示[J].理论与当代，2015（11）：20-22.

③ 王一彪，禹伟良，万秀斌，汪志球.扶贫看海雀[J].老区建设，2019（03）：81-86.

也取得了显著成绩。"2014 年，选派 55864 名干部组成 11590 个驻村工作组开展驻村帮扶，实现了党政机关驻村干部对贫困村的覆盖率 100%。"①

"一户一档"精准确定扶贫对象，这是精准扶贫工作中最为基础的一项工作。例如，双江镇召开"一对一"帮扶干部档案管理动员会，在会上讲解扶贫工作总体部署，安排培训业务，列出完整的清单，讲解如何填写和整理"一户一档"和"连心袋"中资料整理工作的要求和程序，强调档案材料的完整、真实和准确，要求各类表格填写规范和相关的佐证材料齐全、真实、无逻辑错误。围绕"一达标、两不愁、三保障"，档案填写人员进村入户走访记录，摸清各户产业情况，及时核对和补充信息。扶贫指挥部统一指挥，统筹安排，制定规范，注重在具体实践工作中灵活运用政策。

### 2. 全员行动开展全方位大扶贫

第一，全员行动投入贫困治理事业。在贵州，为动员更多力量参与扶贫事业，不仅喊出了响亮的口号，而且把口号落到了实处。其中，有"动员令"，也有"工程图"，还有具体的"路线图"。例如，2015 年制定包干扶贫的"路线图"。搭建新平台，动员并促进社会力量主动参与到扶贫开发工作中，针对全省的 9000 个贫困村，通过分片区、点对点、一对一等方式进行精准结对包干帮扶。从扶贫参与人员、工作机制、结对关系到具体的帮扶计划，路线图中都有清晰的规划。再如，2016 年贵州省农村的卫生工程建设中，大量医生深入贫困乡村，借助外援力量，实现精准扶贫县内医疗服务全覆盖。此外，2019 年 2 月 27 日，贵州省委、省政府发表 2019 年扶贫"春季攻势行动令"，次日黔南自治州三都水族自治县马上举行了春节攻势行动启动暨会展全胜扶贫誓师大会，全县抽排 1516 名干部全脱产驻村抓扶贫工作。

第二，驻村工作队帮助贫困户的具体措施有多种。有的是直接给贫困户财物，帮助其改善基本生产生活条件；有的是因地制宜培育产业，打造区域性主导产业；有的实施产业扶贫项目，大力培育种养业和拓展乡村特色产业链，增加农户收入。或者利用互联网，增加销售是其中一种方法。此外，还有一种方式，就是把贫困村和帮扶单位的经济利益拴在一起，促进销售。例如，帮扶单位帮助贫困村发展特色农业产业的同时，发挥自身优势，签订销售合同订单，保障

---

① 刘正强. 贵州精准扶贫的历史性成效与启示 [J]. 理论与当代，2015（11）：20–22.

收购的最低保护价，或者用股份合作制的方式建立直接的利益关系等。

第三，提供培训。为贫困人口提供劳动技能培训服务，在帮助农户脱贫致富上具有极为重要的意义。对农村劳动力进行实用技术培训、职业技能培训，不仅可以增加就业机会，更重要的是提高了他们创业就业的能力。

### （六）扶贫成效评估有特色讲变通

贵州省在扶贫实践过程中，特别注重经验的总结。从经验总结的方法角度来看，"回头看"是其中一个亮点。通过"回头看"，对扶贫项目的预期设计、实施过程与实际成果的客观分析，可以为不断调适和修正前期部署、工作过程出现的偏差甚至错误，保障项目整体最终方向的确定性等提供准确的可资参考的资料，对人力资源整合、扶贫投入力度、工作体制机制、干部队伍素质和能力、工作质量的提升、考核监督机制的完善等各个方面都具有积极的促进作用。

贵州省加强对扶贫项目资金的管理，不仅是针对帮扶的对象，更主要是针对扶贫项目和资金的管理上实行"四到县"，根据扶贫目标和具体任务来统一分配资金落实责任。从 2014 年开始，贵州省绝大部分项目的审批权基本下放到县一级。按照因素法把扶贫资金进行"切块"分配到县。从项目的立项到最后的绩效评价都由县级地方政府自主进行。此外，加大科技投入，发挥制度优势，例如，运用 GPS 定位技术和网络信息技术，提高管理能力，实现全方位监督管理，特别是针对重点区域和部分环节进行全程监控。在项目成效的评估上，通过"贵州省涉农资金监管网"，随时可以查询扶贫相关项目和资金等的信息，从而鼓励全社会共同参与、共同监督。而且针对扶贫不同阶段进行评估，从量的角度对已做工作成效进行肯定，及时发现问题与修正措施，也为后期工作提供参考和建议。针对贵州扶贫成效，也有相关的评价。

**1. 针对世界银行在中国贵州的扶贫项目，阶段性评估非常规范**

中国政府从世界银行获得用于支付贵州农村发展项目的费用，项目包括：农业支柱产业重组和现代化；公共基础设施和服务；培训和能力建设；项目管理、监测及评估；部分乡镇的"产业路"修建[①]；为合作社管理培训服务，在贫困片

---

① 具体包括：石阡县龙井乡产业路、坪山乡产业路、石固乡产业路；务川仡佬族苗族自治县黄都镇高洞村茶产业路；正安县产业路；印江土家族苗族自治县产业路；德江县高山乡统筹公路等工程和赫章县财神镇妈噜村产业硬化项目。

区开展产业扶贫试点，并提供项目技术专家咨询服务。项目结束，根据世界银行相关规定，对项目执行程序和执行效果进行严格规范的评估，并于2018年正式发表《世界银行贷款贵州农村发展项目绩效评价报告》（黔财评审〔2018〕75号），针对世界银行在遵义、铜仁、毕节3个城市的扶贫投资，从农业支柱产业重组与现代化、公共基础设施和服务支持、培训和能力建设，以及项目管理监测与评估等四个方面进行阶段性评估，而且总体状况良好。

### 2. 扶贫成效评估方法特色各异

考核成效评估是主要的手段，这样是"从考核的方法、指标权重、内容等方面建立新的考核评估体系"[①]。第一，改变以往的GDP（地区生产总值）考核法，转而重点考核当年该地区的扶贫效果；第二，在考核指标的设置上，把扶贫开发的指标权重提升到绝对的高度，占90%；第三，考核内容具体包括贫困人口增收、基础设施和公共服务是重点，定点和对口帮扶、项目资金、党建扶贫等都纳入考核的范围。

### 3. 区域性评估把握地方特色

贵州农村贫困特征明显，不仅贫困人口多、贫困发生面广，而且部分地区致贫因素多重叠加，处于深度贫困状态，治理难度大，需要多种方法，从多方面入手，常规的评估方法难以对扶贫成效客观、全面、真实地反映。因此，通过第三方评估肯定了贵州农村扶贫开发的巨大成就，同时短板明显，发现了很多问题。

针对帮扶方法、产业、力度、档案和帮扶过程中干部的作为等各类"不精准"问题，树立以人为本、大扶贫、"四率一度"、大宣传、"自我摘帽"这五大扶贫理念，找准工作抓手（透明度、过程、宣传、培训），落实基础工作，加大考核力度。为了巩固扶贫成效，克服扶贫绩效汇报中可能出现的不真实，贵州省加强了督查与考核的力度。采用明察与暗访、督查与抽查、定期与随机等方式，特别是针对脱贫成效与扶贫资金绩效等，在各地展开不定时巡查。

### 4. 评估方法出奇招

扶贫成效的评估虽然有文件规定，但是在具体执行过程中各地仍有所差异。

---

① 黄水源. 贵州实施农村精准扶贫  创建国家扶贫开发攻坚示范区研究——贵州精准扶贫的成效和意义 [J]. 贵州社会主义学院学报，2016（03）：5-9.

有的从政策入手确定评估重点。例如，为保障扶贫项目的落实和效果，针对易地扶贫搬迁项目，根据"1+7"系列政策①，推进搬迁地的产业配套、社会管理、就业培训和基层服务四个方面的工作。成效评估根据文件规定来进行设置。有的方法从乡土社会传统中探索，虽然有点"土"，但动员了社会各界力量，扶贫成效评估公正客观，群众很满意。例如，福泉市以"观察员"制度来评估脱贫成效。2018年年初，福泉市政协的"观察员"制度，以政协委员为主体，从全市8个乡镇（街道）59个行政村聘请247人，包括两会代表和委员、企业家、专家和社会知名人士等，组成扶贫"观察员"。在评估的过程中，从"旁观者"的视角看整体、谈感受，从"业内人"的视角看细节、论结构，从"评估师"的角度看实质、辨真假。引进第三方评估机制，运用量化分析方法，分析随机抽取的样本，进行客观的数据分析。例如，大方县专门聘请新华社中国经济信息社的113名评估员，对脱贫成效进行评估，为大方县脱贫工作画上了一个完美的句号。

## 二、贵州在党建扶贫理论上的贡献

### （一）通过大数据平台推进党建扶贫工作

贵州党建扶贫云（党建云）大数据平台，作为"云上贵州"中的一朵"云"，是一个综合平台，通过这个平台既可以收集、整理相关数据资料，完整展示贵州党建在扶贫攻坚战役中的重要作用，也可以交流经验，相互学习借鉴。党建云主要有干部工作、人才工作、党建工作、组工动态、要闻资讯、基层站点等6个栏目，涵盖党建扶贫的方方面面，全面展示贵州党建扶贫的组织、路径、动态和要点。

---

① "1"是指一个总文件：《关于加强和完善易地扶贫搬迁后期扶持和社区管理的意见》，"7"是指之后陆续颁发的7个与之相配套的文件：《关于加强和完善易地扶贫搬迁安置点基本公共服务的实施意见》《关于进一步加强易地扶贫搬迁群众培训和就业的实施意见》《关于加强易地扶贫搬迁安置点文化服务系建设的实施意见》《关于建立和完善易地扶贫搬迁安置点社区治理体系的实施意见》《关于加强易地扶贫搬迁安置点社会治安综合治理维护社会稳定的实施意见》《关于进一步推进易地扶贫搬迁迁出地资源盘活及收益分配的实施意见》《关于进一步做好易地扶贫搬迁增减挂钩复垦项目验收工作的实施意见》。

在基层站点方面，贵阳市委、遵义市委、安顺市委、铜仁市委、毕节市委、六盘水市委、黔东南州委、黔西南州委、黔南州委的组织部，以及省直机关工委、省国资委党委、省委国防工委、贵安新区党工委政治部，及其下属的各级组织部都建立了完整的党建扶贫网，充分展示地方党建扶贫的工作思路、方法，党建扶贫的热点和相关的评论也是随时可查。此外，对驻村工作、"两学一做"、农村电商等也有专栏报道。

### （二）发挥基层党组织的引领作用

在贵州，党建扶贫工作思路来自农村基层的实践。在西部大发展战略思路的引领下，为把扶贫工作和社会治理与发展密切结合起来，贵州基层党建被提到新的高度。

#### 1. 选好党组织书记，选优配强基层党组织

为了整顿软弱涣散的基础党组织，贵州省制定市县两级党委书记"双签字"制度，任用贫困村的第一书记，或者调整村的党组织书记，明确各级干部"驻村"工作内容和工作职责，通过严格的考核制度，确保驻村工作队发挥作用。在人选方面，大力推动村民选举村党支部书记，其中复员队伍军人、大学生村官、致富能手、村庄的医生或者教师，还有外出务工、经商、创业的人员等都是可以选择的对象。

#### 2. 加强基层党组织的引领带头作用

在扶贫攻坚的过程中，发挥党的宣传优势，时刻不忘发挥党在思想政治工作方面的指导作用。首先，深入领会相关文件精神，进一步强化公务员制度、规范公务员行为，针对干部的选拔任用、理论学习、业务培训等方面加强监督管理。其次，在具体工作中，设立农村、机关、国企、高校、非公、社会、综合等各项专门的栏目。在专栏中通过及时公示信息，强化社会监督作用，充分发挥党组织在反贫困事业中的模范作用和引领作用。

#### 3. 在扶贫实践中充分发挥党委的引领作用

贵州省不仅加强扶贫全局部署中党委的统揽作用，发扬党委在各项工作中的引领作用，而且通过创新党建模式完善工作机制，推动基层党建水平上新台阶。这个方面有很多鲜活的样本，例如，铜仁市采用分类、分块和分步骤的方法探索非公组织中的党建改革，有力推动扶贫事业的发展。黔东南州三穗县创新党

建模式，推动扶贫产业发展总体规划，优化资源，注重连片发展。遵义市播州区花茂村发挥党建示范作用，改变工作方式，帮助村民增加收入。毕节市开展"大党建"活动，发挥基层党组织的作用，激发农户内生动力，引领农村发展。贵阳市帮助非公单位积极投身扶贫，为货车帮建立"车轮支部"。

### （三）党建扶贫举措有重心、有力度

#### 1. 加强农村党建扶贫工作的宣传力度

通过具体实例展现党建扶贫的风采和业绩。贵州党建扶贫过程中涌现出了众多富有特色的地方实例。例如，三穗县提倡党建"做致富的引路人"，六盘水市水城区通过"抓党建促生产"，雷山县宣传"支部强起来，产业兴起来"。各地开展形式多样的党建活动，推动产业发展，促进扶贫事业。无论是"支部引领促脱贫""支部引路，产业铺路"，还是"致富的引路人"或者"党建引领抱团发展特色产业""支部强起来，产业兴起来""发挥农村基层党组织的战斗堡垒作用纵深推进农村产业革命"等，各种提法不一而足。

扶贫过程中，倡导多方发力，党建扶贫成效显著。具体路径有很多，例如，安顺市"建好党支部，下活脱贫棋"；福泉市"三举措助力三都水族自治县扶贫"；仁怀市大坝镇"多形式开展党员主题活动"；岑巩县推动"强村带弱村"；赤水市葫市镇"通过实施党委委员联村、支部委员联系党小组、党员联系群众和党员亮身份、亮承诺、亮成绩的党建'三联三亮'工作机制，强基础促发展"。党员干部不仅兑现增收脱贫的承诺，成为农村社会的凝聚力和农村发展的加油站，例如，沿河土家族自治县后坪乡"党员干部用行动兑现'为人民服务'诺言"，贵阳市观山湖区"出实招助力群众稳定增收"；黔东南州"党建引领'雁齐飞'"，从江县"'农家书屋＋民族文化'打造党员教育'加油站'"，而且带领农村旧貌换新颜，例如，天柱县石洞镇东岭村"党建引领山乡巨变"，天柱县江东镇五星村"'3+'模式带动群众补短板谋发展"，江口县"为村级组织增加颜值和气质"，毕节市七星关区龙城营镇元岩村"支部牵头寻销路，群众增收笑颜开"。总之，在贵州各地，党建扶贫的实例举不胜举，成效显著，深入人心。

#### 2. 加强基层党员培训，强化基层党组织的政治功能

通过开展专题研讨班等形式，分层分类为干部"充电""提能"，选择培训对象把各级的党政一把手、扶贫"第一书记"等列为重点培训的对象。重点

抓思想，分类分级施训，锤炼过硬本领。激发干部干事创业的精气神，忠诚干净，敢于担当。在基层党员的培训工作中，选好培训内容，开办专项培训班，提高有效施策等能力；重实践抓落实，领导干部带头，深入贫困一线，搞清贫困村庄的实际情况，分析扶贫过程中遇到的问题，确保政策落实到位。最后，要善于总结经验和教训，有效发挥基层党组织在扶贫事业中为民服务的功能。例如，建立农村便民利民服务中心和服务站，推广实行"一站式"服务，提高服务效率。创新基层服务手段，利用现代科学技术，通过大数据、互联网等信息化手段推广农村电子商务，建设并运用好各类"平台"，例如，党建云、农村公共信息平台等，以及QQ、微博、微信等手段。

### 3. 充分发挥党员干部和基层人才的作用

为了发挥领导干部的带头作用，贵州省在推进精准扶贫各项制度的过程中，注重领导干部的引领模范作用，并规定了各级领导的责任：党委书记负总责，党委成员分组具体落实。年初下任务，分解责任，明确要求；年底总结汇报，对照清单查落实。在具体的执行过程中特别注重调研，领导干部亲自到具体的乡村蹲点，了解群众情况、为民分忧解决实际困难和问题，归纳总结成功经验加以推广。在调研过程中对贫困村、贫困户的调查访问是重点。以问题为导向，结合中央和省委政策，注重抓落实。重点建设好以党委书记、党组织书记以及村庄的致富带头人为核心的扶贫队伍。在扶贫第一线培养和重用干部的同时，通过交流思想，沟通感情，了解具体状况，多途径、多方式关心基层干部。特别是"第一书记"，要高标准、严考核，确保"第一书记"在扶贫攻坚中充分发挥作用。例如，"第一书记"带领农村党员参加培训，学习实用技术，增强发展本领，通过示范基地或者专业合作社等多种方式发展产业，带头探索脱贫致富的可行性路径；组织党员志愿者开展结对帮扶和关爱活动，帮助群众解决实际问题。

在精准扶贫中充分发挥人的能动作用。现代农村发展人才是关键，引进人才、下派人才和留住人才有利于扶贫事业。贵州省重视人才在农村建设中的作用，例如，派"第一书记"、组建博士团、利用兼职挂职的形式引进人才到贫困乡镇开展帮扶。通过项目或者科技咨询等各种方式，开展定期或者不定期的帮扶活动，组织专家到基层、派大学生到基层做村干部，或者为农村的"土专家""田秀才"充分发挥作用提供机会和平台，加强农村实用人才队伍的建设。

总之，贵州省在扶贫工作中注重推动党的组织建设，实现扶贫过程中党组织全覆盖、党的工作全覆盖，保障基层管理的有效性。对尚未建立党组织，特别是对各类非公组织进行排查，建立工作台账，在各个领域都有党的组织并切实发挥引领作用。

## 三、贵州"三变"对资产收益扶贫的理论探索

贵州省在脱贫事业的推进过程中，在农村广泛推行"三变"，取得了丰硕的成果。通过激活农村资产，再造农村集体经济组织，推动了城乡发展互动，提供新思路，推进农民参与到制度创新的洪流之中。

### （一）"三变"改革的由来

"三变"[①]是2014年六盘水地区在扶贫过程中探索出来的改革方式。这次改革盘活了村集体所属的自然资源（诸如林地、山地、水域等）和农户的私人资产，合理利用国家拨付的扶贫资金，把分散的资产、资金和技术以入股的方式集中起来，与龙头企业合作，促进资金的流动和效益的产生，调动了全社会参与扶贫的积极性。为保障改革的顺利进行，加快配套的金融扶贫措施，通过农村信用合作社，推广"村村通"金融服务站，贵州各地下至行政村中设立金融服务站。

扶贫工作，在实践过程中有"政府热、社会弱、市场冷"的倾向。作为扶贫主体，政府掌握的资源是有限的，它并不能完全满足扶贫工作的实际需求。六盘水市把产业与生态紧密结合，吸引社会组织和社会资本参与进来，取得了"多赢"的经济和社会效益。"三变"改革使群众看到了好处与实惠，贫困群众主动脱贫的积极性得以提升。农民入股，使农民的收益与经济主体的经营业绩紧紧地拴在了一起，群众脱贫的内生动力得以增强，思想上从"要我脱贫"转变为"我要脱贫"。

### （二）"三变"的实践路径和理论探讨

贵州省六盘水市为了充分发掘农村潜力，采取金融变通手段，盘活村集体

---

① 即推动农村资源的资产化进程，为农户资金的使用模式改变从政策制度的角度提供可能性，并通过改革，实现农民身份的改变，增加收益的门路，从而实现摆脱贫困的最终目标。

和农户现有资源，从政策、经济和社会文化多角度入手，在扶贫实践中，以人为中心，在资源、资产和资金上动脑筋，上功夫，推行"三变"改革。2017年以来，在中央明确指示下，各地党委办公室相继发布"三变"改革试点工作推进方案，"三变"正式进入各地重要的工作日程。贵州省政府上下合力，努力探索，成为一种可复制、可推广的模式。

### 1. 六盘水"三变"改革实践有其独到的创新点

首先，保障农民的个体利益。在农民经营自家承包地的基本农情不改变的情况下，社会资本也可以下乡，投入到农业生产及相关产业之中。在这个过程中，如果仅仅允许社会资本参与土地流转，那么一旦出现亏损，这些公司或者企业很容易"跑路"，撤出资金，荒废土地，不再继续经营。因而贵州六盘水开始探索社会资本下乡的新途径，引导社会资本不在生产种植阶段与农户进行低水平的竞争，而是参与到个体农户无法拓展的农业领域，例如，品种繁育、品牌打造、农产品高附加值加工等。在这些领域，利用充足的资金来取得应有的回报。在农业生产投入还比较有限的现实背景下，现代农业现代化的发展如果没有社会资本的参与，很难取得应有的成效。在引入社会资本的顶层设计理念中，六盘水地区是引导社会资本带动农民增收，而不是让其取代农民的角色，进而使社会资本与农民之间形成有效的良性互补，久而久之，互补互利的利益共同体得以生成并壮大起来。

其次，保障村集体的整体利益。股份合作下的土地流转，不是大规模地把土地打包流转给外来资本，而是"肥水不流外人田"，实现资产自我重组。过去，在以外来资本为主导的土地流转中，农民得到的收益较少，无法分享产业发展所获的增长性收益。而现在依靠乡村精英的威望，实现乡土环境下农民资产的自我重组，就避免了这个弊端。产业发展所获收益，最终使本地群众受益。六盘水地区的股份合作形式，之所以能持续推行下去，与新增利益的乡土式沉淀有很大关系。

再次，优化乡村资源配置。"三变"在土地流转的过程中，资源性资产变成股份而被盘活，这种做法是基层乡村变革形式的一种创新。这样的创新避开了集体经济组织名下的资源性资产所有权的争议，专注于该资产的使用权和价值实现途径，从而保证在优化资源配置的实践过程中具有可操作性。

最后，提升基层社会治理能力。六盘水地区在"三变"改革实践中调整乡村治理体系，抓住党建扶贫的核心，围绕乡镇党委——联村党委——村党组织的领导这个核心框架。在实践过程中，党委的领导充分推动了基层乡村治理方式的现代化进程。在党委的领导下，农村的各种经济组织和农民实现了有效的衔接互动，这是"三变"改革实践在六盘水市取得显著成效的一个重要因素，也是扶贫事业的重要一环。

**2. 贵州"三变"改革解决的几个难点问题**

"三变"改革在推广实践中，存在一些十分突出且无法回避的难点问题。解决这些问题，对"三变"改革在整个贵州乃至全国普遍推广具有深远的意义。

难点之一：产权问题。集体资产的产权界定是一项艰巨的任务，因为从认识上来看，人们对什么是集体所有资产的认识普遍比较模糊，如果处理不当就可能造成集体资产的流失。集体资产的产权界定有两条路径：第一，将集体共同拥有的资产进行统一规划，再进行细分，最后落实到农户或新型经营主体，转为看得见、摸得着的所有人；第二，根据村庄农户的共同意愿，设立监事组织，对集体资产及收益进行规范化管理，监督资产的运营效果，保障收益的总量和分配的合理。这种情况下，在对集体资产进行评估、交易与管理的过程中，根据实践需要引入第三方交易平台协助完成，以保证公平合理。

难点之二：产业项目选择问题。在目前基层的扶贫实践中，政府一边牵头引进企业或公司，另一边安排农户参与到项目中，牵线搭桥却常常成为政府唱独角戏，在产业项目方面虽然投入了大量的资金，却无法全程参与产业项目的实施，因此，最终的扶贫效果并不理想。产业项目的选择最为重要的是务实。只有结合区域资源优势，符合市场规律的选择才是好的选择。有资质的市场主体经营产业项目，在市场规则的支配下应有能动性，最终保证产业项目的最优选择。

难点之三：如何规避金融与市场的风险。首先，金融市场有自身的规律，而且风险重重，政府部门也有监管不到的地方。农户对金融风险的认识不足，加之产业项目资金来源复杂，这些因素都可能影响"三变"改革的成效。其次，农业和农产品市场本身具有较高风险。大规模的农业种植和加工，风险更大，成效很难准确预测。在提倡产业扶贫的过程中，"一哄而上"的项目风险更加难以预知。如何规避金融和市场风险，也是贵州"三变"扶贫改革实践努力探索的重点之一。

　　难点之四：平衡利益的问题。在集体资产收益扶贫中，合作组织、私人企业、农户、各级政府都有自身特有的立场，需要维护的利益目标不同。私人企业希望参与扶贫产业时尽可能多得一份利益；政府关心能出多少扶贫政绩。在利益分配中，农户往往处于天然的弱势，因此，贵州省的许多地方在选择合作企业时，优先选择肯为农民多让利的企业，强调扶贫产业的公益性。现在"资本下乡"参与扶贫已经得到了政策上的允许，是合理且合法的存在，所以要在全国各地推进"三变"改革，关键一点就是如何寻求利益的平衡点。

　　总之，"三变"改革立足于中国农村的实际情况，是积极探索改变乡村贫穷面貌的一次大胆尝试，在中国农村轰轰烈烈的改革浪潮中，激起了一层新的浪花。"三变"改革，源自六盘水，继而在全国范围内得以推广，最终被写入了中央1号文件，记入中国扶贫的历史档案之中。这是一个自下而上、从实践到理论的典型案例。"三变"改革成功的根本点在于找到金融手段和政策制度的契合点，运用杠杆原理撬动资产增值，筹措扶贫资金，帮助农户增收脱贫。资产、资金、资本，股份、股金、股东，大量的金融词汇进入普通农户的生活，成为改变贫困地区农户生存状态、谋取发展机会的一种方法路径，"三变"改革的背景是中国大扶贫实践，作为一个成功的案例，还具有更为深层次的价值意义。

# 结语：贵州反贫困理论与实践的创新之途

（一）贵州贫困治理中的"因地制宜"

## 1. 顶层设计的"因地制宜"

2016 年 11 月，贵州省出台了《贵州省大扶贫条例》，总结前期工作的成效，结合推行扶贫举措中出现的新情况、遇到的新问题，做出了富有贵州省地方特色的科学的顶层设计。在这个设计中，以全局为重，紧密结合中央的要求和其他省份的成功经验，综合考虑全省的全局，充分利用现代科技，把大扶贫、大数据、大生态三大战略行动有机结合起来，特别是贵州省的大数据优势在扶贫领域以及生态保护方面发挥其应有的效能。

## 2. 扶贫帮困的"因地制宜"

在实践中，贵州省摸索出了一套"遍访贫困村贫困户"的四级联动机制，做到了扶贫的全面普查，实现了扶贫优惠政策的全覆盖，做到了扶贫不漏一户、不少一人。在扶贫开发的过程中，贵州省走绿色发展道路，坚持扶贫和保护生态的有机统一，实现了经济发展与生态保护的双赢。

## 3. 扶贫模式的"因地制宜"

贵州省在扶贫攻坚过程中创造了一系列模式，既是对地方工作经验的高度概括，从理论的角度对经验进行概括和提升，也对整个中国各省各地扶贫具体工作产生了示范效应。在识别方式上，通过观察房屋状况、家中粮食存量、人口年龄结构和有无子女正在接受义务教育等"四看"，来客观判断农户家庭经济状况，准确识别出贫困户。"四看法"已成为认定和衡量农户贫困状况的简单易行且便于操作的重要方法。在推进方式上，贵州省创造了"六个到村到户"，把扶贫优惠政策直接转化为实实在在的行动，在扶贫实践中，起了立竿见影的效果。

## （二）贵州扶贫实践中的开拓创新

### 1. 打好扶贫战，干部是关键

在战胜贫困的过程中，激发群众的内生动力固然重要，而扶贫干部的观念、能力、干劲在很大程度上决定了扶贫队伍战斗力的强弱，决定了扶贫的实际效果。"宁可干部脱皮也要群众脱贫"这句话在贵州省扶贫干部队伍中广为流传，这反映了贵州省在扶贫过程中的苦干意识和实干精神。为做好扶贫工作，贵州省各级党组织健全完善了干部激励机制，使得扶贫干部有干劲、有奔头，有力地推动了各项政策落地生根。

### 2. 从"输血"到"造血"，发展生产是关键

扶贫不是领导干部一时的心血来潮，而是一场硬仗，如果不能使贫困群众树立起发展生产的意识，最终仍会走上返贫的道路。贵州省在扶贫过程中，将"怎么扶"的问题，摆在重中之重的位置。因地制宜发展产业，增加收入，变"输血"为"造血"，激发贫困群众的内在动力，是贵州省扶贫的重要特点。

### 3. 倡导绿色发展，科学技术是关键

贵州通过市场手段，运用环保技术，减少资源消耗，引导开发低碳技术，推广高效节能技术，运用绿色技术促进传统高能耗产业进行升级改造。从长远来讲，绿色技术的创新需要社会各界给予更多的关注和投入。瞄准世界前沿领域，提升绿色技术支撑能力。绿色技术研究具有基础性和前沿性，对产业发展和社会进步影响深远。围绕绿色发展的重大问题，贵州在关键技术方面，不断加大研发力度，为可持续发展提供科技支撑。

## （三）扶贫理论与实践创新的未来展望

### 1. 扶贫理论创新的未来展望

理论是实践的指针。精准扶贫思想，以人的全面发展和进步为目标，使扶贫有了超越温饱追求这一层次，具有追求全民幸福的新内涵。这一思想内容丰富，实践指导性强，为贵州扶贫工作提供了根本性的原则、方向和目标。不仅深刻论述了贫困治理与社会发展的关系，而且突破了以往的贫困专项治理思维模式，体现了社会主义的优越性。贵州各级地方政府唯GDP至上的政绩观逐渐得以

纠正。

第一，关于"识别"贫困。从反贫困具体实践情况来看，在扶贫实施过程中，科层管理制和项目负责制同时存在。而两者共存给贫困的"识别"与"瞄准"带来了一些困难。在基层，县、乡、村、组的层级管理体系在运转过程中有其自身无法克服的弊端，难以承载新时期反贫困的重任。于是，项目制应运而生，它可以弥补科层管理体制的不足。但是，无法回避的是项目制在落实过程中无法超脱基层乡村治理情景而独立运行。换言之，在地方乡村治理情境下，项目的落实要做到精准，很难不受乡村地方精英的干扰。因此，如何"识别"贫困、怎样做才算"瞄准"很难规范。在追求工具理性的国家逻辑与追求价值理性乡土逻辑之间必然会产生一定的冲突。怎样在摩擦中调和两者的关系，是今后扶贫理论需要解决的难题。

第二，对"扶贫"的认知。"扶贫"与"乡村治理"存在逻辑上的关联，将乡村社会治理问题纳入开发扶贫全过程中予以解决，可以达到乡村扶贫与乡村开发的有机结合。可以说，精准扶贫方略是以往扶贫开发工作的新拓展，是党的十八大以来中央治国理政的新探索。在扶贫过程中，各类新创的专业术语也体现了我们的认识在深度和广度的拓展，生态扶贫的目标是协调扶贫开发过程中人与自然的关系。各类流行的专业词汇不是无中生有地编造，而是扶贫理念在具体实践中的真实表现。随着时代的发展，这些专业词汇的数量还会增加，从而不断丰富和发展着"扶贫"的理论内涵。扶贫理论有很多种类，其中"复杂政策"论认为中央政府在贫困治理中通过多种控制手段对地方层面的政府行为予以匡正纠偏，从而达到中央政府与地方政府的良性互动。"在地治理"论认为扶贫要立足于地方本土，挖掘文化资源，重建地方认同和文化自信。所有这些认知都各有所长，随着时代的发展还将有进一步的发展。

### 2. 扶贫实践创新的未来展望

从扶贫实践来看，扶贫实践创新主要体现在以下三个方面。

一是机制创新。在实践过程中，这一系列的机制创新正是打赢扶贫战中必不可少的制度上和策略上的保障。

二是制度创新。例如，完善贫困识别制度方面，贵州的"四看法"就是从实践中总结出来的实际经验。此外，还有强化驻村帮扶方面、分类施策方面、脱贫认定方面，实践中也存在相应的创新。

三是模式创新。在完善产业、金融、教育以及东西扶贫协作等各类模式以外，各类新型扶贫模式不断被提出，例如，生态扶贫、资产收益扶贫等，在实践中都发挥出越来越明显的作用。

但是，从当前和今后来看，扶贫实践创新中还有一些工作有待进一步推进。首先，丰富贫困人口精神世界。内生动力是扶贫过程中最难克服的因素，仅仅在外力作用下，精神世界的贫乏使得贫困人口很难摆脱被边缘化的困境。因此，在今后的扶贫实践创新中，内生动力不足仍是首先需要研究和探索的问题。

其次，理顺贫困治理与社会全面发展之间的内在逻辑关系。当前，扶贫理论的定位是补齐短板，确保把中国建成一个全面小康社会。为了把这个思想具体落实到基层，还需要各地结合自身实际进一步探究社会全面发展与贫困治理之间的内在逻辑联系。

再次，提升反贫困实践的价值内涵。解决贫困问题包含着特定人群在特定时空场景中的价值诉求。扶贫济困是中西方文化中都予以认可的美德。在扶贫实践中，我们很少从文化角度来探讨当前的扶贫事业。从本土地方文化的角度深入挖掘扶贫济困的价值内涵，应是今后扶贫实践创新的一个方向。

总之，中国特色反贫困理论立足于中国实际情况，坚持顶层设计的核心要求，探索应对挑战的新思路和切实可行的方案措施。其主要特点有以下几点：第一，扶贫模式和政策研究多。希望通过提炼反贫困的"中国模式"，在世界反贫困理论建设中担当重任。第二，开阔视野，多元多维度展开研究。得益于多学科的理论创新，学者们从政治、经济、自然、社会以及地域文化等多方面入手，针对一个地方样本，从不同角度进行分析，运用"解剖麻雀"的方法，为推动精准扶贫事业，为建立健全地方减贫政策和体制机制，为中国特色减贫理论建设做出贡献。研究的对象具有多元性，既关注宏观，更注重微观。从各地区扶贫攻坚具体举措和实践成效的分析中加以提炼，丰富和发展反贫困理论将是一项长期的任务。第三，量化研究是方法。为保证研究方法的科学性和前瞻性，学者们注重量化分析，以量为基础，再进行定性阐述。在测量方法上，以传统的收入、消费测量贫困和不公平的方法为基础，进而对贫困进行动态分析和多维分析，关注相对贫困分析方法和文化因素的影响作用，开始从个人价值判断上对扶贫绩效进行评估。最后，关于满意度的研究也开始成为热门议题之一。

# 参考文献

[1] 阿马蒂亚·森.理性与自由 [M].北京：中国人民大学出版社，2006.

[2] 阿马蒂亚·森.以自由看待发展 [M].北京：中国人民大学出版社，2013.

[3]《贵州六百年经济史》编辑委员会.贵州六百年经济史 [M].贵阳：贵州人民出版社，1998.

[4] 曹子坚.农村反贫困战略研究 [M].兰州：甘肃人民出版社，2011.

[5] 陈劲，尹西明，赵闯.反贫困创新的理论基础、路径模型与中国经验 [J].天津社会科学，2018（04）.

[6] 贵州省统计局.贵州统计年鉴 [M].北京：中国统计出版社，2015—2020.

[7] 国家统计局农村社会经济调查总队.中国农村贫困监测报告 2000[M].北京：中国统计出版社，2000.

[8] 李培林，魏后凯，吴国宝.中国扶贫开发报告（2017）[M].北京：社会科学文献出版社，2017.

[9] 陆汉文，黄承伟.中国精准扶贫发展报告（2017）[M].北京：社会科学文献出版社，2017.

[10] 马红梅.贵州省农村劳动力转移的社会资本研究 [D].北京：北京林业大学，2009.

[11] 宁静，殷浩栋，汪三贵，王琼.易地扶贫搬迁减少了贫困脆弱性吗？——基于 8 省 16 县易地扶贫搬迁准实验研究的 PSM–DID 分析 [J].中国人口·资源与环境，2018，28（11）.

[12] 黔西南州史志办公室.黔西南年鉴 [M].昆明：云南出版集团，2017-2020.

[13] 佘正荣.生态智慧论 [M].北京：中国社会科学出版社，1996.

[14] 石磊，向其风，陈飞.多水平模型及其在经济领域中的应用 [M].北京：科学出版社，2013.

[15] 万伟 . 多元协同视角下贵州坡地经济发展中的公共服务供给模式研究 [D]. 贵阳：贵州大学，2015.

[16] 汪凤先 . 贵州农村劳动力流动下的社会资本研究 [D]. 贵阳：贵州大学，2008.

[17] 闫坤，于树一 . 中国模式反贫困的理论框架与核心要素 [J]. 华中师范大学学报（人文社会科学版），2013，52（06）.

[18] 曾丽容 . 山区经济发展与城镇建设路径探索——以贵州省黔西南州为例 [J]. 广西质量监督导报，2019（07）.

[19] 曾丽容 . 新时代人大代表助力扶贫事业研究路径探索 [J]. 科技经济导刊，2019，27（23）.

[20] 张瑛 . 咸丰兴义府志卷六·地理志·城郭 [M]. 贵阳：贵州省安龙县档案馆，1982.

[21] 赵子铱 . 贵州农村劳动力流动对经济增长的有效劳动效应研究 [C]// 中国灾害防御协会风险分析专业委员会 .Proceedings of the Third Symposium of Risk Analysis and Risk Management in Western China，2013：6.

[22] 政协黔西南州文史资料委员会 . 黔西南州文史资料（少数民族史料专辑）[M]. 内部资料，1990（1，2）.